二十一世纪普通高等教育人才培养“十三五”系列规划教材
ERSHIYI SHIJI PUTONG GAODENG JIAOYU RENCAI PEIYANG SHISANWU XILIE GUIHUA JIAOCAI

U0856529

新编审计实务

主　编○凌辉贤　叶伟钦　王艳华　武永宁　吴再芳
副主编○邹德军　梁　鑫　王家祺　潘瑜楠　肖文燕

西南财经大学出版社
Southwestern University of Finance & Economics Press
中国 · 成都

图书在版编目(CIP)数据

新编审计实务/凌辉贤主编.—成都:西南财经大学出版社,2016.1
ISBN 978-7-5504-2271-1

Ⅰ.①新… Ⅱ.①凌… Ⅲ.①审计学 Ⅳ.①F239.0

中国版本图书馆 CIP 数据核字(2015)第 306971 号

新编审计实务

主　编:凌辉贤　叶伟钦　王艳华　武永宁　吴再芳
副主编:邹德军　梁　鑫　王家祺　潘瑜楠　肖文燕

责任编辑:李特军
助理编辑:李晓嵩
封面设计:何东琳设计工作室
责任印制:封俊川

出版发行	西南财经大学出版社(四川省成都市光华村街 55 号)
网　　址	http://www.bookcj.com
电子邮件	bookcj@foxmail.com
邮政编码	610074
电　　话	028-87353785　87352368
照　　排	四川胜翔数码印务设计有限公司
印　　刷	四川五洲彩印有限责任公司
成品尺寸	185mm×260mm
印　　张	15.75
字　　数	355 千字
版　　次	2016 年 1 月第 1 版
印　　次	2016 年 1 月第 1 次印刷
印　　数	1—2000 册
书　　号	ISBN 978-7-5504-2271-1
定　　价	35.00 元

1. 版权所有,翻印必究。
2. 如有印刷、装订等差错,可向本社营销部调换。
3. 本书封底无本社数码防伪标志,不得销售。

前言

随着我国社会主义市场经济环境的不断完善，审计环境、审计理论和审计实务均发生了很大的变化。本教材的编写以满足应用型（含高级技术型）会计人才培养要求为目标，着力于技能教育，突出案例分析，强化重点内容。在教材构架和内容的编排上，本教材坚持理论与实践结合、全面与通用兼顾、继承与创新并蓄，在充分吸收我国审计工作和审计教学实践经验及同类教材优点的基础上，构建了本教材的结构体系，并在教材的编写过程中，努力使其体现如下特点：

一是紧密结合我国最新出台并实施的会计准则、审计准则，特别是注册会计师审计准则方面的修订及最新动向，体现教材的先进性和科学性。

二是充分考虑应用型会计人才的培养要求和会计专业的教学特点，努力在知识结构、难易程度、语言表达等方面做出特别的安排和设计，以增强教材的针对性和可接受性。

三是在内容上追求“全、新、实”。“全”，即注重全面阐述本学科的基本理论、基本方法和基本技能，体现教材的完整性和广泛适用性。“新”，即内容与时俱进，体现在准则介绍的及时性、方法使用的前沿性上。“实”，即每章开始都有一个引导案例引出本章内容，每章都配有案例和思考与练习（附有答案），尽量避免枯燥笼统，以体现实用性。

四是“双师型”教师合作编写。本教材的主编、副主编均为在高校从事多年财务会计和审计教学工作，同时具有企业财务工作和审计实际工作经验，并且取得注册会计师、注册税务师资格的“双师型”教师，对审计教学和审计工作具有丰富的经验和独到的见解。

本教材由具有丰富的企业成本控制、企业审计及内部控制、税务筹划及税务风险控制实务经验的凌辉贤副教授（广东省会计学会理事）、执业注册税务师、高级会计师和广东高职教育财经类专业教学指导委员会秘书长邹德军教授、注册会计师、高级会计师设定总的写作框架，甘肃商贸职业学院（筹）武永宁高级讲师、注册会计师、注册税务师，广州科技职业学院王艳华讲师，广东外语外贸大学南国商学院吴再芳副教授、会计师，广州商学院梁鑫老师、潘瑜楠，广东工贸职业技术学院王家祺讲师，恩平市国土资源局叶伟钦会计师、注册税务师，东莞市中达会计代理有限公司肖文燕总经理等共同精心编写而成！

在本教材的编写过程中，我们参考了很多同行的资料和成果，在此一并致谢。尽管我们在教材的内容结构设计、案例安排等方面做出了很多努力，但由于编者的经验和视野有限，书中难免会有疏漏之处，恳请各相关教学单位和读者在使用本教材的过程中给予关注并提出改进意见，以便我们进一步修订和完善。所有意见和建议请发往编者邮箱：Lhx1682003@163.com。

编者

2016年1月

目 录

第一章 总 论

【引导案例】

独立审计起源于16世纪的意大利。当时，威尼斯城的航海贸易日益发达并出现了早期的合伙企业。在合伙企业中，通常只有少数几人充当执行合伙人，负责企业的经营管理，其他合伙人则只出资而不参加经营管理。非执行合伙人需要了解合伙企业的经营情况和经营成果，执行合伙人也希望能证实自己经营管理的能力与效率，因此双方都希望能从外部聘请独立的会计专业人员来担任查账和监督工作。这些会计专业人员所进行的查账与监督，可以被看作独立审计的萌芽和序曲。

独立审计真正产生并初步形成制度的历史进程是在英国完成的。18世纪下半叶，资本主义工业革命开始以后，英国的生产社会化程度大大提高，特别是股份公司兴起以后，企业财产所有权与经营权进一步分离，绝大多数股东只向企业出资而完全脱离了经营管理。同时，这也隐含着经营管理人员为牟取私利而损害所有者利益的风险。会计报表作为沟通公司内部和外部信息的桥梁，急需由财产所有者和经营者以外的专业人士来加以鉴证。1720年，英国爆发了南海公司破产事件，公司股东和债权人遭受了巨大的经济损失。会计师查尔斯·斯内尔受议会聘请对南海公司会计账目进行了检查，并以“会计师”名义出具了一份“查账报告书”，指出南海公司的财务报告存在着严重的舞弊行为，这标志着注册会计师的正式诞生。1853年，爱丁堡会计师协会在苏格兰成立，标志着独立审计职业的诞生。1862年，对有限责任公司进行年度会计报表审计成为独立会计师的法定要求，从而进一步明确了独立会计师的法律地位。

第一节 审计的定义与分类

一、审计的定义

审计是一项具有独立性的经济性监督活动。审计是由独立的专职机构或人员接受委托或授权，对被审计单位特定时期的会计报表及其他有关资料的公允性、真实性以及经济活动的合规性、合法性和效益性进行审查、监督、评价和鉴证的活动，其目的在于确定或解除被审计单位的委托经济责任。

从上述审计定义中可以揭示出审计的四个基本特征，即独立性、专业性、权威性和广泛性。

二、审计的分类

（一）审计按其执行主体的性质不同，可分为政府审计、注册会计师审计和内部审计

1. 政府审计

政府审计又称为国家审计，是指由各级政府审计机关依法对被审计单位的财政、财务收支状况和经济效益所实施的审计。政府审计最主要的特点是它的法定权威性和强制性。其审计权限的取得、审计范围和对象的确定、审计调查和取证的方式等均由法律明确规定，其做出的审计决定可以依法强制执行。

2. 注册会计师审计

注册会计师审计又称为社会审计、独立审计、民间审计，是指由经政府有关部门审核批准的注册会计师组成的会计师事务所进行的审计。注册会计师审计的特点是受托审计，会计师事务所无权自行对企业、事业单位进行审计，只有在接受委托后，才能对被审计单位进行审计。会计师事务所自收自支、独立核算、自负盈亏、依法纳税、不附属任何机构，因此在业务上具有较强的独立性、客观性和公正性。

3. 内部审计

内部审计是指由企事业单位内部专职的审计部门对本单位内部财务收支和经济管理活动所实施的独立审查和评价。内部审计具有显著的建设性和内向服务性，其目的在于帮助本单位健全内部控制，改善经营管理，提高经济效益，共同实现企业的目标。在我国，内部审计包括部门内部审计和单位内部审计。

（二）审计按其目的和内容不同，可分为财政财务（收支）审计、财经法纪审计、经济效益审计、经济责任审计

1. 财政财务（收支）审计

财政财务审计是一种传统的或常规的国家审计。财政审计是指国家审计机关根据国家有关财经法规对国务院各部门和地方各级人民政府的财政收支活动进行的审计。目的在于确保国家的财政资金按预算计划安全、正常地运行。财务审计是指国家审计机关对国家拥有、控制或直接经营的企事业单位的财务状况和经营成果所实施的审计。近年来，我国政府对许多大中型国有企业的审计都委托注册会计师来实施。

2. 财经法纪审计

财经法纪审计是指国家审计机关对被审计单位和个人财政财务收支的合法性、合规性进行的审计。财经法纪审计是我国国家审计监督中的一种重要形式。其审计内容主要包括审查被审计单位和个人是否存在侵占挪用国家资产、贪污浪费、行贿受贿等严重损害国家和企业利益的行为。从本质上讲，财经法纪审计属于一种特殊的专项财政财务审计。

3. 经济效益审计

经济效益审计是指国家审计机关和内部审计机构对被审计单位的财政财务收支及经营管理活动的经济性和效益性所实施的审计。经济效益审计的目的在于评价财政财务资金的使用效率或效果。经济效益审计类似于国外的绩效审计或“3E”（Economy,

Efficiency，Effectiveness，即经济、效率、效果）审计。

4. 经济责任审计

经济责任审计是指对企事业单位的法定代表人或经营承包人在任期内或承包期内应负的经济责任的履行情况所进行的审计。经济责任审计的主要目的是分清经济责任人任职期间在本部门、本单位经济活动中应当负有的责任，为组织人事部门和纪检监察机关以及其他有关部门考核使用干部或者兑现承包合同等提供参考依据。

（三）审计按其实施的时间不同，可分为事前审计、事中审计、事后审计

1. 事前审计

事前审计又称预防性审计，是指在被审计单位经济业务发生之前所实施的审计。例如，国家审计机关对财政预算编制的合理性、重大投资项目的可行性等实施的审计。开展事前审计，有利于被审计单位进行科学决策，避免因决策失误而可能造成的损失。

2. 事中审计

事中审计是指在被审计单位经济业务执行过程中所实施的审计。通常对一些工期较长的基建项目的投资完成情况、长期承包合同的执行情况要进行事中审计。通过事中审计，能够及时发现问题，尽早纠正偏差，从而保证经济活动按预定目标有效进行。

3. 事后审计

事后审计是指在被审计单位经济业务完成以后所实施的审计。事后审计的范围十分广泛，财务活动的合法性、真实性、公允性，一般于事后才能进行正确评价。事后审计的特点在于事实客观、证据确凿、结论准确。国家审计、民间审计大多采用事后审计，内部审计中的财务审计也经常是事后审计。

（四）审计按其资料涉及的范围不同，可分为全面审计、局部审计、专项审计

1. 全面审计

全面审计是指对被审计单位一定时期的全部经济、管理和财务收支活动及其涉及的资料所进行的详细审查。一般适用于规模较小、内部控制不健全的单位。有时对一些被怀疑存在严重经济问题的单位也实施全面审计。

2. 局部审计

局部审计是指针对被审计单位一定期间内经营管理活动或者财务收支活动的某些方面及其资料进行的有目的的审计。如对企业实施的现金收支审计、销售收入审计、税务审计等。局部审计具有针对性强、效率高、成本低的优点。由于局部审计的审计范围不全面，容易遗漏一些重要问题。

3. 专项审计

专项审计又称专题审计，是对被审计单位某特定项目所进行的审计。例如，自筹基建资金来源审计、领导干部离任审计、粮食收购资金审计等。专项审计一般围绕特定目的展开，针对性强，因此容易发现问题，审计效率较高。

（五）审计按其实施的动机不同，可分为法定审计、自愿审计

1. 法定审计

法定审计又称强制审计，是指根据法律规定必须执行的强制性审计。例如，根据《中华人民共和国审计法》的规定，国家审计机关对各级政府部门、国有企业实施的审计等。

2. 自愿审计

自愿审计指被审计单位出于某种需要，自愿要求审计机构对其进行审计或者自行组织的审计。内部审计就属于典型的自愿审计。有些单位为了取得银行借款或优惠的信贷条件，也会自愿要求注册会计师对其财务报表进行审计。随着会计信息的决策相关性日益增强，这类审计业务会越来越多。

（六）审计按其在实施前是否预先告知被审计单位，可分为预告审计和突击审计

1. 预告审计

预告审计是指在实施审计之前，预先把审计的目的、内容和日期告知被审计单位，并要求被审计单位提供资料，积极配合。民间审计一般采取预告审计的方式。

2. 突击审计

突击审计是指在被审计单位事先不知情的情况下实施的审计。其目的在于使被审计单位没有时间去弄虚作假、掩盖事实真相，以取得较好的审计效果。政府审计中的财经法纪审计有时会采用这种突击审计的方式。

（七）审计按其采用的技术模式不同，可分为账表导向审计、系统导向审计、风险导向审计

1. 账表导向审计

账表导向审计是指顺着或逆着会计报表的生成过程，通过对会计账簿和凭证进行详细审阅，并根据账表之间的勾稽关系来确定是否存在会计差错或舞弊行为的一种审计模式。

2. 系统导向审计

系统导向审计是目前注册会计师民间审计中最常采用的一种审计模式。系统导向审计是建立在健全的内部控制系统可以提高会计信息质量的理论基础上的。审计时，首先通过符合性测试对被审计单位内部控制系统进行评价，然后确定审计的重要性水平及审计中应实施的实质性测试的性质和范围。

3. 风险导向审计

风险导向审计是审计发展的最新阶段，是指审计人员在规划审计工作之前，首先运用风险模型和分析性复核程序对被审计单位所处的经营环境、财务状况进行全面的风险评估，然后再确定采用的实质性测试的性质和范围，从而将审计风险控制在可接受水平之上的一种新型审计模式，是现代审计的基本模式。

第二节 审计与会计的关系

一、审计与会计的联系

第一，两者起源密切相关。会计是审计产生的基础，审计是会计的质量保证。

第二，两者彼此渗透、融合。绝大多数审计标准的制定和审计证据的取得依赖于会计资料。

第三，两者最终目的一致。审计和会计都是以维护财经法纪，加强经营管理，提高经济效益为最终目的。

二、审计与会计的区别

第一，产生的基础不同。审计的产生是基于经济基础监督的需要，而会计的产生是基于经济管理的需要。

第二，职能不同。审计的职能是监督、鉴证和评价，会计的职能是核算和监督。

第三，方法不同。会计的核算方法有设置会计科目、复式记账等，审计的方法有检查、审阅等。

第四，工作程序不同。会计的工作程序为填制和审核会计凭证→登记会计账簿→编制会计报表。

审计的工作程序为准备阶段→实施阶段→报告阶段。

第五，执行者不同。会计的执行者是单位内部的职能部门，由单位领导直接安排会计核算工作。审计的执行者是具有独立性、权威性的第三者——审计人，由其依法进行审计工作。

第三节 审计的主体与对象

一、审计的主体

审计的主体是指审计活动的发动者审计 主体概念与特点，即从事审计活动的组织和人员（见表1-1）。

表1-1 审计的主体的概念和分类

分类	概念	特点
政府审计的主体	从事政府审计活动的机关和人员	强制性、无偿性
独立审计的主体	从事独立审计活动的会计师事务所及其注册会计师	独立性、受托性、有偿性
内部审计的主体	从事单位内部审计活动的机构及其人员	经常性、及时性、针对性

二、审计的客体

审计的客体也称审计的对象，是指审计活动的作用对象，即被审计单位的财政收支、财务收支及有关的其他经济活动。

（一）政府财政收支

政府财政收支是指政府依法取得的各种收入，如税收、收费、举债等；政府依据批准的预算而发生的各种开支，如经费、公共工程投资、社会救助支出、社会保障支出等；预算外的各种收支；等等。

对政府财政收支实施的审计称为财政收支审计，简称财政审计，通常只能由政府审计机关来实施

（二）单位财务收支

单位财务收支是指行政单位的拨款收入、经费支出等，事业单位的拨款收入、收费收入、经费支出等；企业单位的资产、负债、损益等。

对单位财务收支实施的审计称为财务收支审计。最典型的单位财务收支审计是企业财务报表审计。

（三）有关的其他经济活动

这里有关的其他经济活动是指与财政财务收支有关的其他经济活动，如环保、公益或爱心捐助等。对这些经济活动也需要进行审计，如环境审计、社会责任审计等，其审计主体应视使用资金的性质而定。

三、审计的关系人

审计的关系人是指构成一项审计活动的相互有责任关系的三方面的当事人（见图1-1）。

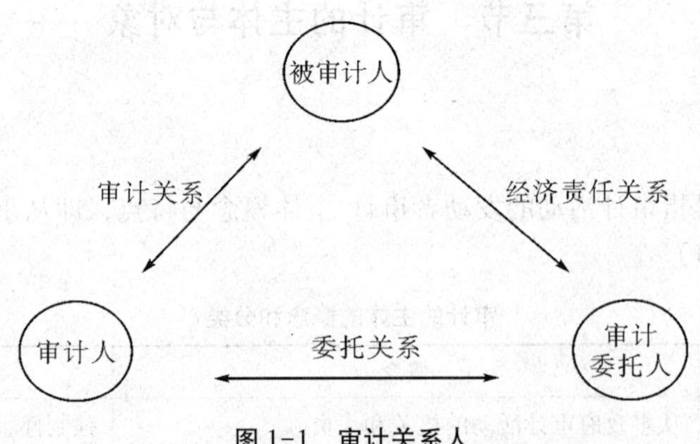

图 1-1　审计关系人

注：只有由三方面关系人构成的关系，才是审计关系

第四节 审计的目标与职能

一、审计的目标

审计的目标是指审计人员通过审计实践活动所期望达到的目的和要求。审计的目标包括审计总目标和审计具体目标。由于不同的审计主体在审计实践中的侧重点有所不同，因此会形成不同的审计目标

（一）审计的总目标

审计总目标是指对被审计单位财政财务收支活动的正确性、公允性、合理性、真实性、合法性、合规性、有效性、一贯性进行评价、审查。

审计总目标的确定以审计环境为基础，并随审计环境的变化而变化。在注册会计师审计的发展过程中，根据其审计环境变化，可以划分为详细审计、资产负债表审计和财务报表审计几个阶段，在不同的审计发展阶段，审计总目标的内涵也有所不同。

1. 详细审计阶段

在详细审计阶段，注册会计师通过对被审计单位一定时期内会计记录的逐笔审查，判定有无技术错误和舞弊行为。查错防弊是此阶段主要的审计目标。

2. 资产负债表审计阶段

在资产负债表审计阶段，注册会计师通过对被审计单位一定时期内资产负债表所有项目余额的真实性、可靠性进行审查，判断其财务状况和偿债能力。在此阶段，审计目标是对历史财务信息进行鉴证，查错防弊的目标依然存在，但已退居第二位，审计的主要目标从防护性发展为公正性。

3. 财务报表审计阶段

在财务报表审计阶段，注册会计师判定被审计单位一定时期内的财务报表是否公允地反映其财务状况和经营成果以及现金流量，并在出具审计报告的同时，提出改进经营管理的意见。在此阶段，审计由静态审计发展到动态审计，并且增加了“管理审计”的内容（包括经营审计、效益审计、效果审计）。审计目标不再局限于查错防弊和为社会提供公证，而是向管理领域有所深入和发展。此阶段的审计工作已比较有规律，并且形成了一套较完整的理论和方法。

尽管审计总目标发生了变化，但注册会计师审计的主要职责始终是对被审计单位财务报表进行审计。财务报表的合法性及其公允性始终是注册会计师审计的主要目标。

（二）审计的具体目标

审计具体目标是审计总目标进一步具体化，是对具体报表项目或业务类别进行审计时所要查明的各项具体问题，是对被审计单位管理层各种认定的检验。审计具体目标包括一般审计目标和项目审计目标。

一般审计目标是进行所有项目审计均必须达到的目标。项目审计目标则是对某个

报表项目进行审计所要达到的目标。

审计具体目标的确定有助于审计人员按照审计准则的要求收集到充分、适当的证据。审计具体目标一般是根据被审计单位管理层的认定和审计总目标来确定。

二、审计的职能

审计的职能是指审计本身所固有的体现审计本质属性的内在功能。审计的职能是审计自身固有的，但并不是一成不变的，而是随着社会经济的发展、经济关系的变化、审计对象的扩大、人类认识能力的提高而不断加深和扩展的。

（一）经济监督职能

经济监督是审计的最基本职能。无论是传统审计，还是现代审计，其基本职能都是经济监督。不仅国家审计具有监督职能，社会审计和内部审计也都具有监督职能。但必须明确，监督不是审计唯一的职能。还应该明确的是，监督是审计的基本职能只是说明各项审计都有监督职能，而不意味着审计的其他各项职能实质上都是监督职能。

审计的经济监督职能主要是指通过审计，监察和督促被审计单位的经济活动在规定的范围内、在正常的轨道上进行监察和督促有关经济责任者忠实地履行经济责任，同时借以揭露违法违纪，稽查损失浪费，查明错误弊端，判断管理缺陷和追究经济责任等。审计工作的核心是通过审核检查，查明被审计事项的真相，然后对照一定的标准，做出被审计单位经济活动是否真实、合法、有效的结论。从依法检查，到依法评价，再到依法做出处理决定以及督促决定的执行，无不体现了审计的监督职能。

（二）经济鉴证职能

审计的经济鉴证职能是指审计机构和审计人员对被审计单位会计报表及其他经济资料进行检查和验证，确定其财务状况和经营成果是否真实、公允、合法、合规，并出具书面证明，以便为审计的授权人提供确切的信息，并取信于社会公众的一种职能。

审计的经济鉴证职能包括鉴定和证明两个方面。例如，会计师事务所接受中外合资经营企业的委托，对其投入资本进行验资，对其年度财务报表进行审查，或对其合并、解散事项进行审核，然后出具验资报告、查账报告和清算报告等，均属于审计执行经济鉴证职能。又如，国家审计机关对厂长（经理）的离任审计，对承包、租赁经营的经济责任审计，对国际组织的援助项目和世界银行贷款项目的审计等，也都属于经济鉴证的范围。

（三）经济评价职能

审计的经济评价职能是指审计机构和审计人员对被审计单位的经济资料及经济活动进行审查，并依据一定的标准对所查明的事实进行分析和判断，肯定成绩，指出问题，总结经验，寻求改善管理以及提高效率和效益的途径。

审计的经济评价职能包括评定和建议两个方面。例如，审计人员通过审核检查，评定被审计单位的经营决策、计划、方案是否切实可行、是否科学先进、是否得到贯彻执行，评定被审计单位内部控制制度是否健全和有效，评定被审计单位各项会计资料及其他经济资料是否真实、可靠，评定被审计单位各项资源的使用是否合理和有效得到等，并根据评定的结果，提出改善经营管理的建议。评价的过程也是肯定成绩、发现问题的过程，其建议往往是根据存在的问题提出的，以利于被审计单位克服缺点、纠正错误、改进工作。经济效益审计是最能体现审计评价职能的一种审计。

三、审计的作用

（一）制约作用

审计的制约作用主要是发挥经济监督职能所产生的客观效果，具体可以概括为以下两个方面：

1. 揭示差错和弊端

审计通过审查取证可以揭示差错和弊端，不仅可以纠正核算差错，提高会计工作质量，还可以保护财产的安全，堵塞漏洞，防止损失。

2. 维护财经法纪

在审查取证、揭示各种违法行为的基础上，通过对过失人或犯罪者的查处，提交司法、监察部门进行处理，有助于纠正或防止违法行为，维护财经法纪。

（二）促进作用

审计的促进作用主要是发挥经济评价职能所产生的客观效果，具体可以概括为以下两个方面：

1. 改善经营管理

通过审查取证，评价揭示经营管理中的问题和管理制度上的薄弱环节，提出改进建议，促进改善经营管理。

2. 提高经济效益

通过对被审计单位财务收支及其有关经营管理活动效益性的审查，评价受托经济责任，总结经验，指出效益低下的环节，提出改进意见和建议，促进提高经济效益。

注：审计职能制约审计作用的发挥，审计任务完成程度决定审计作用的大小。

四、审计的任务

审计的任务是指在一定时期内，根据审计的职能和社会经济发展的需要，赋予审计的责任和要求。

（一）基本任务

依据国家有关法规，对被审计单位经济活动进行监督、评价和鉴证，维护国家财经秩序，促进廉政建设，保障国民经济健康发展。

（二）具体任务

审计被审计单位决策方案、计划、预算的制定和执行，会计资料和其他经济资料的真实性、正确性与合法性等。

【拓展阅读】

英国南海公司审计案例

基本案情：

英国南海公司始创于1710年，主要从事海外贸易业务。该公司经营10年，业绩极其一般。1719—1720年，该公司趁股份投机热在英国方兴未艾之际，发行巨额股票，同时该公司董事对外散布该公司利好消息，致使公众对股价上扬增强了信心，带动了该公司股价上升。1719年，南海公司股价为114英镑；1720年3月，其股价升至300英镑；1721年7月，该公司股价飙升至1 050英镑，该公司老板决定以高于面值数倍的价格发行新股。一时间南海公司股价扶摇直上，一场股票投机浪潮席卷全英国。

一些经济学家已意识到这种投机行为将给英国经济带来的严重危害，呼吁政府尽快采取措施。英国议会为制止国内"泡沫公司"的膨胀，于1720年6月通过了《泡沫公司取缔法》，一些公司随之被解散。许多投资者开始清醒，并抛售手中持有股票。股票投资热的降温，致使南海公司股价一路下滑，到1720年12月南海公司股价跌至124英镑。1720年年底，英国政府对南海公司资产进行清理，发现其实际资本所剩无几。之后，南海公司宣布破产。

南海公司破产，犹如晴天霹雳，震惊了该公司的投资人和债权人。数以万计的股东及债权人蒙受损失，当证实了百万英镑的损失落在自己头上时，人们纷纷向英国议会提出了严惩欺诈者并给予赔偿损失的要求。英国议会面对舆论压力，为平息南海公司破产引发的风波，于1720年9月成立了由13人组成的特别委员会，秘密查证南海公司破产事件。在查证过程中，由于涉及许多财务问题及会计记录，特别委员会特邀一位精通会计实务的会计师参与。此人名叫查尔斯·斯内尔，原为彻斯特莱恩学校的教师，教书法与会计。查尔斯通过对南海公司账目的查询、审核，于1721年提交了一份名为《伦敦市彻斯特莱恩学校的书法大师兼会计师对素布里奇商社的会计账簿进行检查的意见》，指出南海公司的财务报告存在着严重的舞弊行为、会计记录严重不实等问题，但没有对该公司为何编制这种虚假的会计记录表明自己的看法。议会根据这份查账报告，将南海公司董事之一的雅各布·布伦特以及他的合伙人的不动产全部予以没收。其中，一位叫乔治·卡斯韦尔的爵士，被关进了著名的伦敦塔监狱。英国议会在通过的《泡沫公司取缔法》中，对公司的成立进行了严格的限制，只有取得国王的御批，才能得到公司的营业执照。事实上，股份公司的形式基本上名存实亡。

直到1828年，英国政府在充分认识股份公司利弊的基础上，通过设立民间审计的方式，将股份公司中因所有权与经营权分离所产生的不足，予以制约，才完善了这一现代化的企业制度。据此，英国政府撤销了《泡沫公司取缔法》，重新恢复了股份公司这一现代企业制度的形式。随后，为保护投资者和债权人的利益、监督股份公司的经营管理，英国议会于1844年颁布了《公司法》，规定股份公司必须设置一名以上的监事来审查会计账簿和报表，并将审查结果报告给股东。1856年，英国议会又对《公司法》进行了修订，规定股份公司可以从外部聘请会计师办理审计业务。该法案使公司有聘请外部注册会计师的选择权，期间英国政府对一批独立会计师进行了资格确认，从而有力地促进了独立会计师的发展。

案例点评：

第一，英国南海公司的舞弊案件对世界独立审计有着里程碑式的影响。由于会计师查尔斯·斯内尔是世界上第一位独立审计人员，他所审计的南海公司舞弊案又是世界上第一例较为正规的独立审计案件，因此该案件对于注册会计师行业来讲，不论是在理论研究方面，还是在审计实践方面，都产生了极其重大的影响。

第二，英国南海公司的舞弊案件又揭示了注册会计师的职业天性就是应以独立第三者的身份，站在客观、公正的立场，通过对账、证、表等会计资料的审查，来平衡财产所有者与经营者之间的经济责任关系，揭示重大错弊行为。这说明注册会计师行业对于促进经济发展、稳定社会经济秩序方面将起到至关重要的作用。同时，这也决定了注册会计师从诞生的那一天起便担负着面向社会公众的责任，决定注册会计师是一门责任重大的职业。

【思考与练习】

一、单项选择题

1. 某市国有资产管理委员会作为XYZ大型国有企业的股权持有者代表，对于XYZ企业201×年财务决算审计工作进行公开招标。ABC会计师事务所投标后被选定为该次审计的主审机构。该次审计的类别属于（　　）。

A. 政府审计　　B. 经营审计
C. 注册会计师审计　　D. 内部审计

2. 政府审计、内部审计、注册会计师审计共同构成审计的监督体系。其中，政府审计与注册会计师审计在以下（　　）方面是基本相似的。

A. 审计所依据的原则　　B. 审计要实现的目标
C. 对内部审计的利用　　D. 审计中取证的权限

3. 审计的职能不包括（　　）。

A. 经济监督　　B. 经济司法
C. 经济鉴证　　D. 经济评价

4. 审计产生的客观基础是（　　）。

A. 受托经济责任关系　　B. 生产发展的需要
C. 会计发展的需要　　D. 管理的现代化

5. 税务机关的财务收支业务应当由（　　）来进行审计。

A. 国家审计　　B. 财政局
C. 民间审计　　D. 监事会

6. 审计的（　　）是保证有效行使审计权力的必要条件。

A. 独立性　　B. 权威性

C. 客观性　　D. 及时性

7. （　　）审计是独立性最强的审计。

A. 政府审计　　B. 民间审计

C. 内部审计　　D. 会计报表审计

8. 标志西方审计正式走向民间的事件是（　　）。

A. 东海公司破产案　　B. 西海公司破产案

C. 南海公司破产案　　D. 北海公司破产案

9. 资产负债表审计阶段，审计报告的主要使用人是（　　）。

A. 债务人　　B. 债权人

C. 投资人　　D. 所有会计报表使用人

10. 一般情况下，注册会计师承担法律责任的主要形式是（　　）。

A. 行政责任　　B. 赔偿责任

C. 民事责任　　D. 刑事责任

11. 审计的最基本的职能是（　　）。

A. 经济评价　　B. 经济监察

C. 经济监督　　D. 经济司法

12. 政府审计机关的审计活动被审计单位必须积极配合，属于（　　）。

A. 高层次监督　　B. 强制性监督

C. 独立性监督　　D. 权威性监督

二、多项选择题

1. 审计关系人是由（　　）组成。

A. 审计主体　　B. 审计载体

C. 审计客体　　D. 审计委托人

2. 审计独立性的具体表现包括（　　）。

A. 人员独立　　B. 组织独立

C. 经济独立　　D. 思想独立

3. 审计的职能包括（　　）。

A. 经济监督　　B. 经济建议

C. 经济评价　　D. 经济鉴证

4. 审计的促进作用可以概括为（　　）。

A. 揭示差错和弊端　　B. 维护财经法纪

C. 改善经营管理　　D. 提高经济效益

E. 加强宏观调控

5. 审计的基本特征包括（　　）。

A. 独立性　　B. 专业性

C. 权威性　　D. 广泛性

E. 强制性

三、判断题

1. 审计是一种直接的经济监督活动。 ( )

2. 审计的职能不是一成不变的，它是随着经济的发展而发展变化的。 ( )

3. 审计的主要内容是指财务收支及有关经济活动。 ( )

4. 一般而言，审计具体目标必须根据被审计单位管理当局的认定和审计总目标来确定。 ( )

5. 审计具体目标是审计总目标的进一步具体化，包括一般审计目标和项目审计目标，其中只适用于某一特定项目的审计目标是一般审计目标。 ( )

6. 审计报告阶段是审计全过程的中心环节。 ( )

7. 被审计单位在注册会计师的审计过程中，应当将所有的会计资料准备齐全。 ( )

8. 会计是产生审计的基础，会计同时也是审计的质量保证。 ( )

第二章　注册会计师及其法律责任

【引导案例】

“琼民源”自1993年4月在深圳证券交易所上市以来，股价表现平平，交投并不活跃。1996年下半年，民源海南公司（琼民源控股公司）与深圳有色金属财务公司（琼民源股东财务顾问）联手炒作琼民源股票。某些传媒对琼民源业绩大加渲染，致使众多投资者在不明真相的情况下盲目跟进。1996年下半年，琼民源股价在5个月的时间里上涨了4倍。1997年年初，琼民源在年度财务报告中公布“1996年度实现利润5.7亿元，资本公积金增加6.57亿元”，据此计算，该公司的利润比上一年度增加1 000倍，海南中华会计师事务所对琼民源1996年度财务报告出具了无保留意见的审计报告，海南大正会计师事务所为琼民源出具了资产评估报告。后经证监会、审计署等有关部门查实，琼民源在未取得土地使用权的情况下，通过与关联公司及他人签订的未经国家有关部门批准的合作建房、权益转让等无效合同虚构利润5.4亿元，在未取得土地使用权、未经国家有关部门批准立项和确认的情况下，对4个投资项目资产评估编造资本公积金6.57亿元。1998年4月29日，中国证监会决定：第一，鉴于琼民源原董事长兼总经理马玉和等人制造虚假财务收据的行为涉嫌犯罪，移交司法机关，依法追究其刑事责任；对琼民源公司处以警告。对琼民源其他董事待履行法定程序后予以处罚。对民源海南公司和深圳有色金属财务公司分别处以警告，没收各自非法所得6 651万元和6 630万元，并各罚款200万元，建议有关部门对深圳有色金属财务公司的主要负责人和直接负责人给予行政处分。第二，建议有关主管部门撤销直接为琼民源进行审计的海南中华会计师事务所，吊销其主要负责人的注册会计师资格证书。对海南中华会计师事务所总所处以警告，暂停其从事证券及期货业务资格6个月；对该事务所在琼民源财务审计报告上签字的注册会计师，暂停其从事证券及期货业务资格3年。对海南大正会计师事务所罚款30万元，暂停其从事证券相关资产评估业务的资格6个月；对负有直接责任的注册会计师，暂停其从事证券业务资格3年。

该案例告诉我们，会计师事务所和注册会计师在执业过程中，必须认真遵守职业道德规范和独立审计准则，实施审计时应保持应有的职业谨慎。否则，可能会给会计信息使用者带来损失，审计组织、审计人员也要承担相应法律责任。因没有执行审计准则而导致利益相关人蒙受损失的，审计人员将承担过失责任。明知委托单位的会计报表有重大错报或漏报，却出具虚假审计报告欺骗公众的，则属欺诈犯罪，将追究其刑事责任。

第一节　注册会计师

一、注册会计师的概念及其应具备的资格条件

注册会计师是指取得注册会计师证书并在会计师事务所执业的人员，英文全称为Certified Public Accountant，简称为CPA，指的是从事社会审计、中介审计、独立审计的专业人士。在其他一些国家如英国、澳大利亚、加拿大，注册会计师又称为国际会计师。在国际上说会计师一般是说注册会计师，而不是我国的中级职称概念的会计师。

注册会计师应具备的资格条件如下：

第一，注册会计师的专业知识，包括会计、财务及相关知识；组织和企业知识；信息技术知识。

第二，注册会计师的专业技能，包括智力技能；技术和功能技能；个人能力；交际和交流技能；组织和商业管理技能。

第三，职业价值、道德与态度。

第四，实际工作经验。

二、我国注册会计师资格获取的程序

第一，参加注册会计师考试。

第二，成绩全部合格。

第三，在中国境内从事独立审计业务工作两年以上。

第四，申请注册。

三、注册会计师业务范围

我国会计师事务所的经营范围是审计等鉴证业务、资产评估、税务服务、基建预决算审核、司法会计鉴定、招投标代理、会计咨询、会计服务业务和委托人委托的其他业务。

注册会计师业务范围按照提供服务的保证程度可分为保证服务和非保证服务。

（一）保证服务（Assurance Services）

第一，鉴证服务。鉴证服务是注册会计师就其他责任主体认定的可靠性出具报告的一种保证服务。鉴证服务有三种：历史财务报表审计、历史财务报表审阅、其他鉴证业务。

第二，其他保证服务。其他保证服务是指不符合鉴证服务的正式定义，但这些服务要求注册会计必须独立和为决策者使用的信息提供保证服务之处与鉴证服务相似，不同的是不要求注册会计师发表书面的报告、不要求责任方就遵循特定标准出具书面认定。

（二）非保证服务（Non-assurance Services）

第一，税务服务。

第二，管理咨询服务。管理咨询服务主要包括对公司的治理结构、信息系统、预算管理、人力资源管理、财务会计以及经营效率、效果和效益等提供诊断和专业意见与建议。

第三，会计服务。保证服务和非保证服务的关系如图 2-1 所示：

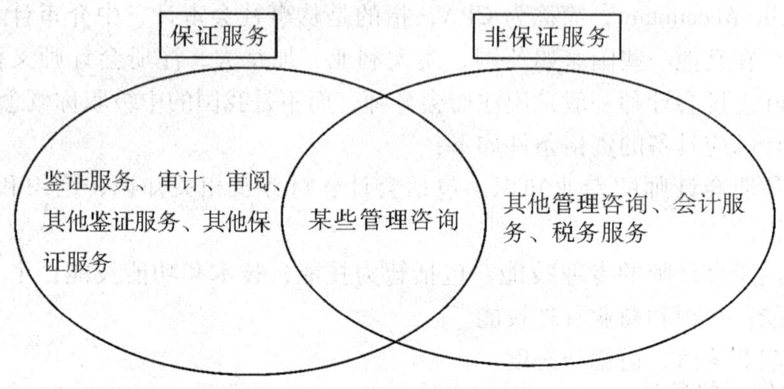

图 2-1　保证服务和非保证服务关系图

第二节　注册会计师与审计人员的职业道德

一、注册会计师的职业道德

注册会计师的职业道德是注册会计师职业品德、职业纪律、专业胜任能力及职业责任的总称。

（一）关于诚信的要求

《中国注册会计师职业道德守则》明确要求注册会计师应当在所有的职业活动中，保持正直、诚实、守信。注册会计师如果认为业务报告、申报资料或其他信息存在下列问题，则不得与这些有问题的信息发生牵连：

第一，含有严重虚假或误导性的陈述。

第二，含有缺少充分依据的陈述或信息。

第三，存在遗漏或含糊其辞的信息。

（二）关于独立性的要求

第一，将独立性要求从上市公司扩展到所有涉及公众利益的实体。

第二，对事务所特定员工跳槽至涉及公众利益的审计客户并担任特定职位，提出“冷却期”的要求。

第三，将合伙人轮换要求扩展至所有关键审计合伙人。

第四，强化对审计客户提供非鉴证服务的部分规定。

第五，如果对某一涉及公众利益的审计客户的全部收费连续 2 年超过事务所全部收费的 15%，要求在发表审计意见之前或之后进行复核。

第六，禁止将关键审计合伙人的薪酬或业绩评价与其向审计客户推销的非鉴证服务直接挂钩。

（三）关于客观和公正的要求

客观（Objectivity）是指注册会计师执行业务时，应当实事求是，不为他人所左右，也不得因个人好恶影响其分析、判断的客观性。

公正（Integrity）是指注册会计师执行业务时，应当正直、诚实，不偏不倚（Free From Bias）地对待有关利益各方。

（四）关于专业胜任能力和应有的关注的要求

第一，专业胜任能力与技术规范的总体要求。

第二，不得承办不能胜任的业务。

第三，应有的关注与职业谨慎。

（五）关于保密的要求

第一，注册会计师应当对职业活动中获知的涉密信息保密，不得有下列行为：

一是未经客户授权或法律法规允许，向会计师事务所以外的第三方披露其所获知的涉密信息；

二是利用所获知的涉密信息为自己或第三方谋取利益。

第二，注册会计师应当对拟接受的客户或拟受雇的工作单位向其披露的涉密信息保密。

第三，注册会计师应当对所在会计师事务所的涉密信息保密。

第四，注册会计师在社会交往中应当履行保密义务，警惕无意中泄密的可能性，特别是警惕无意中向近亲属或关系密切的人员泄密的可能性。

第五，注册会计师应当采取措施，确保下级员工以及提供建议和帮助的人员履行保密义务。

第六，在终止与客户的关系后，注册会计师应当对以前职业活动中获知的涉密信息保密。

第七，在下列情形下，注册会计师可以披露涉密信息，但不视为泄密：

一是法律法规允许披露，并取得客户的授权；

二是根据法律法规的要求，为法律诉讼、仲裁准备文件或提供证据，以及向监管机构报告所发现的违法行为；

三是法律法规允许的情况下，在法律诉讼、仲裁中维护自己的合法权益；

四是接受注册会计师协会或监管机构的执业质量检查，答复其询问和调查；

五是法律法规、执业准则和职业道德规范规定的其他情形。

第八，在决定是否披露涉密信息时，注册会计师应当考虑下列因素：

一是客户同意披露的涉密信息，是否为法律法规所禁止；

二是如果客户同意披露涉密信息，是否会损害利害关系人的利益；

三是是否已了解和证实所有相关信息；

四是信息披露的方式和对象；

五是可能承担的法律责任和后果。

（六）关于良好职业行为的要求

注册会计师靠信誉为生，要“惜誉如金”，自觉维护行业形象。《中国注册会计师职业道德守则》明确指出注册会计师应当遵守相关法律法规，避免发生任何损害职业声誉的行为。注册会计师在向公众传递信息以及推介自己和工作时，应当客观、真实、得体，不得损害职业形象。注册会计师应当诚实、实事求是，不得夸大宣传提供的服务、拥有的资质或获得的经验；贬低或无根据地比较其他注册会计师的工作。

（七）关于收费的要求

会计师事务所的收费应当公平地反映为客户提供的专业服务的价值，不能通过降低价格或者或有收费的方式，削弱注册会计师的独立性，降低服务质量。《中国注册会计师职业道德守则》要求如果收费报价明显低于前任注册会计师或其他会计师事务所的相应报价，会计师事务所应当确保在提供专业服务时，遵守执业准则和职业道德规范的要求，使工作质量不受损害，并使客户了解专业服务的范围和收费基础。除法律法规允许外，注册会计师不得以或有收费方式提供鉴证服务，收费与否或收费多少不得以鉴证工作结果或实现特定目的为条件。

（八）关于运用职业道德概念框架的要求

根据职业道德概念框架的要求，注册会计师如果发现可能违反职业道德基本原则的情形，应当首先识别该情形可能对职业道德基本原则产生的不利影响，然后评价不利影响的严重程度，如果超出了可接受的水平，则注册会计师有必要采取防范措施消除该不利影响或将其降低至可接受的水平。

（九）关于对非执业会员的要求

为了规范非执业会员从事专业服务时的职业道德行为，促使其更好地履行相应的社会责任，维护公众利益，《中国注册会计师职业道德守则》把非执业会员纳入职业道德建设的规范体系，从职业道德基本原则、职业道德概念框架、潜在冲突、信息的编制和报告等方面作出规定，这是2009年版《中国注册会计师职业道德守则》制定的一大突破。

二、内部审计人员的职业道德

第一，内部审计人员在履行职责时，应当严格遵守内部审计准则及中国内部审计协会制定的其他规定。

第二，内部审计人员不得从事损害国家利益、组织利益和内部审计职业荣誉的活动。

第三，内部审计人员在履行职责时，应当做到独立、客观、正直和勤勉。

第四，内部审计人员在履行职责时，应当保持廉洁，不得从被审计单位获得任何可能有损职业判断的利益。

第五，内部审计人员应当保持应有的职业谨慎，并合理使用职业判断。

第六，内部审计人员应当保持和提高专业胜任能力，必要时可聘请有关专家协助。

第七，内部审计人员应诚实地为组织服务，不做任何违反诚信原则的事情。

第八，内部审计人员应当遵循保密性原则，按规定使用其在履行职责时所获取的资料。

第九，内部审计人员在审计报告中应客观地披露所了解的全部重要事项。

第十，内部审计人员应具有较强的人际交往技能，妥善处理好与组织内外相关机构和人士的关系。

第十一，内部审计人员应不断接受后续教育，提高服务质量。

三、政府审计人员的职业道德

第一，政府审计人员应当依照法律规定的职责、权限和程序，进行审计工作，并遵守国家审计准则。

第二，政府审计人员办理审计事项，应当客观公正、实事求是、合理谨慎、职业胜任、保守秘密、廉洁奉公、恪尽职守。

第三，政府审计人员在执行职务时，应当保持应有的独立性，不受其他行政机关、社会团体和个人的干涉。

第四，政府审计人员办理审计事项，与被审计单位或者审计事项有直接利害关系的，应当按照有关规定回避。

第五，政府审计人员在执行职务时，应当忠诚老实，不得隐瞒或者曲解事实。

第六，政府审计人员在执行职务特别是作出审计评价、提出处理处罚意见时，应当做到依法办事，实事求是，客观公正，不得偏袒任何一方。

第三节 注册会计师的法律责任

一、注册会计师承担法律责任的依据

注册会计师在执行审计业务时，应当按照审计准则的要求审慎执业，保证执业质量，控制审计风险。否则，一旦出现审计失败，就有可能承担相应的责任。

法律责任的出现通常是因为注册会计师在执业时没有保持应有的职业谨慎，并因此导致了对他人权利的损害。

注册会计师法律责任可能被认定为违约、过失和欺诈。其中，过失可按程度不同区分为普通过失和重大过失。

二、对注册会计师法律责任的认定

注册会计师的不同过失承担不同的法律责任，其认定如下：

违约：会计师事务所在商定期间内未能履行合同条款规定的义务。

普通过失：注册会计师没有完全遵循专业准则的要求。

重大过失：连起码的职业谨慎都没有保持，注册会计师根本没有遵循专业准则或没有按专业准则的基本要求执行审计

欺诈：注册会计师为了达到欺骗他人的目的，明知委托单位的财务报表有重大错报，却加以虚伪陈述，出具无保留意见的审计报告

三、注册会计师承担法律责任的种类

根据《中华人民共和国注册会计师法》（以下简称《注册会计师法》）的规定，注册会计师因为违约、过失或欺诈，可能被追究行政责任、民事责任或刑事责任。

注册会计师可能承担的法律责任如下：

行政责任：警告、暂停职业、罚款、吊销注册会计师证书。

民事责任：赔偿受害人损失。

刑事责任：罚金、有期徒刑、其他限制人身自由的刑罚。

会计师事务所可能承担的法律责任如下：

行政责任：警告、没收违法所得、罚款、暂停营业、撤销。

民事责任：赔偿受害人损失。

刑事责任：罚金。

【例 2-1】长城公司涉及的是注册会计师首次卷入刑事责任的案件。北京市长城机电产业公司（简称长城公司）是一家所谓的民营高科技企业，利用公司的科研成果，以签订“技术开发合同”的形式进行非法集资活动。其这一大规模、大范围的集资活动未经国家金融管理机构的批准。1993 年，广大的投资者对该公司的集资行为产生怀疑，要求长城公司退回投资款。这时该公司找到中诚注册会计师事务所（简称中诚所），要求中诚所为其出具验资报告。中诚所为了获得审计费收入，为长城公司出具了不实的验资报告。该验资报告的出具，为长城公司继续非法集资提供了便利，对向长城公司索退集资款的投资者起到了搪塞、欺骗的作用，给国家的金融管理带来了不好的影响，造成了严重的后果。

案情处理：除了审计署、财政部和中国证监会对中诚会计师事务所做出的行政处罚之外，法院审理裁决，对承办长城公司审计业务的两名注册会计师判处有期徒刑，鉴于其年龄偏大，监外执行。

在本例中，由于注册会计师的验资报告是一部分投资者遭受损失的直接原因，因此注册会计师难辞其咎，对社会的金融秩序造成如此重大的恶劣影响，必须追究其刑事责任。

四、注册会计师避免法律诉讼的原则

（一）增强执业独立性

独立性是注册会计师审计的生命。在实际工作中，绝大多数注册会计师能够始终如一地遵循独立原则，但也有少数注册会计师忽视独立性，许多过失和欺诈都是在注册会计师丧失独立性的情况下发生的。

（二）保持职业怀疑态度

在所有注册会计师的审计过失中，最主要的是由于缺乏职业怀疑态度引起的。在执行审计的基本理论开展审计业务过程中，未严格遵循注册会计师审计准则，不执行必要的适当的审计程序，对有关被审计单位的问题未保持专业怀疑，或为节省时间而缩小审计范围和简化审计程序，从而导致财务报表中的重大错报不被发现。

（三）强化执业监督

许多审计中的差错是由于注册会计师失察或未能对助理人员或其他人员进行切实的监督而发生的。强化执业监督相当于增强了防范注册会计师法律责任的屏障，可以有效地避免和减少过失、欺诈行为的发生。

第四节　会计师事务所的法律责任

一、会计师事务所侵权责任的事由

（一）承担法律责任的事由

利害关系人以会计师事务所在从事《注册会计师法》第十四条规定的审计业务活动中出具不实报告，并致其遭受损失为由，向人民法院提起民事侵权赔偿诉讼的，人民法院应当依法受理。

（二）不实报告

会计师事务所违反法律法规、中国注册会计师协会依法拟定并经国务院财政部门批准后施行的执业准则和规则以及诚信公允的原则，出具的具有虚假记载、误导性陈述或者重大遗漏的审计业务报告，应认定为不实报告。在界定不实报告时，主要看审计业务报告是否存在以下“瑕疵”：虚假记载；误导性陈述；重大遗漏。

（三）利害关系人

因合理信赖或者使用会计师事务所出具的不实报告，与被审计单位进行交易或者从事与被审计单位的股票、债券等有关的交易活动而遭受损失的自然人、法人或者其他组织，应认定为《中国注册会计师法》规定的利害关系人。

（四）会计师事务所民事责任认定问题的实质

会计师事务所民事责任认定问题的实质是依侵权行为法的逻辑，贯彻了民法的公平原则，在“被审计单位—会计师事务所—第三人”之间公平分配因被审计单位经营失败或舞弊、事务所审计失败而导致的利害关系人损失。

会计师事务所应当对一切合理依赖或使用其出具的不实审计报告而受到损失的利害关系人承担赔偿责任，与利害关系人发生交易的被审计单位应当承担第一位责任，会计师事务所仅应对其过错及其过错程度承担相应的赔偿责任，在利害关系人存在过错时，应当减轻会计师事务所的赔偿责任。

二、诉讼当事人的列置

利害关系人未对被审计单位提起诉讼而直接对会计师事务所提起诉讼的，人民法院应当告知其对会计师事务所和被审计单位一并提起诉讼。

利害关系人拒不起诉被审计单位的，人民法院应当通知被审计单位作为共同被告参加诉讼。

利害关系人对会计师事务所的分支机构提起诉讼的，人民法院可以将该会计师事务所列为共同被告参加诉讼。

利害关系人提出被审计单位的出资人虚假出资或者出资不实、抽逃出资，并且事后未补足的，人民法院可以将该出资人列为第三人参加诉讼。

三、执业准则的法律地位

第一，会计师事务所是否遵循了执业准则的要求作为判断其有无故意和过失的重要依据。

第二，注册会计师是否应承担法律责任，关键在于注册会计师是否有过失或欺诈行为。

第三，判断注册会计师是否具有过失的关键在于注册会计师是否按照执业准则的要求执业。

四、归责原则和举证责任分配

（一）归责原则

第一，过错推定原则下，采取举证责任倒置模式。

第二，会计师事务所因在审计业务活动中对外出具不实报告给利害关系人造成损失的，应当承担侵权赔偿责任，但其能够证明自己没有过错的除外。

（二）举证责任分配

会计师事务所可以通过向人民法院提交相关执业准则以及审计工作底稿等证明自己没有过错。

五、会计师事务所的连带责任和补充责任

（一）连带责任

连带责任是指依照法律规定或者当事人的约定，两个或者两个以上当事人对其共同债务全部承担或部分承担，并能因此引起其内部债务关系的一种民事责任。当责任人为多人时，每个人都负有清偿全部债务的责任，各责任人之间有连带关系。

（二）连带责任的认定

注册会计师在审计业务活动中存在下列情形之一，出具不实报告并给利害关系人造成损失的，人民法院应当认定会计师事务所与被审计单位承担连带赔偿责任。具体情形如下：

第一，与被审计单位恶意串通。

第二，明知被审计单位对重要事项的财务会计处理与国家有关规定相抵触，而不予指明。

第三，明知被审计单位的财务会计处理会直接损害利害关系人的利益，而予以隐瞒或者出具不实报告。

第四，明知被审计单位的财务会计处理会导致利害关系人产生重大误解，而不予指明。

第五，明知被审计单位的财务报表的重要事项有不实的内容，而不予指明。

第六，被审计单位示意其出具不实报告，而不予拒绝。

（三）补充责任

补充责任是指对主责任的补充清偿责任。

所谓主责任，是指行为人本人首先承担的民事责任，这里的主责任人是被审计单位。当主责任人的财产不足以清偿债务时，不足部分由承担补充责任的人来清偿，这里的补充责任人是会计师事务所。

六、会计师事务所过失责任和过失认定标准

（一）过失责任

会计师事务所在审计业务活动中因过失出具不实报告，并给利害关系人造成损失的，人民法院应当根据其过失大小确定其赔偿责任。

（二）普通过失和重大过失

普通过失是指注册会计师在执业过程中没有保持应有的职业关注，没有严格按照执业准则的要求从事审计工作。

重大过失是指注册会计师在执业活动中缺乏最起码的关注，没有遵守审计准则的最低要求。

七、会计师事务所侵权责任的要素

对会计师事务所民事侵权赔偿责任的界定要遵循“四要件”（见图 2-2）。

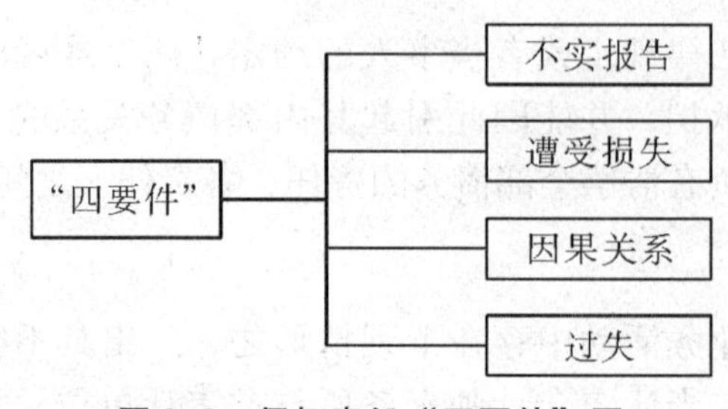

图 2-2　侵权责任“四要件”图

八、会计师事务所的抗辩事由

如果会计师事务所能够证明其不满足侵权责任要件的规定，那么会计师事务所就可以提出抗辩。

会计师事务所能够证明存在以下情形之一的，不承担民事责任：

第一，已经遵守执业准则、规则确定的工作程序并保持必要的职业谨慎，但仍未能发现被审计单位的会计资料错误。

第二，审计业务所必须依赖的金融机构等单位提供虚假或者不实的证明文件，会计师事务所在保持必要的职业谨慎下仍未能发现虚假或者不实。

第三，已对被审计单位的舞弊迹象提出警告并在审计报告中予以指明。

第四，已经遵照验资程序进行审核并出具报告，但被审验单位在注册登记之后抽逃资金。

第五，为登记时未出资或者未足额出资的出资人出具不实报告，但出资人在登记后已补足出资。

九、会计师事务所减责事由

利害关系人明知报告不实而仍然使用报告并受到损失的，其损失与不实报告之间可以说是不存在直接因果关系的，人民法院应当酌情减轻会计师事务所的赔偿责任。

十、无效免责

会计师事务所出具的审计报告，其用途已为法律法规所规定，会计师事务所无权限定审计报告的用途。会计师事务所在报告中注明“本报告仅供年检使用”“本报告仅供工商登记使用”等类似内容的，不能作为其免责的事由，属无效免责。

十一、赔偿顺位

（一）赔偿顺位确定的前提条件

如果多个责任主体之间没有连带关系，并且存在补充责任，则需要确定这些责任主体之间的赔偿顺序。

(二) 会计师事务所与被审计单位之间的责任顺位

审计报告使用人由于信赖不实审计报告而从事相关交易导致损失，从因果关系的角度看，被审计单位的违约或欺诈行为是导致报告使用人损失的直接原因，不实审计报告只是间接原因，对于报告使用人的损失，应当由被审计单位承担第一顺位的责任，会计师事务所承担在后顺位的责任。

会计师事务所与被审计单位、瑕疵出资股东之间的责任顺位在被审计单位的出资人虚假出资、不实出资或者抽逃出资，事后未补足的前提下确定如下：

第一，依法强制执行被审计单位财产（“第一赔”）。

第二，依法强制执行被审计单位财产后仍不足以赔偿损失的，出资人应在虚假出资、不实出资或者抽逃出资数额范围内向利害关系人承担补充赔偿责任（“第二赔”）。

第三，如果对被审计单位、出资人的财产依法强制执行后仍不足以赔偿损失的，由事务所在其不实审计金额范围内承担相应的赔偿责任（“第三赔”）。

十二、侵权赔偿责任范围

(一) 故意出具不实报告

会计师事务所因故意出具不实报告而承担连带责任时，没有最高赔偿额的限定，会计师事务所应当承担的赔偿数额由具体案件中利害关系人的损失数额和其他责任主体赔偿能力决定。

(二) 过失出具不实报告

会计师事务所因过失出具不实报告而承担补充赔偿责任时，会计师事务所就其所出具的不实审计报告承担赔偿责任的最高限额为该审计报告中的不实审计金额。

十三、会计师事务所对其分支机构的连带责任

第一，会计师事务所的分支机构在法律地位上属于会计师事务所的组成部分，其民事责任由会计师事务所承担。

第二，会计师事务所与其分支机构作为共同被告的，会计师事务所对其分支机构的责任承担连带赔偿责任。

【例 2-2】ABC 会计师事务所对 D 有限责任公司（以下简称 D 公司）进行了设立验资。D 公司成立一个月后，E 公司在阅读了验资报告后判断 D 公司财务状况良好，由此 E 公司借给 D 公司人民币 500 万元（假设还款期限为借款后的半年内归还）。到合同约定还款期限时，D 公司无法归还 E 公司上述借款，E 公司得知 D 公司当时设立验资时出资不实，现完全失去偿债能力。E 公司以 ABC 会计师事务所出具的验资报告为不实报告且因注册会计师的过失使 E 公司遭受了损失为由向人民法院提起诉讼，要求 ABC 会计师事务所的承担民事赔偿责任。

要求：

（1）如果E公司直接对会计师事务所提起诉讼，人民法院如何确定诉讼当事人？

（2）ABC会计师事务所在诉讼过程中，为了证明自己没有过错，该向人民法院提交哪些证据？

（3）请简要说明注册会计师侵权责任的法律构成要件。

（4）假设在法院受理案件前出资人已补足出资，ABC会计师事务所是否可以以“出资人在登记后已补足出资”作为免责的抗辩理由？

（5）注册会计师事务所是否可以“验资报告中已明确了验资报告仅供被审验单位设立登记及据此向出资人签发出资证明时使用”作为免责的抗辩理由？

（6）如果E公司胜诉，假设法院认定E公司损失金额为500万元，对被审验单位、出资人的财产依法强制执行赔偿总金额为100万元，设立验资时不实出资金额为300万元，那么ABC会计师事务所应付赔偿金额为多少？并请说明理由。

分析：

（1）人民法院应当告知E公司对ABC会计师事务所和D公司一并提起诉讼，如果E公司拒不起诉D公司的，人民法院应当通知D公司作为共同被告参加诉讼。人民法院可将出资不实的出资人列为第三人参加诉讼。

（2）可以向人民法院提交与该案件相关的执业准则、规则以及审计工作底稿等。

（3）注册会计师侵权责任的法律构成要件有：存在不实报告、注册会计师的过失、利害关系人遭受了损失、会计师事务所的过失与损害事实之间的因果关系。

（4）根据司法解释的相关规定，ABC会计师事务所可以以“出资人在登记后已补足出资”作为免责的抗辩理由。

（5）注册会计师不能以“验资报告中已明确了验资报告仅供被审验单位设立登记及据此向出资人签发出资证明时使用”作为免责的抗辩理由。

（6）应付赔偿金额为300万元。本例中，对被审验单位、出资人的财产依法强制执行后仍不足以赔偿损失的金额为400万元，会计师事务所出具验资报告的不实金额为300万元，以300万元作为ABC会计师事务所应承担的赔偿金额。

【拓展阅读】

银广厦全称为“广厦实业股份有限公司”，1994年6月17日，广厦（银川）实业股份公司以“银广厦A”的名字在深圳证券交易所上市。开始时该公司的主要业务为软磁盘生产，然后便进入了全面多元化投资的阶段。但银广厦业绩的奇迹性转折是从1998年开始的，这主要是天津广厦的“功劳”。天津广厦是银广厦集团于1994年在天津成立的控股子公司，原名为天津保洁制品有限公司。该公司在1996年从德国进口了一套由德国五德公司生产二氧化碳超临界萃取设备，从此以后3年间，银广厦连创超常业绩。在1998年，天津广厦接受的第一张销售订单（来自德国诚信贸易公司购买萃取产品）创造了7 000多万元的收入。银广厦对外公布的1999年利润总额为1.58亿元，其中天津广厦占76%，每股盈利为0.51元。2000年，银广厦在股本扩大1倍的情况下，每股收益增长超过60%，每股盈利0.827元，盈利能力之强，令人瞠目结舌，更令人怀疑。2001年“银广厦事件”首先被媒体揭露，之后中国证监会展开一系列的立案调查。经过监管机构艰苦的内查外调，终于查明：银广夏通过伪造购销合同、伪造出口报关单、虚开增值税专用发票、伪造免税文件和伪造金融票据等手段，虚构主营业务收入，虚增利润高达7.7亿元。面对这样一家超级造假公司，为其审计的深圳中天勤会计师事务所是如何审计办案的呢？中天勤会计师事务所规模很大，执业注册会计师近100人，经批准获得证券业务资格的注册会计师40名，承担国内60多家上市公司的审计业务。据称，中天勤会计师事务所曾创下2000年度国内业务量全国第一的好业绩。对银广夏年度报表进行审计的注册会计师刘加荣、徐林文，在年度利润和每股收益过度增长的不合理的情况下，缺少应有的职业谨慎，审计态度随意。其对一些自己没有把握的，又对报表有重大影响的事项，没有向专家请教和聘请专家协助工作，直接发表无保留意见审计报告。

真相大白之后，银广厦集团进入“PT”（特别转让）公司的行列。中天勤会计师事务所信誉全失，已经解体。签字注册会计师刘加荣、徐林文被吊销注册会计师资格；会计师事务所的执业资格亦被吊销，其证券、期货相关业务许可证被吊销；证监会依法将李有强等7人移送公安机关追究刑事责任。

从“银广夏事件”可以看出，注册会计师审计中存在以下几点缺陷：

第一，迷信客户。按理说，在审计执业过程中注册会计师应时刻保持合理的职业怀疑态度，不盲目相信客户。但是在“银广夏事件”中，注册会计师根本没有做到这一点。这正如其负责人在事后坦言，由于银广夏在证券市场上业绩一直非常好，在宁夏种草治沙也产生了良好社会效益，并且承担着国家科技部重点科技攻关项目800多项，加之又是合作多年的老伙伴，放松戒备是“情理之中”。

第二，会计师事务所质量控制混乱。可以说，质量控制的好坏直接关系着会计师事务所的存亡。在对银广厦的审计中可以看出，会计师事务所根本未履行审计工作底稿的三级复核制度，审阅与签发均由刘加荣一人包办，审核工作实际上流于形式，会计师事务所的质量控制存在严重问题。

第三，对客户了解不够。了解客户的基本情况是注册会计师的一项基本工作。尽管银广夏是中天勤会计师事务所的老客户，但是根据披露出来的资料看，注册会计师对天津广夏采用的“二氧化碳超临界萃取”技术及其应用情况了解不够。另外，其对于客户所处行业的整体发展情况也没有进行有效的调查，否则也不可能在萃取产品行业整体销售不理想的情况下，相信银广夏的巨额出口销售。

第四，自身素质不过硬，难以做到胜任。合格的注册会计师必须是胜任的注册会计师，精通专业知识是对其的基本要求。相关注册会计师在“银广夏事件”中所表现出来的专业知识，实在不能令人满意。其一，对于客户报表明显存在的违背重要性原则的事情漠然不见；其二，对于报表及其附注之间的相互矛盾居然没有察觉；其三，对于报表中显而易见的税务处理纰漏竟然无怀疑。另外，胜任能力还包括对于其他方面知识的掌握，相关注册会计师连客户提供的虚假海关报关单都识别不出来，何谈胜任。

第五，除了知识掌握方面的欠缺以外，在具体审计执业中仍然存在问题。面对异常的毛利率水平，注册会计师是否利用了分析性程序，以探究其虚假披露？面对巨额的应收账款，注册会计师是否进行了必要的函证？面对存货，注册会计师是否已实施监盘？如果注册会计师严格按照相关要求，实施必要的审计程序是完全可以发现存在的欺诈事项的。注册会计师对银广厦的审计失败完全是重大过失所致，这起事件的发生为我国审计界敲响了警钟。

【思考与练习】

一、单项选择题

1. 在以下各种情形中，（　　）可能不属于注册会计师为保持鉴证业务的独立性而必须回避的事项。

A. 在客户中有非直接经济利益

B. 向客户的主要股东借入大额款项

C. 从客户收取的非审计费用，其收入的比例较大

D. 按审定金额的百分比收取审计费用

2. 下列情形中，（　　）对注册会计师执行审计业务的独立性影响最大。

A. 注册会计师的母亲退休前担任被审计单位工会的文艺干事

B. 注册会计师的配偶现在是被审计单位开户银行的业务骨干

C. 注册会计师的子女按就近原则在被审计单位的子弟小学读书

D. 注册会计师的妹妹大学毕业后在被审计单位担任现金出纳

3. 下列各项中，属于“对同行的责任”职业道德的要求是（　　）。

A. 不以向他人支付佣金等不正当方式招揽业务

B. 不允许他人借用本人、本所的名义承接业务

C. 注册会计师不以个人名义同时在两家或两家以上的会计师事务所执业

D. 不承接不能按时完成的业务

4. 我国注册会计师职业道德规范要求会计师事务所和注册会计师应当考虑关联关系对独立性的损害。按照这一规定，鉴证客户的董事、经理、其他关键管理人员或能对鉴证业务产生直接重大影响的员工可以（　　）。

A. 于审计业务完成后在会计师事务所工作

B. 是与鉴证小组成员关系密切的家庭成员

C. 向注册会计师提供超过社会礼仪的款待

D. 是会计师事务所的前任高级管理人员

5. 出现以下（　　）情况时，鉴证业务的独立性将会受到“自我评价威胁”。

A. 鉴证人员现在是或最近曾经是鉴证客户的董事或经理

B. 鉴证人员的直系亲属或近缘亲属是鉴证客户的员工

C. 在诉讼中作为鉴证客户的辩护人

D. 从鉴证客户处接受礼品或招待

6. 王明是A会计师事务所的注册会计师，现正接受指派担任公开发行股票的J公司的201×年度财务报表审计项目的负责人。在审计期间，王明要求其妻动用大额银行存款购买了该公司的股票。在临近外勤审计工作结束时，A会计师事务所的负责人知悉了王明之妻大量购买J公司股票的情况，意识到该情况严重违背了审计的独立性要求。因此，A会计师事务所立即作出了如下决定，以消除对独立性造成的损害。在这些措施中，你认为最恰当、最关键的是（　　）。

A. 解除业务约定，介绍其他会计师事务所执行该审计业务

B. 派其他注册会计师对J公司的财务报表重新进行审计

C. 将王明调离审计小组，另派其他注册会计师接替其工作

D. 业务经理亲自对王明登记的审计工作底稿进行严格复核，并监督王明的剩余工作

7. 职业道德不仅要求会计师事务所采取措施从整体上维护独立性，而且在承办具体鉴证业务时，也应采取具体措施维护独立性。当采取的措施不足以消除损害独立性的因素的影响或不足以将影响降低至可接受水平时，会计师事务所应当（　　）。

A. 拒绝承接业务或解除业务约定

B. 安排鉴证小组以外的注册会计师复核

C. 轮换项目负责人及签字注册会计师

D. 将独立性受到损害的鉴证人员调离

8. 职业道德准则是注册会计师执业规范体系中的重要组成部分。在以下有关职业道德的表述中，你不认可的是（　　）。

A. 会计师事务所不得承接客户的审计业务，除非当年未接受其评估业务

B. 注册会计师可以在鉴证客户兼职，只要兼职的业务与审计业务或其他鉴证业务无关

C. 会计师事务所不得以或有收费方式提供鉴证业务，除非法院或有关公共机构允许

D. 注册会计师可以开展其子女所在企业的鉴证业务，除非其子女为客户的关键管理人物

9. 下列情况中，影响会计师事务所的独立性且导致会计师事务所不能承接业务是（　　）。

A. 会计师事务所的办公用房系向某委托单位租用的

B. 会计师事务所为某委托单位代理记账，同时承揽其财务报表审计业务

C. 注册会计师的姐姐是委托单位的财务总监

D. 注册会计师的父亲拥有委托单位1 000股股票

10. 下列有关对业务助理人员和其他专业人员责任的说法中，你认可的是（　　）。

A. 注册会计师从事的大部分业务都离不开业务助理人员，助理人员应对自己的工作结果负责

B. 如果在某些特殊的业务中必须聘用其他专业人员，则注册会计师必须对这

些专业人员的工作结果负责

C. 注册会计师应对助理人员和其他专业人员进行必要的指导、监督、复核，但不必对他们的工作结果负责

D. 注册会计师应当对所聘用的业务助理人员的工作结果负责

11. 注册会计师提供的审计业务属于有偿服务的性质，但其所收审计费用的多少不能以（　　）为依据。

A. 服务的性质　　B. 工作量的大小

C. 特定结果的实现　　D. 参加人员层次的高低

12. 某会计师事务所在与客户签订的审计业务约定书中规定，如审计后出具无保留意见审计报告，收费为5万元；如出具保留意见审计报告，收费为4万元；出具否定意见审计报告者，收费为3万元；出具拒绝表示意见审计报告，则免费。对此，你不认可的观点是（　　）。

A. 这种做法属于或有收费，是职业道德所明确禁止的

B. 这种做法将极大地影响注册会计师的独立性

C. 这属于按照特定目标的实现决定收费的高低，违反了职业道德

D. 这将诱导注册会计师欺诈，影响注册会计师的客观性

13. 下列各项中，属于注册会计师违反职业道德规范行为的是（　　）。

A. 按照业务约定和专业准则的要求完成委托业务

B. 对执行业务过程中知悉的商业秘密保密，不利用其为自己或他人牟取利益

C. 除非法规允许，会计师事务所不以或有收费形式为客户提供各种鉴证服务

D. 对其能力进行如实的广告宣传，但在宣传中注意丝毫不得诋毁同行

14. 按照《中国注册会计师的职业道德规范指导意见》的要求，以下有关说法中，不正确的是（　　）。

A. 注册会计师应当竭诚为客户服务，只要不损害社会公众的利益

B. 会计师事务所可以降低审计收费，只要仍能保证审计质量、保持执业谨慎，并遵循专业准则和质量控制程序

C. 注册会计师任何时候都应当保守客户的商业机密

D. 会计师事务所在可以为客户代编报表的当年接受审计委托，只要承担审计业务的注册会计师没有代编财务报表即可

二、多项选择题

1. 我国注册会计师职业道德的一般原则对（　　）方面提出了明确的规定。

A. 独立性　　B. 技术准则

C. 专业胜任能力　　D. 职业行为

2. 甲会计师事务所承接了某鉴证客户的财务报表审计业务。假定存在以下各种情况，请指出影响鉴证业务独立性的情况是（　　）。

A. 鉴证小组成员张三的妻子多年来一直担任鉴证客户的质量检验员

B. 鉴证客户的财务经理3年前是甲会计师事务所的签字注册会计师

C. 鉴证小组组长小王的父亲从事小商品零售业务，常从鉴证客户进货

D. 鉴证客户赠送两辆高级轿车供甲会计师事务所所长使用

3. 当识别出损害独立性的因素时，会计师事务所和注册会计师应采取措施消除这种影响或将其降低至可接受水平。当不足以消除损害独立性因素的影响，或不足以将该影响降低至可接受水平时，会计师事务所应当拒绝承接业务或解除业务约定。请分析以下情况，指出会计师事务所只有解除业务约定才能保持独立性的情形是（　　）。

A. 会计师事务所的前高级管理人员是鉴证客户的能够对鉴证业务产生直接重大影响的员工

B. 会计师事务所的项目经理与鉴证客户长期交往

C. 与鉴证小组成员关系密切的家庭成员是鉴证客户的能够对鉴证业务产生直接重大影响的员工

D. 会计师事务所的高级管理人员与鉴证客户长期交往

4. V 会计师事务所的注册会计师李江曾经担任 Y 公司的秘书。在确定 Y 公司 2016 年度财务报表的审计小组成员时，V 会计师事务所的业务主管需要根据李江任职的具体情况决定是否能派李江参加审计小组。以下情形中，影响李江审计独立性的是（　　）。

A. 李江曾于 2013 年担任 Y 公司的 L 总经理的秘书，该总经理现任 Y 公司的副董事长

B. 李江曾于 2015 年担任 Y 公司的 M 董事长的秘书，该董事长已于 2016 年定居国外

C. 李江曾于 2016 年上半年担任 Y 公司 N 主管财务的副总经理的秘书，该副总经理已于 2016 年 8 月离职

D. 李江曾于 2014 年担任 Y 公司主管生产的 P 副总经理的秘书，该副总经理已于 2015 年办理了离休手续

5. 王莉是某会计师事务所的注册会计师，其叔叔是 B 公司的财务人员，专门登记应收账款明细账。该会计师事务所承接了 B 公司 201×年度财务报表审计业务后，由于会计师事务所人员严重短缺，决定派王莉加入 B 公司审计小组，并要求项目经理对王莉的工作做适当安排，以维护审计的独立性。项目经理对王莉安排了如下的工作，其中你认为不影响独立性的工作是（　　）。

A. 审查累计折旧的计提项目

B. 函证银行存款，编制银行存款余额调节表

C. 审查当年发生的坏账损失

D. 审查实收资本、盈余公积、资本公积项目

6. 会计师事务所应当从整体上采取措施维护其独立性，但当维护措施不足以消除损害独立性因素的影响或将其降至可接受水平时，会计师事务所应当（　　）。

A. 拒绝承接业务　　B. 解除业务约定

C. 出具保留意见审计报告　　D. 出具无法表示意见审计报告

7. 注册会计师职业道德准则对注册会计师的专业胜任能力制定了专门的规定，要

求注册会计师（　　）。

A. 应当具有专业知识、技能或经验

B. 能经济有效地完成客户委托的业务

C. 对所聘专家的专业工作进行监督

D. 指导所聘专家遵循职业道德要求

8. 下列各项中，属于注册会计师职业道德准则中有关专业胜任能力与技术规范要求的是（　　）。

A. 注册会计师执行业务时，应当妥善计划，并对业务助理人员的工作进行指导、监督和复核

B. 注册会计师对有关业务形成结论或提出意见时，应当以充分、适当的证据为依据，不得以其职业身份对未审计或其他未鉴证事项发表意见

C. 注册会计师对审计过程中发现的违反会计准则及国家其他相关技术规范的事项应当按照审计准则的要求进行适当处理

D. 注册会计师应当保持和提高专业胜任能力，遵守独立审计准则等职业规范，合理运用会计准则及国家相关技术规范

9. 在有关保守客户信息秘密的下列说法中，你认为正确的是（　　）。

A. 注册会计师与客户的沟通是以保守客户信息机密为前提的

B. 在审计业务约定书中应书面承诺保密的义务

C. 如果客户存在违法行为，则面临着强制注册会计师披露客户信息的要求

D. 保密的要求不因为业务的终结而终止

10. 下列各项中，符合注册会计师职业道德规范的有（　　）。

A. 会计师事务所通过新闻媒体发布招聘信息，但未对其能力做宣传

B. 注册会计师在其名片上印有姓名、专业资格、职务及社会职务

C. 会计师事务所的员工担任被审计单位的独立董事

D. 会计师事务所没有雇用正在其他会计师事务所执业的注册会计师

11. 在确定审计收费时，会计师事务所应当考虑以下（　　）因素，以客观反映为客户提供专业服务的价值。

A. 专业服务所需的知识和技能

B. 所需专业人员的水平和经验

C. 每一专业人员提供服务所需的时间

D. 提供专业服务所需承担的责任

12. 按照注册会计师职业道德规范的要求，会计师事务所（　　）。

A. 不得在为上市公司提供审计服务的同时代编财务报表

B. 在为客户提供了管理咨询服务后，还可接受审计委托

C. 不得允许其职员兼任鉴证客户的董事、经理及其他关键管理职务

D. 对同一家上市公司提供的资产评估和审计业务必须由不同的人员来执行

13. 接受委托前，后任注册会计师与前任注册会计师之间的沟通，主要包括（　　）内容。

A. 查阅前任编制的审计工作底稿

B. 是否发现被审计单位管理层存在诚信方面的问题

C. 前任注册会计师与客户管理层在重大会计、审计问题上存在的意见分歧

D. 前任注册会计师认为导致被审计单位变更会计师事务所的原因

14. 我国不允许会计师事务所和注册会计师为其能力进行广告宣传以招揽业务，主要原因包括（　　）。

A. 刊登广告有损注册会计师及会计师事务所的形象

B. 注册会计师的服务质量及能力无法由广告内容加以评估

C. 广告有可能损害注册会计师的专业服务精神

D. 广告可能导致同行之间的不正当竞争

三、简答题

1. ABC 会计师事务所接受 XYZ 公司的委托，对 XYZ 公司 2016 年度财务报表进行审计。ABC 会计师事务所准备委派注册会计师 A 和 B 执行审计。若存在下列情况，判断 ABC 会计师事务所或注册会计师 A 和 B 的独立性是否可能会受到影响，逐一分析说明情况。

（1）ABC 会计师事务所收费主要来源于 XYZ 公司。

（2）注册会计师 A 的妻子是 XYZ 公司的一名普通销售员。

（3）ABC 会计师事务所租赁 XYZ 公司的办公楼作为办公场所。

（4）XYZ 公司的董事是 ABC 会计师事务所的前高级管理人员。

（5）注册会计师 B 的哥哥拥有 XYZ 公司少量股票。

（6）ABC 会计师事务所在某项重大会计问题上与 XYZ 公司存在意见分歧，XYZ 公司就是由于该问题与前任会计师事务所意见无法达成一致而变更委托的。

（7）ABC 会计师事务所的合伙人 A 注册会计师目前担任 XYZ 公司的独立董事。

（8）注册会计师 B 的女儿自 2014 年度起一直担任 XYZ 公司的统计员。

（9）注册会计师 A 的外甥拥有 XYZ 公司大量股票。

2. 2016 年 2 月 12 日，ABC 会计师事务所接受 W 公司的委托，对 W 公司 2015 年度财务报表进行审计。ABC 会计师事务所委派 A、B 注册会计师及助理人员进行外勤审计工作，A、B 注册会计师是 ABC 会计师事务所的发起人，分别任审计部正、副经理。W 公司属于信息技术类民营企业，其最主要的出资者为 X，占有 51% 的股权，担任董事长。B 注册会计师与 X 共同出资设立 BX 公司，B 注册会计师拥有 30% 份额。

要求：

（1）请根据《中国注册会计师职业道德规范指导意见》的要求，判别 ABC 会计师事务所接受 W 公司的委托是否恰当，并说明理由。如果要接受委托，ABC 会计师事务所应采取何种措施?

（2）如果 ABC 会计师事务所接受委托，是否可以委派 B 注册会计师进行审计?

3. X 银行拟公开发行股票，委托 ABC 会计师事务所审计其 2015 年度、2016 年度和 2017 年度的会计报表。双方于 2017 年年底签订审计业务约定书。假定 ABC 会计师事

务所及其审计小组成员与X银行存在以下情况：

（1）ABC会计师事务所与X银行签订的审计业务约定书约定：审计费用为1 500 000元，X银行在ABC会计师事务所提交审计报告时支付50%的审计费用，剩余50%的审计费用视股票能否上市来决定是否支付。

（2）2016年7月，ABC会计师事务所按照正常借款条件和程序，向X银行以抵押贷款方式借款10 000 000元，用于购置办公用房。

（3）ABC会计师事务所的合伙人A注册会计师目前担任X银行的独立董事。

（4）审计小组成员C注册会计师自2016年以来一直协助X银行编制会计报表。

（5）审计小组成员D注册会计师的妻子自2014年以来一直担任X银行的统计员。

请分别针对上述5种情况，判断ABC会计师事务所或相关注册会计师的独立性是否会受到损害，并简要说明理由。

第三章　审计程序

【引导案例】

某省审计厅在2015年度组织市、县审计局对省属某行业国有企业2015年的资产、负债和损益进行审计。B市审计局决定由经贸处处长李某和小王、小张组成审计组，李某任组长。由于时间紧，在B市审计局电话通知被审计单位的第二天，审计组便进点，来到了被审计单位的财务部，组长分工并立即从报表入手进行实质性测试。半个月后，审计组长抽查了几份工作底稿，汇总审查出的主要问题向审计机关提出审计报告。

该案例中的审计程序中的不妥之处如下：

第一，未能提前3天通知，如遇突发情况，可以经本级人民政府批准直接审计。该局没有出具审计通知书，也没有按照规定经本级人民政府批准而直接到被审计单位审计。

第二，没有对内部控制进行调查了解，直接进行实质性测试。

第三，审计工作底稿没有进行复核（三级复核制度）。

第四，没有征求被审计单位意见。

第一节　审计程序的定义与作用

一、审计程序的定义

审计程序是指审计机构和审计人员对审计项目从开始到结束的整个过程采取的系统性工作步骤。不同类型的审计，审计程序也略有不同。一般而言，审计程序包括三个阶段，即准备阶段、实施阶段、终结阶段。某些审计还需要考虑复审、后续审计、审计听证等程序。

二、审计程序的作用

审计程序对审计人员而言，就好像地图对旅行者一样，没有审计程序，审计人员可能出现查核方向错误或没有使用最快最好的查核方法，以致浪费时间和成本。简单而言，审计程序的作用就是可以提高审计工作效率和能够保证审计工作效率。

第二节　审计准备阶段

一、审计准备阶段概述

审计准备阶段也称审计计划阶段，是指从确定审计任务开始，到具体实施审计工作之前的整个准备过程。对于任何一项审计工作，为了如期实现审计目标，审计人员都必须在具体执行审计程序之前，制订科学、合理的计划，有的放矢地去审查、取证，形成正确审计结论。不同的审计项目，计划阶段的准备内容不尽相同。

二、审计准备阶段的内容

审计准备阶段的内容主要包括：第一，接受审计业务，确定审计重点。第二，编制审计计划。

三、审计通知书

审计通知书是指内部审计机构在实施审计前，通知被审计单位或个人接受审计的书面文件。内部审计机构应在实施审计前向被审计单位送达审计通知书。特殊审计业务可在实施审计时送达审计通知书。

审计通知书应包括以下基本内容：

第一，被审计单位及审计项目名称。

第二，审计目的及审计范围。

第三，审计时间。

第四，被审计单位应提供的具体资料和其他必要的协助。

第五，审计小组名单。

第六，内部审计机构及其负责人的签章和签发日期。

审计通知书具体格式如图 3-1 所示。

四、审计业务约定书

审计业务约定书是指民间审计组织与委托人共同签署的，以确认审计业务的委托与受托关系，明确委托目的、审计范围以及双方应负责任事项的书面文件。审计业务的约定书具有经济合同性质，签订后具有法律效力。

审计业务约定书的主要内容如下：

第一，签约双方名称。

第二，审计目的。

第三，审计范围。

第四，双方的责任与义务。

第五，出具审计报告的时间要求。

第六，审计收费。

第七，审计报告的使用责任。

第八，审计业务约定书的有效期间。

第九，违约责任。

第十，签约时间。

第十一，其他有关事项。

×××（审计机关全称）

审　计　通　知　书

××审××通〔20××〕××号

×××（审计机关名称）对×××（项目名称）进行审计（专项审计调查）的通知

×××（主送单位全称或者规范简称）：

根据《中华人民共和国审计法》第×××条的规定，我署（厅、局、办）决定派出审计组，自201×年×月×日起，对你单位×××进行审计（专项审计调查），必要时将追溯到相关年度或者延伸审计（调查）有关单位。请予以配合，并提供有关资料（包括电子数据资料）和必要的工作条件。

审计组组长：×××

审计组副组长：×××

审计组成员：×××（主审）　×××　×××　×××

附件：×××

（审计机关印章）

201×年×月×日

图3-1　审计通知书参考模板

五、编制审计计划

（一）审计计划的概念与作用

1. 审计计划的概念

审计计划是指注册会计师为了完成各项审计业务，达到预期的审计目标，在具体执行审计程序之前编制的工作规划。

2. 审计计划的作用

（1）收集充分适当的审计证据。

（2）保持合理的审计成本，提高审计工作效率和质量。

（3）有利于协调审计人员之间的工作。

(二) 审计计划的分类

1. 总体审计计划

总体审计计划是对审计的预期范围和实施方式所做的规划，是注册会计师从接受审计委托到出具审计报告整个过程基本工作内容的综合计划。

2. 具体审计计划

具体审计计划是依据总体审计计划制订的，对实施总体审计计划所规定的各项审计程序的性质、时间、范围所做的详细规划与说明。

(三) 审计计划的内容

审计计划的内容主要包括：被审计单位概况、审计目的和审计范围、重要性水平的确定和审计风险的评估、重要审计领域和重要会计问题、审计工作日程和时间及费用预算、审计人员的指派、审计程序、执行人及执行时间、审计工作底稿及索引号、其他有关内容。

(四) 审计计划的编制步骤

审计计划的编制步骤如图 3-2 所示：

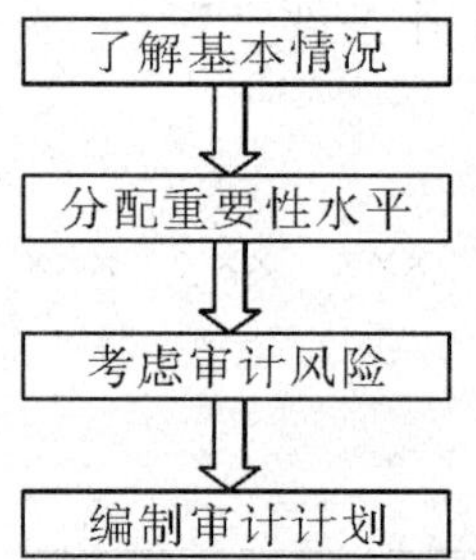

图 3-2　审计计划的编制步骤

1. 了解基本情况

审计人员采取观察、询问、审阅和分析性复核等方法，了解被审计单位的基本情况。基本情况包括：业务类型、行业状况、经营特点、内部控制、影响其行业的政府法规、关联公司及交易存在情况、提交的审计报告的性质。

2. 分配重要性水平

(1) 重要性的定义。《中国注册会计师审计准则第 1221 号——重要性》指出：重要性取决于在具体环境下对错报金额和性质的判断。如果一项错报单独或连同其他错报可能影响财务报表使用者依据财务报表作出的经济决策，则该项错报是重大的。

从这个定义中可以看出重要性的实质就是一个临界点，即报表中错报影响到报表使用者的判断、决策的金额。在此金额以上的错报、漏报为重要的，否则是不重要的。

重要性水平是相对的，不同的企业规模、不同种类的会计报表、不同的经济业务，其重要性的界定不同。

为了更好地理解重要性，需关注以下几点：

第一，既要从报表使用者的角度衡量，也要从审计人员的角度衡量重要性。

第二，既要从错报的数额来衡量，也要从错报的性质来衡量重要性。

第三，既要从单个错报的数额来衡量，也要从总额的角度来衡量重要性。

第四，既要从财务报表层次来衡量，又要从各类交易、账户余额、列报认定层次来衡量重要性。

第五，重要性是在特定的环境下来衡量的。

例如，资产为100万元和10万元的两个企业。如果它们的存货价值在资产负债表上漏记1万元，那么对100万元资产的企业来讲，存货1万元的错误不是重大错误，不会导致报表使用者改变其决策；相反，对10万元资产的企业来讲，存货1万元的错误就是重大错误，将导致报表使用者改变其决策。

在编制审计计划时，要对重要性作出初步判断，即认为会计报表中可以出现而又不致影响报表使用者作出决策的最大错报数额，来确定注册会计师在运用审计程序时允许会计报表的错报或漏报所允许的错报范围，确定审计程序的性质、范围和时间。

（2）财务报表层次重要性的确定。

①确定财务报表层次重要性水平的方法。通常，会计报表层次的重要性水平的确定方法有固定比率法和变动比率法两种。

固定比率法是在选定判断基础后，乘上重要性固定百分比，求出会计报表层次的重要性水平。目前，在实务中可以选用的固定比率（经验数值）有：税前利润的5%~10%（税前利润较小时用10%，税前利润较大时用5%）；资产总额的0.5%~1%；净资产的1%~2%；营业收入的0.5%~1%。

变动比率法的基本原理是规模越大的企业，允许错报的金额比率就越小，一般是根据资产总额或营业收入总额来确定企业规模，以两者中较大一项确定一个变动百分比。

②财务报表层次重要性的选取。如果同一被审计期间各财务报表的重要性水平不同，审计人员应当选取其中最低金额作为财务报表层次的重要性水平。

③性质上的考虑。在确定重要性水平时，审计人员还应当考虑错报的性质，即错报的原因判断重要性。一些错报从数量上考虑并不重要，但从其性质方面考虑，却可能是重要的。

（3）交易、账户余额等认定层次重要性的确定。在实务中有以下两种确定方法可以选择：

第一，将会计报表层次的重要性水平分配至各账户或各类交易。

第二，单独确定各账户或各类交易的重要性水平。

在采用分配报表层次重要性水平到账户或交易层的方法时，分配绝不是简单地在各项目中的平均分配，而是在保证审计效果的基础上，以尽可能降低审计成本的原则为指导，综合考虑相关因素，对报表层次的重要性分配进行的合理判断。需考虑的因素包括：项目的性质、发生差错的可能性、审计难易程度等。

审计人员在进行分配时采取了以下分配原则：

第一，避免将重要性水平全部分配至某一项目中。因为不可能要求其他项目不产生任何误差。

第二，货币资金项目能够进行详细的逐笔审计，以较低成本进行审计，因此不允许产生误差或分配很少的可容忍错报。

第三，应收账款、存货往往发生舞弊的可能性较大，审计时应重点关注，其可容忍错报较低。

第四，其他流动资产一般应用分析程序，即可检验其总体合理性，审计成本较低，仅用分析程序时应允许有较大的可容忍错报。

第五，固定资产一般情况下不会出现较大的变动，应允许有较大的可容忍错报。

（4）运用重要性评价错报的影响。在完成阶段，审计人员需估计审计的各个账户的错报，将各个账户的错报加以汇总，从而将汇总错报额与报表层次的重要性水平加以比较，以确定发表审计意见的类型。

①重新审视报表层次的重要性水平。在审计过程中如果发现以下两种情况，审计人员需修改重要性水平的判断数：一是审计人员据以确定报表层次重要性的某一因素发生了变化；二是审计人员认为确定的报表层次重要性水平过大或过小。

在评价审计结果时，审计人员就需要审视在审计过程中出现以上两种情况后，是否及时进行修正，而且修正后的重要性水平是否与被审计单位的实际情况相符，确保正确地评价审计结果。

②确定尚未更正错报的汇总数。尚未更正错报的汇总数包括：一是审计人员已识别的具体错报，即在以前期间审计中已识别但尚未更正错报的净影响额；二是审计人员对不能明确识别的其他错报的最佳估计数，即推断误差。

对各项目进行审计，往往不需采用详细的审查方法，可以运用抽样方法在各项目的总体中抽取样本，通过对样本运用适当的审计程序，找出其中的错报。然后，根据样本中的错报、漏报推断此项目的错报总数。最后，将报表中各项目的错报总数予以合计，确定会计报表汇总的尚未更正的错报金额。

③评价错报的影响。审计人员应将核定的重要性水平与汇总的尚未更正的错误进行比较，以评价对财务报表的影响。这可以从以下几方面考虑：

第一，如果所有报表项目都初步认定为公允，或在被审计单位进行了调整后，经审计人员重新抽查，认为都是公允的。在这种情况下，如果汇总错误大大低于核定后报表层次重要性水平且错误的性质并不重要，则审计人员可以认定会计报表总体是公允的，发表无保留意见。

第二，如果超过核定后重要性水平或错误属性质重要，审计人员应考虑扩大审计程序的范围或要求被审计单位管理层调整财务报表，以降低审计风险。如果管理层拒绝调整财务报表，并且扩大审计程序范围的结果不能使审计人员认为尚未更正错报的汇总数不重大，审计人员应当考虑出具非无保留意见的审计报告。

第三，如果尚未更正错报汇总数接近重要性水平，审计人员应考虑尚未检查出的错报连同累计尚未更正错报额是否可能超过重要性水平，并考虑通过实施追加的审计程序，或要求管理层调整财务报表以降低审计风险。

3. 考虑审计风险

（1）审计风险的定义。审计风险是指财务报表存在重大错报而审计人员发表不恰当审计意见的可能性。可接受的审计风险的确定，需要考虑审计机构对审计风险的态度、审计失败对审计机构可能造成损失的大小等因素。其中，审计失败对审计机构可能造成的损失大小又受所审计财务报表的用途、使用者的范围等因素的影响。但必须注意，审计业务是一种保证程度高的鉴证业务，可接受的审计风险应当足够低，以使审计人员能够合理保证所审计财务报表不含有重大错报。这包括两种情形：一种是被审计单位的会计报表公允反映而审计人员发表的意见却认为其未公允反映；另一种是被审计单位的会计报表未公允反映而审计人员认为已公允反映。

（2）审计风险的特征。

第一，审计风险具有客观性。现代审计的一个重要特征是广泛采用抽样审计方法。采用抽样审计方法，就不可能查清被审计对象总体中的所有重大错弊，就必然存在一定程度的审计风险。即使采用详细审计，也会由于经济活动中存在不确定因素、被审计单位内控制度具有局限性、被审计单位管理人员不一定都诚实胜任以及审计人员经验、能力的有限性和工作中可能出现的疏忽，使审计意见发生偏差，致使审计风险难以消除。另外，受成本效益关系的制约，要进行有效的审计，也不能将审计风险控制在零的水平上。

第二，审计风险具有利害双重性。审计风险总是与审计效率相联系的。为了有效地进行审计，审计人员必须接受一定水平的风险。审计人员要想获得较高的审计效益，就必须冒较高的审计风险。但是冒较高的审计风险，并不一定会得到较高的审计效益。因为审计风险同时也是有害的，是一种潜在的损失。当审计人员承担的风险超过一定限度时，就可能显化为现实的审计损失，形成审计失败。审计风险的大小通常是以可能引起的审计损失的大小来衡量的。

第三，审计风险具有可控制性。审计风险虽然是客观的、不能消除的，但是其水平的高低是可以控制的。审计人员可以采用适当的审计程、扩大抽样规模、提高职业谨慎水平等来控制审计风险。

（3）审计风险的构成要素及其关系。《中国注册会计师审计准则第 1101 号——财务报表审计的目标和一般原则》指出：审计风险取决于重大错报风险和检查风险。由此可知，审计风险是由重大错报风险和检查风险这两个要素构成的，它们之间的关系可以通过以下的审计风险模型描述出来：

审计风险=重大错报风险×检查风险

①重大错报风险（Risk of Material Misstatement）。重大错报风险是指财务报表在审计前存在重大错报的可能性。重大错报风险包括两个层次，即认定层次（Assertion Level）和财务报表整体层次（Overall Financial Statement Level）。

认定层次的重大错报风险指交易类别、账户余额、披露和其他相关具体认定层次的风险，主要是由于经济交易的事项本身的性质和复杂程度引起的错报以及企业管理当局由于本身的认识和技术水平造成的错报等。

财务报表整体层次的重大错报风险指战略经营风险。战略经营风险是审计风险的一个高层次构成要素，是财务报表整体不能反映企业经营实际情况的风险。这种风险来源于企业客观的经营风险或企业高层的共同舞弊、虚构交易。

②检查风险。检查风险是指某一认定存在错报，该错报单独或连同其他错报是重大的，但审计人员未能发现这种错报的可能性。检查风险取决于审计程序设计和执行的有效性。审计人员设计和执行的程序越有效，检查风险越低。

审计风险的两个构成要素不是孤立存在的，而是相互联系、相互作用的。

第一，审计风险的两个要素排列是有序的，它们发生的顺序是重大错报风险→检查风险。

第二，审计风险是由各个构成要素共同作用的结果。

第三，审计风险各要素与审计人员的关系不同，审计人员只能评估而不能控制重大错报风险，审计人员通过对重大错报风险的评估而控制检查风险。

第四，审计要素存在如表3-1所示的变动关系，即在特定的审计风险水平下，重大错报风险与检查风险成反向关系。

表3-1　　审计风险各要素间的变动关系

重大错报风险	审计人员可接受的检查风险
高	低
中	中
低	高

（4）审计风险的评估。对财务报表进行的审计的实质是风险导向审计，即以评估重大错报风险和降低重大错报风险为重点的审计活动，将识别风险、评估风险、降低风险贯穿于整个审计项目中。风险导向审计是以审计风险模型为指导，从而确定审计工作的思路，决定审计工作的程序。

①根据审计风险模型，审计人员的业务流程。

第一，了解被审计单位及其环境，包括内部控制，以评估财务报表总体层次和认定层次的重大错报风险。

第二，必要时进行控制测试，以测试内部控制在防止、发现和纠正认定层次重大错报方面的有效性。

第三，实施实质性程序，以发现认定层次的重大错报。

②识别和评估重大错报风险。审计风险的评估实质上就是重大错报风险的评估。本部分主要讨论重大错报风险的评估。

第一，识别和评估重大错报风险。审计人员应当识别和评估财务报表层次以及各类交易、账户余额、列报与披露认定层次的重大错报风险。在识别和评估重大错报风险时，审计人员应当做好以下工作：

一是在了解被审计单位及其环境的整个过程中识别风险，并考虑各类交易、账户余额、列报与披露。

二是将识别的风险与认定层次可能发生错报的领域相联系。

三是考虑识别的风险是否重大，足以导致财务报表发生重大错报。

四是考虑识别的风险导致财务报表发生重大错报的可能性。

如果被审计单位会计记录的状况和可靠性存在重大问题，不能获取充分、适当的审计证据以发表无保留意见；对管理层的诚信存在严重疑虑，并对财务报表局部或整体的可审计性产生疑问，审计人员应当考虑出具保留意见或无法表示意见的审计报告。必要时，审计人员应当考虑解除业务约定。

第二，需特别考虑的重大错报风险（以下简称特别风险）。特别风险通常与重大的非常规交易和判断事项有关。非常规交易是指由于金额或性质异常而不经常发生的交易，判断事项通常包括作出的会计估计。非常规交易的性质可能使被审计单位难以对由此产生的特别风险实施有效控制，它与重大非常规交易相关的特别风险可能导致更高的重大错报风险。

对于特别风险，审计人员应当评价相关控制的设计情况，并确定其是否已经得到执行。与重大非常规交易或判断事项相关的风险很少受到日常控制的约束，审计人员应当了解被审计单位是否针对该特别风险设计和实施了控制。如果管理层未能实施控制以恰当应对特别风险，审计人员应当认为内部控制存在重大缺陷，并考虑对风险评估的影响。

第三，仅通过实质性程序无法应对的重大错报风险。作为风险评估的一部分，如果认为仅通过实质性程序获取的审计证据无法将认定层次的重大错报风险降至可接受的低水平，审计人员应当评价被审计单位针对这些风险设计的控制，并确定其执行情况。

第四，对风险评估的修正。审计人员对认定层次重大错报风险的评估应以获取审计证据为基础，并可能随着不断获取审计证据而作出相应的变化。如果通过实施进一步审计程序获取的审计证据与初始评估获取的审计证据相矛盾，审计人员应当修正风险评估结果，并相应修改计划实施的进一步审计程序。

4. 编制审计计划

编制总体审计计划时，时间预算是对执行审计程序每一步骤需要的人员和工作时间所作的计划安排。

编制具体审计计划时，应通过编制审计程序表来完成。

审计计划的繁简程度取决于被审计单位的经营规模和计划审计工作的复杂程度。

审计计划的复核，主要复核以下内容：

第一，内容是否全面，审计目的、审计范围、审计重点领域的确定是否恰当。

第二，对被审计单位的了解是否全面，审计计划的编制基础是否可靠。

第三，人员分工是否恰当，时间安排是否合理。

第四，审计程序的制定是否恰当。

第三节 审计实施阶段

一、审计实施阶段概述

审计实施阶段也称审计外勤工作阶段。它是审计人员根据审计计划确定的审计范围、审计重点、审计步骤和方法，对各种审计项目进行详细审计，收集审计证据并进行评价，借以形成审计结论，实现审计目标的过程。审计实施阶段的工作主要是审计测试，包括符合性测试和实质性测试。通过审计测试，取得审计证据，形成审计工作底稿。

二、审计实施阶段的内容

（一）进驻被审计单位

审计人员在进驻被审计单位以后，进一步了解被审计单位的情况，并使被审计单位了解审计目的、范围。

（二）进行符合性测试

进行符合性测试是指对被审计单位的内部控制进行符合性测试。符合性测试是指为了证实被审计单位内部控制政策和程序设计是否适当、运行是否有效而实施的审计程序。通过符合性测试，可以评价对内容控制的可信赖程度，并根据符合性测试的结果确定或修正实质性测试程序。

进行符合性测试的审计步骤如图 3-3 所示：

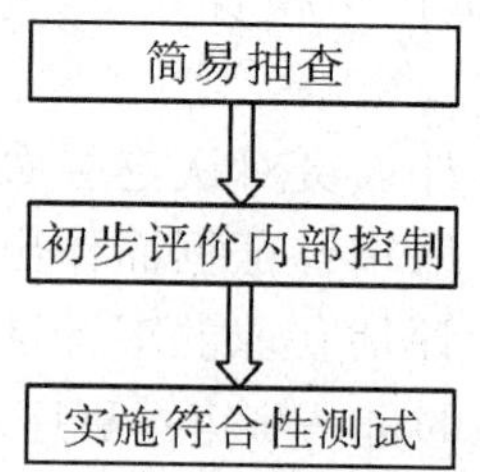

图 3-3　符合性测试的审计步骤

1. 简易抽查

抽查若干笔经济业务，以验证各项业务的授权、核准、执行、记录是否同已记录在工作底稿中的调查结果相符。

2. 初步评价内部控制

对内部控制进行初步评价，确定内部控制的设计是否恰当，确定符合性测试是否必要。

3. 实施符合性测试

运用各种审计方法确定内部控制的设计是否科学、执行是否有效、是否得到一贯遵守，从而确定内部控制的可信赖程度。

对测试过程进行记录，形成工作底稿。

（三）进行实质性测试（审计实施阶段最重要的工作）

进行实质性测试是指对被审计单位的会计资料及其反映的经济活动进行实质性测试。实质性测试是指对审计项目所进行的检查和评价而实施的审计程序，如对账户余额的检查和评价。实质性测试是在符合性测试基础上进行的，目的是为了证实会计信息的公允性、真实性，纠正经济业务处理中的错误，揭露经济活动中的弊端等。

1. 实质性测试的对象

实质性测试的对象是被审计单位的会计报表及其生成的凭证、账簿。

2. 实质性测试的方法

（1）检查凭证、账簿记录数据的正确性和经济业务的合法性。

（2）进行账账、账实核对。

（3）运用监盘程序。

（4）对重要比率或趋势进行分析性复核。

（5）对计算结果进行验算。

（6）向有关人员和单位进行查询和函证。

（四）收集审计证据，形成审计工作底稿

审计工作底稿是审计证据的载体，审计证据是审计工作底稿的内容。

第四节 审计终结阶段

一、审计终结阶段概述

审计终结阶段指经过深入细致的审计工作，审计人员取得了充分有效的审计证据后，可以编写审计报告，并做好审计的结束工作。

二、审计终结阶段的内容

（一）整理、评价审计证据

整理、评价审计证据是审计人员运用专业知识和职业经验对证据进行分析研究的过程。

整理、评价审计证据的目的是通过整理和评价审计证据，选出一些最具有说服力的证据，作为编制审计报告的依据。

（二）复核审计工作底稿

根据审计工作底稿中记载的有关问题，征求被审计单位意见，获取审计证据真实性与恰当性予以认可的有关资料。

复核事项如下：

第一，审计工作是否已按照法律法规、相关职业道德要求和审计准则的规定执行。

第二，重大事项是否已提请进一步考虑。

第三，相关事项是否已进行适当咨询，由此形成的结论是否得到记录和执行。

第四，是否需要修改已执行审计工作的性质、时间安排和范围。

第五，已执行的审计工作是否支持形成的结论，并已得到适当记录。

第六，获取的审计证据是否充分、适当，足以支持审计结论。

第七，审计程序的目标是否已经实现。

（三）期后事项的审计

1. 期后事项

期后事项指资产负债表日与审计报告日期间发生的，以及审计报告日到会计报表公布日期间发生的对会计报表产生影响的事项。

2. 期后事项的分类

期后事项分为对会计报表有直接影响需要调整的事项和对会计报表没有直接影响但应予以披露的事项（见表3-2）。

表3-2　期后事项

类别	举例	备注
对会计报表有直接影响需要调整的事项	被审计单位被起诉，资产负债表日后法院判决被审计单位应当赔偿对方的损失	为资产负债表日已存在情况补充证据
对会计报表没有直接影响但应予以披露的事项	被审计单位在资产负债表日后发生严重火灾，损失较大	至资产负债表日并未发生

3. 期后事项的审计

对期后事项审计的原因是期后事项很可能影响审计人员对被审计单位的审计意见。

对期后事项审计的目的是确定期后事项是否存在和期后事项的类型和重要性处理是否恰当。

期后事项的审计应当在整个审计工作即将结束前完成。

（四）撰写审计报告

审计报告的撰写人是审计项目负责人。

审计报告的撰写程序如图3-4所示：

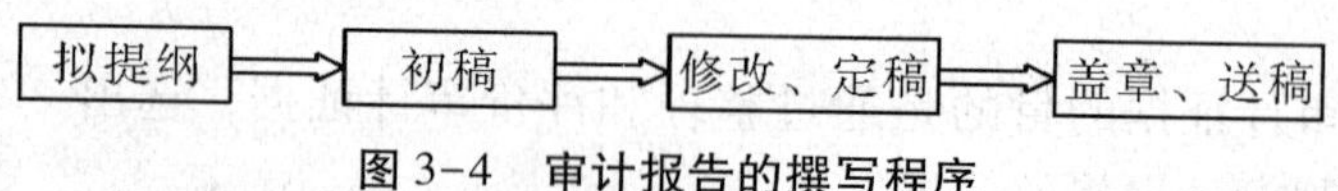

图3-4　审计报告的撰写程序

（五）后续审计

后续审计是指审计机关在审计结论和决定发出后的规定期内，对被审计单位执行审计结论和决定的情况所进行的审计。

（六）审计行政复议

审计行政复议（复审）是指上级审计机构对被审计单位因不同意原审计结论和处理意见而提出的复审申请所进行的审查。

复审的原因包括被审计单位对审计结论提出异议和法律诉讼。

与原审计范围一致，重点放在有争议的问题上。复审对原有工作底稿进行检查。原结论正确，维持原结论；原结论不正确，应予以纠正。对复审结论不服时，可以向终审机构或上级审计机关提出申诉。

（七）审计行政应诉

审计机关作为国家行政序列行使经济监督职能的行政单位，需要接受司法监督。

当被审计单位对审计机关所作出的审计结论和决定不服时，除通过申请复审外，可向人民法院提起起诉。

【拓展阅读】

我国香港商人张某在海南省注册成立一家注册资本为1 000万美元（1美元约等于6.20元人民币，下同）的港商独资企业X公司。根据我国相关管理办法，海南省工商管理局要求港商投资企业必须办理年检，以审核公司现行的注册资本与实收资本情况。这一举措对于已取得营业执照，但尚未投入实收资本的X公司来说，无疑是当头一棒。如果不能通过年检，就意味着要被注销登记，并被吊销营业执照。因此，作为X公司总经理的张某决定不惜一切代价，打通关节，一定要通过年检。在对其公司的有关材料进行了一番“精心”整理后，张某首先来到了海南省工商管理局，提出要进行年检。工商管理局人员在审阅了材料之后，明确告知张某材料中缺少一份重要证明文件，即验资报告。对于注册资本并未投入的X公司而言，如何才能顺利通过审计人员的年检呢？张某绞尽脑汁，终于想出“良策”。首先，他将1 000美元存入银行。银行按照通常手续开具了1 000美元的现金解款单。然后，张某又要求银行开具1 000美元的存款证明单。在取得了这两张凭证后，张某使用涂改液将现金解款单上“1 000美元”改写为“1 000万美元”。而在存款证明单上，由于数字后面的空白较多，张某就轻易地加上了4个“0”，这样存款证明单上的金额就变成了“$10 000 000”。由于使用了涂改液，而解款单和证明单上均注明了“此件涂改无效”的字样，因此张某将“此件涂改无效”的字样用纸贴去，然后再用复印机一复印，便几乎看不出涂改的痕迹了。“美中不足”的是，这是两张复印件。但是张某仍抱着侥幸的心理，开始寻找会计师事务所。几经周折，他找到了海南省ABC会计师事务所。该所审计人员仅用半个多小时时间匆匆浏览了一遍全部文件，就动手起草验资报告，唰唰几笔，一份证明有1 000万美元实收资本的验资报告草稿拟成。

如果当时审计人员保持了应有的职业谨慎，对验资业务中最重要的证据加以重视，最起码会要求X公司出具两份证明凭证的原件。与此同时，还可以采用其他一些审计常用程序，比如前往开户银行进行查询、核实等，那么张某的把戏很容易就会被戳穿。即使不采取这些行动，稍有经验的审计人员也会发现现金解款单上的“1 000万美元”一栏存在着可疑之处，即正式凭证上不可能将1 000万元表述成“1 000”与“万元”。但是该案例中的审计人员连这一破绽也没有发现，仅凭X公司提供的一些文件，在并未采取其他任何审计程序的情况下，就出具了验资报告，可谓大意之极。张某正是通过这份验资报告，开始了其通过骗取商业信用、欺诈以牟取暴利的行动。

【思考与练习】

一、单项选择题

1. 注册会计师可以通过设定审计程序而控制的风险是（　　）。

A. 固有风险　　B. 控制风险

C. 检查风险　　D. 重大错报风险

2. 注册会计师执行年度财务报表审计时，下列各项中最有可能帮助其对重要性水平作出初步判断的是（　　）。

A. 计划实施实质性程序时确定的预期样本量

B. 被审计单位的中期财务报表

C. 内部控制调查问卷

D. 与管理层的沟通函

3. 重要性与审计风险之间存在密切关系，注册会计师在确定审计程序的性质、时间和范围时应当考虑这种关系。下列提法中，不正确的是（　　）。

A. 重要性与审计风险之间呈反向关系，即重要性水平越低，审计风险越高

B. 在确定审计程序后，如果注册会计师决定接受更低的重要性水平，审计风险将增加

C. 对重要的账户或交易，相应的重要性水平应越低，以便提高效果

D. 对重要的账户或交易，相应的重要性水平应越低，以便提高效率

4. 以下关于重要性概念的错误理解是（　　）。

A. 重要性就是影响财务报表使用者的判断或决策的错报的临界值

B. 重要性的确定离不开具体环境

C. 重要性概念是从注册会计师的角度来考虑

D. 注册会计师在运用重要性原则时，应当考虑错报的金额和性质

5. 注册会计师在编制审计计划时，确定的重要性水平越高，应当获取的审计证据（　　）。

A. 越多　　B. 越少

C. 质量越高　　D. 质量越低

二、多项选择题

1. 下列关于总体审计策略和具体审计计划的叙述正确的是（　　）。

A. 具体审计计划比总体审计策略更加详细，其内容包括为获取充分、适当的审计证据以将审计风险降至可接受的低水平，项目组成员拟实施的审计程序的性质、时间和范围

B. 为了足够识别和评估财务报表重大错报风险，具体审计计划中注册会计师应确定计划实施的风险评估程序的性质、时间和范围

C. 针对评估的认定层次的重大错报风险，具体审计计划中应确定注册会计师计划实施的进一步审计程序的性质、时间和范围

D. 为了能发表恰当的审计意见，具体审计计划中注册会计师应确定审计意见类型

2. 注册会计师在审计过程中应当运用重要性原则，运用重要性原则的主要目的有（　　）。

A. 提高审计效率　　B. 查出错误与舞弊

C. 保证审计质量　　D. 提高会计信息质量

3. 在以下与财务报表层重要性水平相关的说法中，正确的是（　　）。

A. 既可以按资产负债表中的资产总额、净资产作为确定重要性的判断基础，也可以按利润表中的净利润作为确定重要性的判断基础

B. 如按资产负债表和按利润表确定的重要性水平有所不同，应从中选取最低者作为财务报表重要性水平

C. 如所依据的财务报表尚未编制完成，可根据上年报表适当估计本年财务报表，再确定财务报表重要性水平

D. 财务报表层次的重要性水平重要性等于账户及交易层次的可容忍误差

4. 重大错报风险是指财务报表在审计前存在重大错报的可能性。在设计审计程序以确定财务报表整体是否存在重大错报时，注册会计师应当从财务报表层次和各类交易、账户余额、列报认定层次考虑重大错报风险。认定层次的重大错报风险又可以进一步细分为（　　）。

A. 固有风险　　B. 控制风险

C. 误受风险　　D. 误拒风险

5. 注册会计师应当在总体审计策略中清楚地说明下列（　　）内容。

A. 向特定审计领域调配的资源，包括向高风险领域分派有适当经验的项目组成员，就复杂的问题利用专家工作等

B. 向特定审计领域分配资源的数量，包括安排到重要存货存放地观察存货盘点的项目组成员的数量以及在企业集团审计业务中，对其他注册会计师工作的复核的范围、对高风险领域安排的审计时间预算等

C. 何时调配这些资源，包括是在期中审计阶段还是在关键的截止日期调配资源等

D. 如何管理、指导、监督这些资源的利用，包括预期何时召开项目组预备会和总结会、预期项目负责人和经理如何进行复核、是否需要实施项目质量控制复核

三、判断题

1. 为提高计划过程的效率和效果，审计项目负责人和项目组中有其经验和见解的其他关键成员均应参与计划审计工作。（　　）

2. 注册会计师对项目组成员工作的指导、监督与复核的性质、时间和范围主要取

决于会计师事务所业务务质量控制的具体规定，与被审计单位的具体情况无关。（　　）

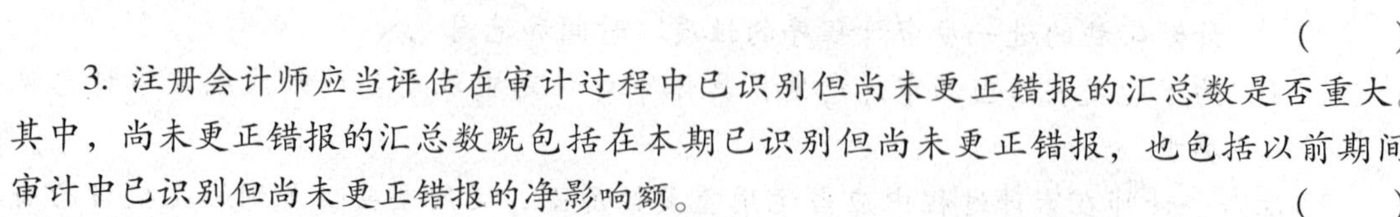

3. 注册会计师应当评估在审计过程中已识别但尚未更正错报的汇总数是否重大。其中，尚未更正错报的汇总数既包括在本期已识别但尚未更正错报，也包括以前期间审计中已识别但尚未更正错报的净影响额。（　　）

4. 风险导向审计就是注册会计师通过对被审计单位内部控制进行测试，将审计资源分配到可能导致报表存在重大错报的领域。（　　）

5. 在鉴证业务中，注册会计师应当将鉴证业务风险降至具体业务环境下可接受的低水平。（　　）

6. 签字注册会计师应当对质量控制制度承担最终责任。（　　）

7. 如果已识别但尚未更正错报的汇总数接近重要性水平，注册会计师应当考虑该汇总数连同尚未发现的错报是否可能超过重要性水平，并考虑通过实施追加的审计程序，或要求管理层调整财务报表降低审计风险。（　　）

8. 出具审计报告之前，会计师事务所可根据需要委派未直接参与审计的人员进行复核，以保证审计质量。（　　）

9. 注册会计师在执行财务报表审计业务时保持职业怀疑态度，并不要求其假设管理层是不诚信的，也不要求将审计中发现的舞弊事项看作一系列舞弊事件中暴露出来的一个。（　　）

四、简答题

1. A 注册会计师和 B 注册会计师对 XYZ 股份有限公司 201×年会计报表进行审计，其未经审计的有关会计报表项目金额如下（单位为万元）：资产总计为 180 000，股东权益合计为 95 000，主营业务收入为 220 000，净利润为 24 000。

要求：（1）如以资产总额、净资产（股东权益）、主营业务收入和净利润作为判断基础，采用固定比率法，并假定资产总额、净资产、主营业务收入和净利润的固定百分比数值分别为 0.5%、1%、0.5%和 5%，请代 A 注册会计师和 B 注册会计师计算确定该公司 201×年度会计报表层次的重要性水平。

（2）简要说明重要性水平与审计风险的关系。

（3）简要说明重要性水平与审计证据的关系。

2. ABC 会计师事务所承办了 T 公司 2015 年度会计报表审计业务。2016 年 8 月，T 公司的股东 U 公司以 T 公司 2015 年度会计报表审计工作存在重大过失，导致其发生重大投资损失为由，向法院提起诉讼，要求 ABC 会计师事务所承担民事赔偿责任。

要求：ABC 会计师事务所拟运用审计重要性概念应诉，其聘请的律师在准备应诉材料时，提出了以下问题：

（1）何谓审计重要性？

（2）注册会计师运用审计重要性概念的目的是什么？

（3）你认为注册会计师犯的是普通过失还是重大过失？

（4）审计重要性概念在区分普通过失和重大过失时有何重要作用？

第四章　审计工作底稿和审计证据

【引导案例】

A上市公司业绩蒸蒸日上，逐步确立以房地产和股权投资为主导的投资方向，先后在北京、上海、天津、青岛等重点城市进行房地产投资。同时，该公司还投资参股了十多家企业，投资总额高达8 000万元以上。为了获得更为理想的投资回报和战略效果，该公司用了近4 000万元通过二级市场购买了上海某家上市公司5%的股份。按照我国证监会关于上市公司的期中会计报表须经独立审计的规定，A上市公司委托B会计师事务所对其当年的期中会计报表进行审计。约定条件之一是：为避免公司遭受损失，要求注册会计师在了解被审计单位有关的投资计划和投资实施阶段的情况后，能够保守商业机密，尤其不能在审计工作底稿中公开。这对开展审计工作的注册会计师提出了一个很大的难题：如果不在审计工作底稿中详细记录被审计单位的投资项目和投资过程，就无法形成与发表审计意见有关的审计证据，也不符合审计工作底稿的编写要求；如果在审计工作底稿中详细说明该信息，又会违背已经做出的承诺。在这艰难的抉择和痛苦的思索中，注册会计师冥思苦想，终于有了一个两全其美的办法：在填写长期投资项目的审计工作底稿时，不直接用项目本身的名称，而是根据不同性质的投资拟定审计工作底稿的秘密代码。该代码作为机密，单独由审计组长亲自保管，并存放于专门的保密档案专柜中。

案例点评如下：

第一，注册会计师在审计过程中，像上述案情中的矛盾现象时有发生，这就要求注册会计师在工作中应积极进取，勇于创新。本案例所介绍的审计工作底稿的密码标识和保密档案的管理是值得注册会计师参考和借鉴的。

第二，对上市公司的审计监督是社会赋予注册会计师的神圣职责，但是很多上市公司害怕自己的违法行为被注册会计师发现后向社会披露，就常以商业机密为借口，阻挠注册会计师的正常审计。在当前竞争激烈的审计市场上，有的注册会计师屈从于客户压力而有意隐瞒事实真相的案例常有发生。本案例提醒人们，注册会计师事业是维护公正的事业，如果偏离这一点，注册会计师就会失去公众的信任。

第一节　审计证据

一、审计证据的含义

审计证据是指审计人员在执行审计业务过程中采用各种方法获取的真实证据，用于证实或否定被审计单位会计报表所反映的财务状况和经营成果的公允性、合法性的一切资料。

二、审计证据的特点

（一）相关性

相关性是指收集的审计证据要同审计目标和所提出的审计意见有关。

（二）重要性

重要性是指审计证据对审计评价和审计结论有重要的影响。重要性取决于事实的性质和数额。

（三）客观性

客观性是指审计证据必须是客观存在的事实，不能是主观虚构的产物。

（四）可靠性

可靠性是指审计证据本身及其来源必须是真实可靠的，是依据法定审计程序和科学的方法取得的。

（五）足够性（充分性）

足够性是针对审计证据应有多少数量而言的，即必须有足够数量的证据来支持审计人员的审计意见。

【例 4-1】L 注册会计师在对 F 公司 201×年度会计报表进行审计时，收集到以下 6 组审计证据：

（1）收料单与购货发票；

（2）销货发票副本与产品出库单；

（3）领料单与材料成本计算表；

（4）工资计算单与工资发放单；

（5）存货盘点表与存货监盘记录；

（6）银行询证函回函与银行对账单。

要求：请分别说明每组审计证据中哪项审计证据较为可靠，并简要说明理由。

解析：

（1）购货发票较为可靠。购货发票是注册会计师从被审计单位以外的单位获取的审计证据，比被审计单位提供的收料单更可靠。

（2）销货发票副本较为可靠。销货发票副本属于被审计单位在外部流转的证据，比仅在被审计单位内部流转的产品出库单更可靠。

（3）领料单较为可靠。材料成本计算表所依据的原始凭证是领料单，因此领料单较材料成本计算表更可靠。

（4）工资发放单较为可靠。工资发放单上有受领人的签字，因此工资发放单较工资计算单更可靠。

（5）存货监盘记录较为可靠。存货盘点表是被审计单位对存货盘点的记录，而存货监盘记录是注册会计师实施存货监盘程序的记录，因此存货监盘记录较存货盘点表更可靠。

（6）银行询证函回函较为可靠。注册会计师直接获取的银行存款函证的回函较被审计单位提供的银行对账单更可靠（直接获取的审计证据比间接获取或推论得出的审计证据更可靠）。

三、审计证据的分类

审计证据的分类如图 4-1 所示：

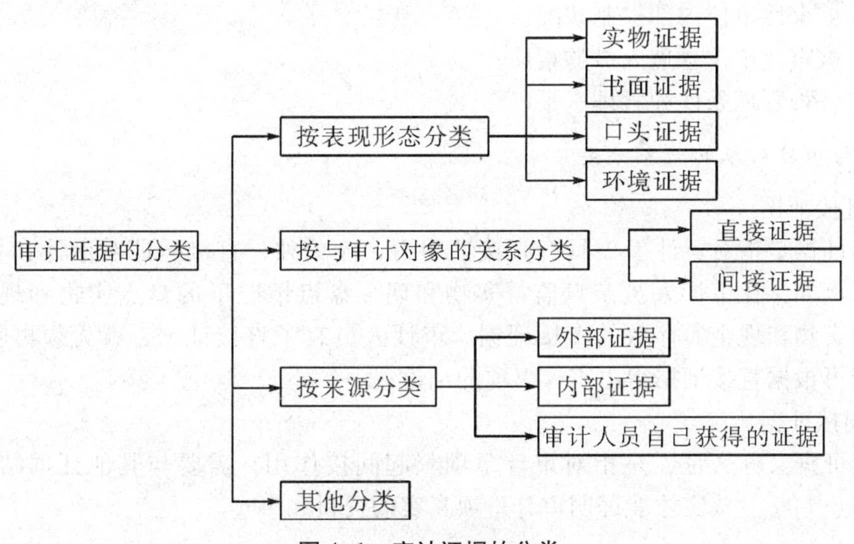

图 4-1　审计证据的分类

（一）按表现形态分类

1. 实物证据

实物证据是指通过实际观察或盘点所取得的，用以确定某些实物资产是否确实存在的证据。例如，对存货、固定资产、现金、有价证券等盘点后得到的证据，对建筑物、在建工程等进行观察得到的证据等。

实物证据的证明力：可证实实物的存在性，但不能证实实物的所有权和计价。

2. 书面证据

书面证据是注册会计师所获取的各种以书面文件为形式的一类证据。例如，各种原始凭证、账册、报表、合同、函件、会议记录、通知书、报告书等。书面证据的客观性比较强，可称为基本证据。

书面证据的证明力：可证实各种审计具体目标。

3. 口头证据

口头证据是被审计单位职员或其他有关人员对注册会计师的提问作口头答复所形成的一类证据。例如，调查笔录、检举信等。口头证据是反映个人想法、看法的证据，主观性较强。

口头证据的证明力：证明力较差，不能单独证实被审计事项，需要得到其他相应证据的支持；可为获取其他证据提供线索。

4. 环境证据

环境证据也称状况证据，是指对被审计单位产生影响的各种环境事实。例如，各种规章制度、管理条件和管理水平、人员素质等。

环境证据的证明力：证明力较差，不能单独证实被审计事项，可以帮助注册会计师了解被审计单位及经济活动所处的环境，是注册会计师进行判断必须掌握的资料。

环境证据包括以下内容：

（1）被审计单位内部控制状况；

（2）被审计单位管理人员的素质；

（3）各种管理条件和管理水平。

（二）按与审计对象的关系分类

1. 直接证据

直接证据是指对审计事项具有直接证明力，能单独、直接地证明审计真相的资料和事实。例如，在审计人员亲自监督实物和现金盘点情况下的盘点实物和现金记录，就是证明实物和现金实存数的直接证据。审计人员有了直接证据，就无须再收集其他证据，即可根据直接证据得出审计事项的结论。

2. 间接证据

间接证据又称旁证，是指对审计事项只起间接作用，需要与其他证据结合起来，经过分析、判断、核实才能证明审计事项真实的资料和事实。

（三）按来源分类

1. 外部证据

外部证据是由被审计单位以外的组织机构或人士所编制的书面证据，一般具有较强的证明力。外部证据包括以下 3 类：

（1）由外部编制，直接递交注册会计师；

（2）由外部编制，由被审计单位持有并递交注册会计师；

（3）由注册会计师自己动手编制。

函证回函，外来证明文件，注册会计师为证明某个事项自己动手编制的各种计算表、分析表等，由审计人员直接获得，证明力最强。采购发票、银行对账单、应收票据、顾客订单、合同等，由被审计单位首先获得，证明力较强。

2. 内部证据

内部证据是由被审计单位内部机构或职员编制和提供的书面证据。内部证据包括以下3类：

（1）会计记录；

（2）被审计单位管理当局说明书；

（3）其他书面文件。

销售发票、领料单、账册、报表、管理当局声明书及其他各种由被审计单位编制或提供的书面文件等内部证据没有外部证据可靠，但内部证据在外流转并获其他单位或个人承认，或内部控制良好，也具有较强的可靠性。

3. 审计人员自己获得的证据

审计人员自己获得的证据是指审计人员通过检查、观察、询问、外部调查、重新计算、重新操作、分析等获得的证据。

（四）其他分类

按审计证据的重要性分类，审计证据分为基本证据、辅助证据。

1. 基本证据

基本证据是指对审计人员形成审计意见、得出审计结论具有直接影响作用的审计证据。基本审计证据具有较强的证明力，是审计证据的主要部分。例如，证明被审计单位财务状况好坏时，被审计单位的会计报表、账簿等就是基本证据。

2. 辅助证据

辅助证据是作为基本证据的一种必要的补充，是补充说明基本证据的证据。如果要证明账簿记录的真实性，各种记账凭证是基本证据。附在记账凭证后面的各种原始凭证，是编制记账凭证的依据，它们补充说明记账凭证，证明账簿的真实性，因而是辅助证据。

第二节　审计证据的形成过程

一、审计证据的收集

（一）收集审计证据的基本要求

收集审计证据的基本要求包括充分性、成本效益性、重要性、相关性。

（二）收集审计证据的方法

1. 检查法

检查法是指审计人员对财务报表、账簿、凭证等会计记录和其他书面文件的可靠程度进行审阅和复核。

审阅是对会计资料和其他资料进行审查性的阅读，得到的是书面证据。审阅包括形式上的审阅和内容上的审阅。

复核是将两处或两处以上相互关联的数字与内容进行核对，检查是否正确。

2. 监盘法

监盘法是指审计人员在被审计单位对各种实物资产进行盘点时亲临现场监督盘点，并进行适当抽查。这种方式一般能取得可靠的证据，即实物证据。

3. 观察法

观察法是指审计人员对被审计单位的经营场所、实物资产和有关业务活动及其内部控制的执行情况进行实地观察。

4. 查询法与函证法

查询法是就某一问题向有关人员提问并获得的口头答复。

函证法是指为了证实被审计单位会计记录所记载的某一事项而向第三者发函询证（对“应收账款”的审计可采用此方法）。

5. 计算法

计算法是指审计人员对被审计单位的原始凭证及会计记录中的数据进行的验算或另行计算。

6. 分析性复核法

分析性复核法是指审计人员对被审计单位重要的比率或趋势进行的分析。对分析中发现的差异，特别是异常变动进行调查，必要时要适当追加审计程序。

分析性复核法常用的方法包括比较分析法、比率分析法、趋势分析法。

二、审计证据的鉴定

（一）鉴定证据的作用

鉴定证据的作用主要表现在如下两个方面：

第一，保证审计证据的质量。

第二，支持审计意见和结论。

（二）鉴定证据的内容

1. 鉴定证据的客观性

（1）应真实客观地反映经济活动；

（2）审计证据中涉及的时间、地点、事实等要确切无误。

2. 鉴定证据的充分性

数量多的证据比数量少的证据更有充分性，需要证据数量的多少以满足审计事项的需要为度。

3. 鉴定证据的相关性

鉴定证据应与审计目标的实现程度相关。

4. 鉴定证据的可靠性

（1）书面证据比口头证据可靠；

（2）外部证据比内部证据可靠；

（3）审计人员自己获得的证据比被审计单位提供的证据可靠；

（4）内部控制较好的内部证据比内部控制较差的内部证据可靠；

（5）不同来源的审计证据相互印证后，审计证据更可靠。

5. 鉴定证据的重要性

（1）审计证据的重要性是鉴定审计质量的一个重要标准；

（2）审计证据的重要性与该审计证据影响审计结论的程度有关。

6. 鉴定证据的经济性

鉴定证据的经济性是指鉴定证据的收集成本与证据的有效性间的关系的问题。

（三）鉴定证据的方法

1. 分类

分类是指将各种审计证据按证明力的强弱或与审计目标的关系是否直接等分门别类地排列成序。

2. 计算

计算是指对数据方面的审计证据进行计算，并从计算中得出所需要的证据。

3. 比较

比较是指将各种证据进行反复比较，分析被审计单位经济业务的变动趋势及特征。

三、审计证据的整理与分析

（一）为什么要整理与分析审计证据

第一，通过适当的程序获取的大部分审计证据，在注册会计师对其进行分析评价之前，都还是一种原始状态的证据。因此，注册会计师只有按照一定的程序、目的和方法进行科学的加工整理，才能使其变成有序的、系统化的、彼此联系的审计证据。

第二，初始状态的审计证据必须与审计目的相联系，并就其性质和重要程度以及同其他证据之间的关系进行分析、计算和比较，对被审计单位的各个方面做出评价，并形成比较完整的认识。

第三，在审计过程中，通过注册会计师的分析、研究，还可能产生一些有价值的新的证据，从而对被审计单位做出较为恰当的结论。

（二）审计证据的整理与分析的方法

审计证据的整理、分析没有一个固定的模式，审计的目标不同，审计证据的种类不同，其整理、分析的方法也就不同。一般而言，审计证据的整理、分析的方法如下：

1. 分类和排序

一般对审计证据的分类是将各种审计证据按其证明力的强弱，或按与审计目标的关系是否直接等因素分门别类排列成序，也可以按照审计事项分类、按照审计证据与审计事项相关程度排序，从而使审计方案确定的审计事项脉络清楚、重点突出。

2. 比较

比较包括两方面的内容：一方面是将各种审计证据进行反复对比，从中分析出被审计单位财务状况或经营成果的变动趋势及特征；另一方面是与审计目标进行对比，判断其是否符合要求、是否与审计目标相关，如不符合要求，则需补充收集新的与审计目标直接相关的审计证据。

3. 取舍

审计人员没有必要也不可能把审计证据所反映的内容全部都包含在审计报告中。在撰写审计报告之前，必须对反映不同内容的审计证据进行适当的取舍，舍弃那些无关紧要的、与审计目标相关度低的次要审计证据，只保留那些具有代表性的、典型的审计证据在审计报告中加以反映。

取舍的标准通常包括两个方面：一方面是金额大小，对于涉及的违规事项金额较大、足以对被审计单位的财务状况或者经营成果的反映产生重大影响的证据，应当作为重要的审计证据在审计报告中反映；另一方面是问题性质的严重程度，有的审计证据本身所揭露问题的金额也许并不是很大，但这类问题的性质较为严重，可能导致其他重要问题的产生或与其他可能存在的重要问题有关，这类审计证据也应作为重要的证据在审计报告中反映。

另外，不同形式和来源的审计证据其证明力强弱也不同。一般而言，内部证据不如外部证据可靠。但如果内部证据获得其他单位或个人的认可，则其也具有较强的可靠性。因此，当同一审计事项有不同形式和来源的审计证据时，应注意选取保留证明力较强的审计证据。

4. 汇总和分析

汇总和分析是对审计证据在上述分类、比较和取舍的基础上，审计人员通过审计工作底稿对其进行综合、汇总，将缺乏联系、甚至相互矛盾的审计证据去粗取精、去伪存真、填平补缺、相互印证，得出具有说服力的各个审计事项的结论。然后审计人员对各类审计证据及其所形成的局部的审计结论进行综合分析，最终形成整体的审计结论。

【例 4-2】某注册会计师在对某客户进行审计的过程中，收集到下列 4 组审计证据：

(1) 销货发票副本与购货发票；

(2) 审计助理人员监盘存货的记录与客户自编的存货盘点表；

(3) 审计人员收回的应收账款函证回函与通过询问客户应收账款负责人得到的记录；

(4) 银行存款余额调节表与银行函证的回函。

要求：请分别说明每组审计证据中的哪项审计证据更为可靠？为什么？

解析：

(1) 购货发票比销货发票副本可靠。因为购货发票来自于被审计单位外部，销货发票是被审计单位自己填写的，所以购货发票比销货发票更可靠。

(2) 审计助理人员监盘存货的记录比客户自编的存货盘点表可靠。因为注册会计师自行获得的证据比由被审计单位提供的证据可靠。

(3) 审计人员收回的应收账款函证回函比通过询问客户应收账款负责人得到的记录可靠。因为函证回函是注册会计师从独立于被审计单位外部获得的，所以比直接从被审计单位人员得到的记录更可靠。

(4) 银行函证的回函比银行存款余额调节表可靠。因为银行回函是从被审计单位外部得到的，银行存款余额调节表是被审计单位自己编制的，所以银行函证的回函更可靠。

第三节　审计工作底稿

一、审计工作底稿的定义

审计工作底稿是指审计人员对制订的审计计划、实施的审计程序、获取的相关审计证据以及得出的审计结论做出的记录。审计工作底稿不仅是形成审计结论、发表审计意见的直接依据，也是证明审计人员完成审计工作、履行应尽职责的依据。

审计工作底稿形成于审计全过程之中，它与审计证据的关系是：审计工作底稿是审计证据的载体，审计证据是审计工作底稿记录的主要内容，两者是形式与内容的关系，必须将两者有机结合起来，才能形成正确的审计意见。一般而言，审计证据是审计意见的客观基础，但不是审计意见的全部基础，正确的审计意见应当建立在充分、适当的审计证据和准确的专业判断基础上。审计工作底稿是连接审计证据与审计报告的纽带。

应对审计工作底稿实施适当的控制程序，以满足下列要求：安全保管审计工作底稿并对审计工作底稿保密；保证审计工作底稿的完整性；便于对审计工作底稿的使用和检索；按照规定的期限保存审计工作底稿。

二、审计工作底稿的作用

审计工作底稿的作用如下：

第一，有利于组织协调审计工作。

第二，有利于形成审计结论和发表审计意见。

第三，有利于审计工作质量控制。

第四，有利于减轻审计人员的责任及评价工作成绩。

第五，有利于未来审计业务的开展。

三、审计工作底稿的分类

审计人员编制或取得的审计工作底稿按性质和作用一般分为以下三类：

(一) 综合类工作底稿

综合类工作底稿是指审计人员在审计计划阶段和审计报告阶段，为规划、控制和总结整个审计工作并发表审计意见所形成的工作底稿。其内容主要包括审计业务约定书、审计计划、未审计会计报表、试算平衡表、审计差异调整表、审计总结、管理建议书、被审计单位管理当局声明书以及审计人员对整个审计工作进行组织管理的所有记录和资料。

（二）业务类工作底稿。

业务类工作底稿是指审计人员在审计实施阶段，为执行具体审计程序所形成的审计工作底稿。其内容主要包括审计人员对各审计循环或审计项目所做的符合性测试或实质性测试的记录和资料，如各种抽查表、测试表、审计程序表及审定表等。这类工作底稿主要记录审计人员在审计实施阶段针对各被审计事项所获取的审计证据所做的专业判断及审计结论等。

（三）备查类工作底稿

备查类工作底稿是指审计人员在审计过程中形成的，对审计工作一般具有参考、备查作用的审计工作底稿。其内容主要包括被审计单位的设立批准书、营业执照、合营合同、协议、章程、组织机构及管理人员结构图表、董事会会议纪要、重要经济合同、相关内部控制制度及其研究与评价记录、验资报告等资料的复印件或摘要等。

四、审计工作底稿的内容和格式

（一）审计工作底稿的内容

被审计单位的名称、审计项目名称、审计项目的时间或期间、审计过程记录、审计标识及其说明、审计结论、审计索引及页次、编制者姓名及复核日期、复核者姓名及复核日期、其他应说明事项。

（二）审计工作底稿的格式

常见的审计工作底稿的格式包括业务类工作底稿、试算平衡表、审计差异调整表（调整分录汇总表）、审计程序表、询证函、库存现金盘点表。

五、审计工作底稿的编制

（一）总体要求

审计工作底稿的编制的总体要求如下：

第一，每一具体审计事项均应单独编制一份审计工作底稿。

第二，所有审计过程中取得的审计证据、面谈询问过的人员、观察过的场所等，均应一一明确列示。

第三，应编制一份工作备忘录，列明尚待解决的问题。

第四，为了便于查阅，审计工作底稿应编制索引。

通常先列设计报告底稿，再列财务报表草稿，之后列计划工作底稿，最后列各种测算表、试算表等。

第五，审计人员在编制审计工作底稿时，对其中的问题要中肯地表述自己的意见。

（二）编制原则

由于审计工作底稿不仅是形成审计结论的依据，而且是评价审计人员业绩、控制和监督审计质量的基础，因此对于审计工作底稿的编制应该遵循以下原则：

1. 完整性原则

审计工作底稿的完整性主要表现在两个方面：一方面是资料的完整性，也就是审计人员应将收集到的资料全部编入审计工作底稿中；另一方面是要素内容的完整性，即审计人员必须保证审计工作底稿的若干基本内容编写齐全，不重复或遗漏。

2. 重要性原则

审计工作底稿的重要性要求是指审计工作底稿应包括被审计单位所有重要的事项。例如，能支持审计报告及审计结论的事项，能证明审计报告中某一项目的资料，能证明交易事项及会计记录的正确性、真实性的资料，对于下一步调查有用的资料等属于重要的资料，因此必须列入审计工作底稿。对于一些不重要的、与应证明事项没有必然联系的资料尽量不列入审计工作底稿。

3. 真实性和相关性原则

审计工作底稿的真实性和相关性直接影响审计结论的可信性和审计工作的成败。因此，审计人员在编制审计工作底稿时，必须将已确认为真实、客观的审计工作底稿，根据与审计结论和意见相关联的原则，以此作为支持审计结论和发表审计意见的主要依据。

4. 责任性原则

审计工作底稿必须经审计工作人员、制表人签名盖章，并由审计项目负责人审批核实，以明确各自的责任。

（三）编制的具体要求

审计工作底稿在内容上应做到资料完整、重点突出、繁简得当、结论明确，在形式上应做到要素齐全、格式规范、标识一致、记录清晰。

资料完整，即记录在审计工作底稿上的各类资料来源要真实可靠，内容要完整。

重点突出，即审计工作底稿应力求反映对审计结论有重大影响的内容。

繁简得当，即审计工作底稿应当根据记录内容的不同，对重要内容详细记录，对一般内容简要记录。

结论明确，即按审计程序对审计项目实施审计后，审计人员应对该审计项目明确表达其最终的专业判断意见。

要素齐全，即构成审计工作底稿的基本内容应全部包括在内。

格式规范，即审计人员应当使用审计机关或会计师事务所统一规定的格式。

标识一致，即每张审计工作底稿和不同时期的审计工作底稿所使用的审计标识应当含义一致，同一含义所使用的应当是同一标识。

记录清晰，即审计工作底稿上记录的内容要连贯，文字要端正，计算要正确。

六、审计工作底稿的审核

（一）审计工作底稿复核的要点和基本要求

1. 复核的要点

第一，实施审计程序时引用的有关资料是否真实可靠。

第二，获取的审计证据是否充分有效。

第三，审计判断是否有理有据，符合审计专业标准。

第四，审计论结论是否恰当。

2. 复核的基本要求

第一，做好复核记录。

第二，复核人签署姓名和复核日期。

第三，签署复核意见。各级复核人员完成复核工作后应明确地表示复核意见，并签署在审计工作底稿上。

第四，督促编制人员及时修正存在的问题，完善、补充有关资料。

（二）审计工作底稿的三级复核制度

第一，项目经理复核（一级复核）。

第二，部门经理复核（二级复核）。

第三，主任会计师复核（三级复核，这是复核最重要的环节）。

七、审计工作底稿的归档保管

（一）审计工作底稿归档的期限

审计人员应当按照审计质量控制政策和程序的规定，及时将审计工作底稿归整为最终审计档案。审计工作底稿的归档期限为审计报告日后60天内。如果审计人员未能完成审计业务，审计工作底稿的归档期限为审计业务中止后的60天内。

（二）审计工作底稿的分类

根据审计档案的内容和作用，将其分为永久性档案和当期档案。永久性档案是指记录内容相对稳定，具有长期使用价值，并对以后的审计工作具有重要影响和直接作用的审计档案。例如，被审计单位的营业执照、章程、组织结构等。当期档案是指记录内容经常变化，只供当期使用和下期审计参考的审计档案。例如，总体审计策略和具体审计计划、特殊项目审计程序表等。

（三）审计工作底稿的性质

在审计报告日前，审计人员应完成所有必要的审计程序，取得充分、适当的审计证据并得出适当的审计结论。如果在归档期间对审计工作底稿作出的变动属于事务性的，审计人员可以作出的变动，主要包括如下内容：

（1）删除或废弃被取代的审计工作底稿。

（2）对审计工作底稿进行分类、整理和交叉索引。

（3）对审计档案归整工作的完成核对表签字认可。

（4）记录在审计报告日前获取的、与审计项目组相关成员进行讨论并取得一致意见的审计证据。

（四）审计工作底稿归档后的变动

在完成最终审计档案的归整工作后，如果发现有必要修改现有审计工作底稿或增加新的审计工作底稿，无论修改或增加的性质如何，审计人员均应当记录下列事项：

（1）修改或增加审计工作底稿的时间和人员以及复核的时间和人员。

（2）修改或增加审计工作底稿的具体理由。

（3）修改或增加审计工作底稿对审计结论产生的影响。

（五）审计工作底稿的归档保存期限

审计工作底稿是审计人员完成的，所有权属于接受委托进行审计的审计机构。审计机构应制定档案保管制度，对于当期档案，自审计报告签发之日起至少保管10年；永久性档案应长期保存。如果审计人员未能完成审计业务，审计机构应当自审计业务中止日起，对审计工作底稿至少保存10年。审计机构不得泄露审计档案中涉及的商业秘密。

八、审计报告日后对审计工作底稿的变动

在审计报告日后，如果发现例外情况要求审计人员实施新的或追加的审计程序，或导致审计人员得出新的结论，审计人员应当记录以下内容：

第一，遇到的例外情况。

第二，实施新的或追加的审计程序，获取的审计证据以及得出的结论。

第三，对审计工作底稿作出的变动及其复核的时间和人员。

例外情况主要是指审计报告日后发现与已审计财务信息相关，并且在审计报告日已经存在的事实。该事实如果被审计人员在审计报告日前获知，可能影响审计报告。例如，审计人员在审计报告日后才获知法院在审计报告日前已对被审计单位的诉讼、索赔事项做出最终判决结果。

【拓展阅读】

201×年12月31日，助理人员小张经注册会计师王玲的安排，前去广生公司验证存货的账面余额。在盘点前，小张在过道上听几个工人在议论，得知存货中可能存在不少无法出售的变质产品。为此，小张对存货进行实地抽点，并比较库存量与最近销量。抽点结果表明，存货数量合理，收发亦较为有序。由于该产品技术含量较高，小张无法鉴别出存货中是否有变质产品，于是他不得不询问该公司的存货部高级主管。高级主管的答复是该产品绝无质量问题。

小张在盘点工作结束后，开始编制工作底稿。在备注中，小张将听说有变质产品的事填入其中，并建议在下阶段的存货审计程序中，应特别注意是否存在变质产品。王玲在复核工作底稿时，再一次向小张详细了解存货盘点情况，特别是有关变质产品的情况。为此，王玲还特别请当时议论此事的工人来进行询问。但这些工人矢口否认有此事。王玲与存货部高级主管商讨后，得出结论，认为“存货价值公允且均可出售”。底稿复核后，王玲在备注栏后填写了“变质产品问题经核实尚无证据，但下次审计时应加以考虑”。由于广生公司总经理抱怨王玲前几次出具了有保留意见的审计报告，使得他们贷款遇到了不少麻烦，因此此次审计结束后，注册会计师王玲对广生公

司该年的财务报表出具了无保留意见的审计报告。

两个月后，广生公司资金周转不灵，主要是存货中存在大量变质产品无法出售，致使到期的银行贷款无法偿还。银行拟向会计师事务所索赔，认为注册会计师在审核存货时，具有重大过失。债权人在法庭上出示了王玲的工作底稿，认为注册会计师明知存货高估，但迫于总经理的压力，没有揭示财务报表中存在问题，因此应该承担银行的贷款损失。

请问：

(1) 引述工人在过道上关于变质产品的议论是否应列入工作底稿？

(2) 注册会计师王玲是否已尽到了责任？

(3) 对于银行的指控，这些工作底稿能否作为支持或不利于注册会计师的抗辩立场？

(4) 银行的指控是否具有充分证据？请说明理由。

案例分析：

(1) 不应列入。工人议论并非是有效证据，但提供了审计线索与范围。注册会计师没有扩大审计程序而只是简单地询问公司主管，显属冒昧。如果注册会计师已对存货有明确结论，就不应再将上述不负责任的议论写在工作底稿之中，更不应该将"下次审计时应加以考虑"的字眼留在工作底稿之中。

(2) 王玲没有尽到责任。王玲既没有利用专门的审计程序去追查审核存货有否变质问题，又没有在工作底稿中删去那些不负责任的字眼，以致混淆了工作底稿与审计结论之间的结论关系。

(3) 这些工作底稿有损注册会计师的抗辩立场。从工作底稿看，说明注册会计师缺乏信心，并且对证据的判断有误，已有的审计证据无法支持审计结论。

(4) 银行指控王玲犯有重大过失证据不充分。审计程序虽然基本合理，但是没有完全遵守审计准则，特别是在证据方面，缺乏专业判断能力。因此，没有重大过失，但是存在一般过失。

【思考与练习】

一、单项选择题

1. 下列资料中属于可用作审计证据其他信息的是（　　）。

   A. 发票　　B. 询证函的回函

   C. 记账凭证　　D. 总账

2. （　　）是指以实物形态存在的证据，主要用以查明实物的存在性。

   A. 环境证据　　B. 口头证据

   C. 书面证据　　D. 实物证据

3. （　　）是以文字记载的内容来证明被审事项的各种书面资料。

   A. 实物证据　　B. 直接证据

C. 书面证据　　D. 外部证据

4. 注册会计师获取的下列书面证据中，证明力最强的是（　　）。

A. 管理当局声明书

B. 用作记账联的销售发票

C. 被审计单位工资结算单

D. 注册会计师编制的“原材料抽查盘点表”

5. 下列事项中，难以通过观察的方法来获取审计证据的是（　　）。

A. 实物资产的存在　　B. 内部控制的执行情况

C. 存货的所有权　　D. 经营场所

6. 下列关于评价审计证据的充分性和适当性的说法中不正确的是（　　）。

A. 审计工作通常不涉及鉴定文件记录的真伪，注册会计师也不是鉴定文件记录真伪的专家，但应当考虑用作审计证据的信息的可靠性，并考虑与这些信息生成与维护相关的控制的有效性

B. 如果在实施审计程序时使用被审计单位生成的信息，注册会计师应当就这些信息的准确性和完整性获取审计证据

C. 如果从不同来源获取的审计证据或获取的不同性质的审计证据不一致，表明某项审计证据不可靠，注册会计师应当追加必要的审计程序

D. 注册会计师可以考虑获取审计证据的成本与所获取信息的有用性之间的关系，因此可以减少某些不可替代的审计程序

7. 注册会计师需要获取的审计证据的数量受错报风险和审计证据质量的影响。错报风险越（　　），需要的审计证据可能越（　　）。审计证据质量越（　　），需要的审计证据可能越（　　）。

A. 大，多，高，少　　B. 大，少，高，少

C. 大，多，高，多　　D. 大，少，高，多

8. 注册会计师对被审计单位重要的比率或趋势进行分析以获取审计证据的方法，称为（　　）。

A. 计算　　B. 检查

C. 分析程序　　D. 比较

9. 注册会计师在对ABC有限责任公司2015年度财务报表进行审计，为查清某项固定资产的原始价值，查阅了事务所2012年审计该项固定资产的工作底稿。本次审计于2016年3月完成，则注册会计师查阅的该项固定资产的工作底稿应（　　）。

A. 至少保存至2022年　　B. 至少保存至2025年

C. 至少保存至2026年　　D. 长期保存

10. 下列审计工作底稿归档后属于当期档案的是（　　）。

A. 审计调整分录汇总表　　B. 企业营业执照

C. 公司章程　　D. 关联方资料

二、多项选择题

1. 下列各项审计证据中，属于内部证据的有（　　）。

A. 被审计单位已对外报送的会计报表

B. 被审计单位提供的销售合同

C. 被审计单位提供的供应商开具的发票

D. 被审计单位管理当局声明书

2. 审计证据的鉴定主要是指审计证据的（　　）。

A. 充分性　　B. 真实性

C. 合法性　　D. 可靠性

3. 按审计证据的外表形式分类，可以分为（　　）。

A. 环境证据　　B. 实物证据

C. 书面证据　　D. 口头证据

4. 注册会计师获取审计工作底稿的基本要求包括（　　）。

A. 注明资料来源

B. 对获取的资料实施必要的审计程序加以确认

C. 形成相应的文字记录并签名

D. 声明会计责任与审计责任

5. 注册会计师在被审计单位收集的环境证据主要包括（　　）。

A. 管理条件、管理水平　　B. 内部控制是否良好

C. 关联方交易　　D. 管理人员素质

6. 外部证据是由被审计单位以外的组织机构或人士所编制的书面证据，其中包括（　　）。

A. 应收账款函证回函　　B. 被审计单位开具的支票

C. 购货发票　　D. 被审计单位管理当局声明书

7. 审计工作底稿的主要作用有（　　）。

A. 有利于联结整个审计工作　　B. 有利于审计工作质量控制和检查

C. 有利于考核审计工作业绩　　D. 是形成审计意见的直接依据

8. 以下文件可以列为审计工作底稿的是（　　）。

A. 总体审计策略和具体审计计划　　B. 管理层声明书

C. 管理建议书　　D. 业务约定书

三、判断题

1. 只要是外部证据，都具有很强的说服力，因此可以充分信赖。（　　）

2. 口头证据是被审计单位有关人员对注册会计师提问作出的口头答复，具有很强的主观性和不确定性，因此不能用于证实具体审计目标。（　　）

3. 管理当局声明书虽然属于内部证据，但是由于出自管理当局之手，具有一定的严肃性和权威性，因此仍具有较强的可靠性。（　　）

4. 会计记录中含有的信息本身并不足以提供充分的审计证据作为对财务报表发表审计意见的基础，注册会计师还应当获取用作审计证据的其他信息。（ ）

5. 注册会计师需要获取的审计证据的数量受错报风险的影响。错报风险越大，需要的审计证据可能越多。（ ）

6. 注册会计师需要获取的审计证据的数量也受审计证据质量的影响。审计证据质量越高，需要的审计证据可能越少。（ ）

7. 以文件记录形式存在的审计证据比口头形式的审计证据更可靠。（ ）

8. 注册会计师可能得到的审计证据很多是说服性而非结论性的，因此绝对肯定的审计意见是难以形成的。（ ）

9. 口头证据往往需要得到其他相应证据的支持。（ ）

10. 实物证据的存在本身就具有很大的可靠性，因此实物证据具有较强的证明力。（ ）

11 环境证据是指对审计事项产生影响的各种环境事实，一般属于主要的审计证据。（ ）

12. 为了证实审计结论，审计人员取得相关的审计证据越多越好。（ ）

13. 审计工作底稿基本内容经常变动，只供当期审计使用和下期审计参考的资料，不列入审计档案。（ ）

14. 检查实物资产可为其存在性提供可靠的审计证据，也能够为权利和义务或计价认定提供可靠的审计证据。（ ）

15. 注册会计师对被审计单位进行审计所形成的审计工作底稿，应归其所有。（ ）

16. 注册会计师获取审计证据时，不应将获取审计证据的成本高低和难易程度作为减少不可替代的审计程序的理由。（ ）

四、案例分析题

1. 某企业2015年12月31日在产品账面盘存数4万件。2016年1月20日，某注册会计师对该企业进行审计，发现该企业2015年1~11月各月月末的在产品数量为2万~2.8万件，这一情况引起审计人员的怀疑。经清点得知，2016年1月20日，在产品实际数量2.2万件，2016年1月1~20日投料生产数量为13.5万件，完工入库成品为13.7万件，假定在产品单位平均成本为20元，完工产品都已销售，出、入库数量经核实无误。请分析该企业在产品盘存方面存在的问题（分析复核）。

2. 某注册会计师审查某厂库存现金，该厂现金库存数经银行核定为1 000元。2016年1月20日，审计人员审查该厂现金日记账上的现金结余数为1 380元。经过清点，实际库存情况如下：

（1）现金实有数1 002元。

（2）已收款而为入账的收入凭证两张，计180元。

（3）已付款而未出账的支出凭证3张，计230元，均经有关人员核签。其中，有一张凭证金额为80元，未经受领人签收。

(4) 采购员因出差急需，向出纳暂支300元，过15天未办报销转账手续。

(5) 有邮票25元，是财务科购入，供寄发邮件使用，已在管理费用中列支。

要求：编制现金清点表，指出该企业存在的问题（监盘法）。

3. 某企业2015年利润表列示的税前利润总额为1 000 000元，审计人员审查后，初步查明下列情况：

(1) 该企业从利润中冲减80 000元，转给投资单位，作为对方投资企业分得的利润。

(2) 名牌产品按规定价格上浮15%，上浮收入140 000元直接列入公积金。

(3) 因受台风袭击，该企业房屋及设备损失100 000元，全部列入营业外支出，现查明保险公司赔偿50 000元。

(4) 该企业将提前报废的固定资产净损失为50 000元，不提折旧，计入管理费用。

(5) 该企业专利权转让收入为90 000元，计入营业外收入。

该企业增值税税率为17%，营业税税率为5%。请指出该企业财务处理上存在的问题，并调整计算企业税前利润总额（计算法）。

4. 注册会计师小李通过对A公司存货项目的相关内部控制制度进行分析评价后，发现该公司存在下列5种状况：

(1) 库存现金未经认真盘点。

(2) 接近资产负债表日前入库的A产品可能已计入存货项目，但可能未进行相关的会计记录。

(3) 由X公司代管的甲材料可能并不存在。

(4) Y公司存放在A公司仓库的乙材料可能已计入A公司的存货项目。

(5) 本次审计为A公司成立以来的首次审计。

要求：请根据上述情况分别指出各自的审计程序、审计目标和应收集哪些审计证据。

第五章　审计方法

【引导案例】

基本案情：注册会计师李东接受委托对东盛公司2015年度会计报表进行审计。李东在审查“其他业务收入”明细账时发现这样一笔业务：5月10日东盛公司收到车队提供的运输服务获得收入58 500元（含税），东盛公司编制会计分录为：

借：银行存款　　58 500

　贷：其他业务收入——运输收入　　58 500

李东进一步向被审单位查询得知，这58 500元是东盛公司运输车队在销售东盛公司应税产品时提供运输服务所获取的，并且在“其他业务成本”账户无相关记录（东盛公司适用的增值税税率为17%，营业税税率为3%，城市维护建设税税率为7%，教育费附加为3%）

要求：

（1）说明审计方法；

（2）指出东盛公司存在的问题；

（3）提出处理意见。

案例分析：

（1）审计方法：第一，检查法。注册会计师李东审阅“银行存款”日记账以及“其他业务收入”“其他业务成本”等明细账户，抽查有关凭证，进行账证核对。第二，查询法，向相关人员询问业务情况。第三，计算法。验算应交税费。

应纳增值税=58 500÷（1+17%）×17%=8 500（元）

应纳城市维护建设税=8 500×7%=595（元）

应纳教育费附加=8 500×3%=255（元）

（2）存在的问题：该笔收入属于混合销售行为，应缴纳增值税。东盛公司的运输收入50 000元属于其他业务收入，另外8 500元应计入“应交税费——应交增值税”账户。

（3）处理意见（编制如下调账分录）：

借：其他业务收入——运输收入　　8 500

　贷：应交税费——应交增值税（销项税额）　　8 500

借：其他业务成本　　850

　贷：应交税费——应交城建税　　595

　　　　　　——应交教育费附加　　255

第一节　审计方法的定义与分类

一、审计方法的定义

审计方法是指审计人员检查和分析审计对象、收集审计证据，并对照审计依据或标准进行评价，从而形成审计结论和意见的各种专门技术手段的总称。审计方法贯穿于整个审计工作过程，而不只存在于某一审计阶段或某几个审计环节。

目前我国常用的审计方法有一般方法和技术方法。审计的一般方法也称审计的基本方法或通用方法，是非直接取证的方法，是一种程序性方法，具有通用性。审计的技术方法也称专门方法，是指专门应用于具体审计证据的收集和评价的方法。审计的技术方法主要包括查账方法、证实方法、调查方法、鉴定方法和分析性复核方法

审计方法的选用主要遵循以下几条原则：

第一，审计方法的选用要服从审计目标。

第二，审计方法的选用需要符合被审计单位的实际情况。

第三，审计方法的选用要符合审计人员的能力。

第四，审计方法的选用要服从审计方式。

第五，审计方法的选用要考虑成本效益原则。

二、审计方法的分类

审计方法的分类如图 5-1 所示：

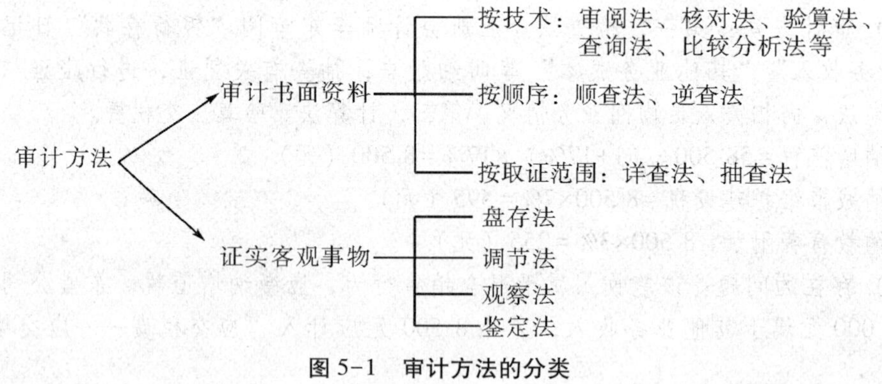

图 5-1　审计方法的分类

第二节 审计的一般方法

一、按照取证的先后顺序划分，可分为顺查法和逆查法

（一）顺查法

顺查法也称正查法，是指按照会计核算程序，依次对凭证、账簿、报表各环节进行逐一检查核对的一种审核方法。其具体操作过程包括：一是审阅和分析原始凭证，重点查明反映的经济业务是否正确、真实、合法、合规。二是审查和分析记账凭证，查明会计科目处理、数额计算是否正确、合规，核对证证是否相符。三是审查会计账簿，查明记账、过账是否正确，核对账证、账账是否相符。四是审查和分析会计报表，查明各个报表项目是否正确、完整、合规，核对账表、表表是否相符。顺查法的优点是审查仔细而全面，很少有疏忽和遗漏之处，并且容易发现会计记录及财务处理上的弊端。顺查法的缺点是面面俱到，不能抓住审计的重点和主要问题。因此，顺查法只适用于规模小、业务量少的单位或管理混乱、内部控制较差的、存在严重问题的被审计单位。

（二）逆查法

逆查法也称倒查法，是指按照会计核算程序的相反顺序，依次审查报表、账簿和凭证资料的一种检查方法。其具体操作过程包括：一是审阅和分析会计报表，判断会计报表的哪些方面可能存在问题或者哪些项目有异常。二是根据会计报表分析所确定的审核重点，检查有关的会计账簿，并将账簿与报表的相关内容进行核对。若是账簿与报表核对还不能说明问题，需进一步检查相关的记账凭证。若是记账凭证还无法为会计报表和账簿存在的问题提供依据，就必须追溯到原始凭证以解释会计报表中发现的问题和异常。逆查法的优点是突出重点，从大处着眼，能够节约审计的时间和精力，有利于提高审计的工作效率。逆查法的缺点是不对被审计的资料进行全面而系统的检查，仅仅根据审计人员的判断做重点审查，容易遗漏会计上的各种错弊。如果审计人员能力不强、经验不足，很难保证审计的质量。因此，逆查法只适合对规模较大、业务较多的大中型企业以及内部控制健全的单位审计。

应注意的是，顺查法和逆查法各有优缺点，因此在审计实务中，有时很难将两者分开，而是常常将两者结合起来运用。大多数情况下采用逆查法，在一些局部问题上，则可采用顺查法。总之，应视具体情况将两种方法结合起来使用。顺查法和逆查法程序图如图 5-2 所示：

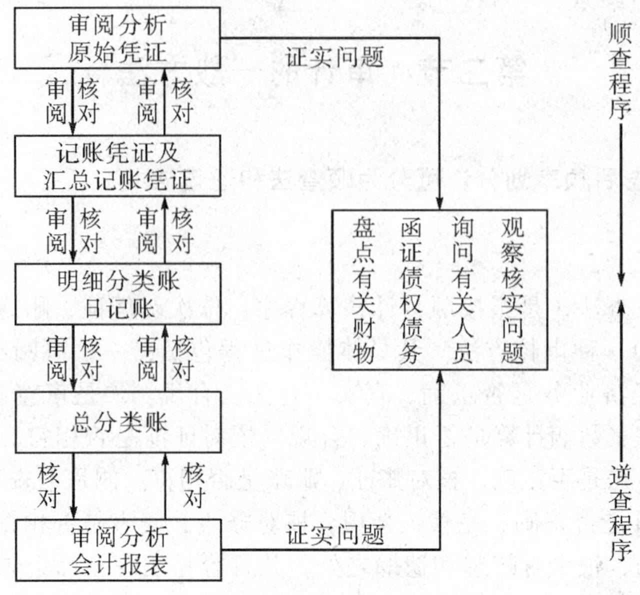

图 5-2　顺查法、逆查法程序图

二、按照取证的范围划分，可分为详查法和抽查法

（一）详查法

详查法也称精查法，是指对被审计单位审计期内的所有凭证、账簿报表进行全部详细审查的一种审计方法。详查法的优点是能全面查清被审计单位存在的问题，特别是对弄虚作假、营私舞弊等违反财经法纪的行为，一般不易遗漏，审计质量较高。详查法的缺点是工作量太大，审计成本较高。因此，对大中型企业不宜采用，只能用于规模较小、经济业务较少的单位或问题特别严重（如财经法纪审计）的情况。

（二）抽查法

抽查法是指从作为特定审计对象的总体中，按照一定方法，有选择地抽出其中一部分资料进行检查，并根据其检查结果来对其余部分的正确性与恰当性进行推断的一种审计方法。运用抽查法有一个前提条件，即假定作为特定审计对象总体的每个项目都能代表总体的特征，这是进行抽查的理论依据。抽查法的优点是审计成本较低，能明确审计重点，审计效率高。抽查法的缺点是审计过分依赖所审查部分的情况，如果所审查的部分不合理或缺乏代表性，抽查的结果往往不能发现问题，甚至以偏概全，得出错误的审计结论。

一般说来，对于要求审计的时期长、业务内容多、规模大的单位审计时，除个别对审计目标有重大影响的，或是认为存在错误和舞弊行为可能性大的审计项目，应采用详查法外，其余宜采用抽查法。总之，在使用抽查法审计时，并不完全排除进行详细检查，只有把两者有机地结合起来，才能做到既可以保证审计质量又可以节约审计资源。

第三节　审计的技术方法

一、审阅法

审阅法是通过对被审计单位有关书面资料进行仔细观察和阅读来取得审计证据的一种审计技术方法。审阅法是一种十分有效的审计技术方法，不仅可以取得一些直接证据，同时还可以取得一些间接证据。

审阅法的技巧在于从有关数据的增减变动有无异常来鉴别判断被审计单位可能在哪些方面存在问题。

审阅法的运用如图 5-3 所示：

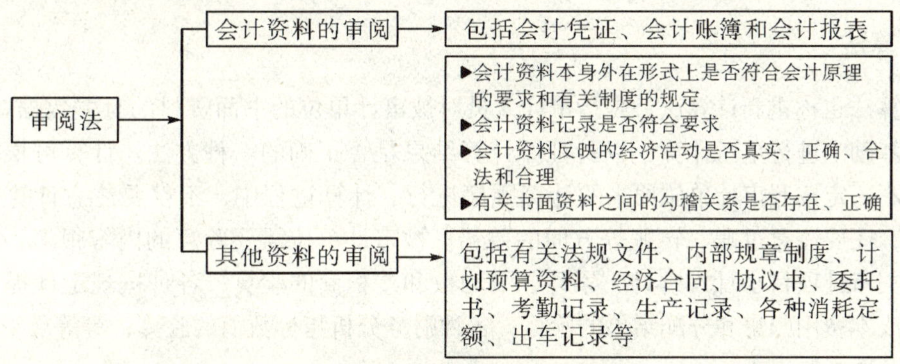

图 5-3　审阅法的运用

二、核对法

核对法是指将书面资料的相关记录之间，或是书面资料的记录与实物之间，进行相互勾对以验证其是否相符的一种审计技术方法。

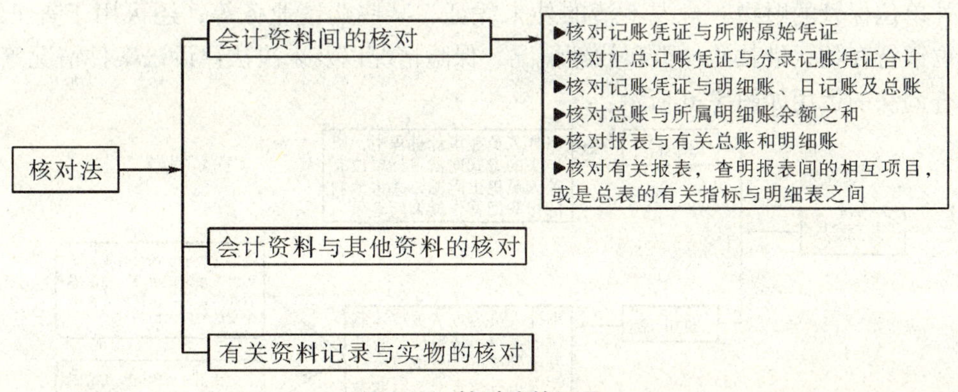

图 5-4　核对法的运用

会计资料核对如图 5-5 所示：

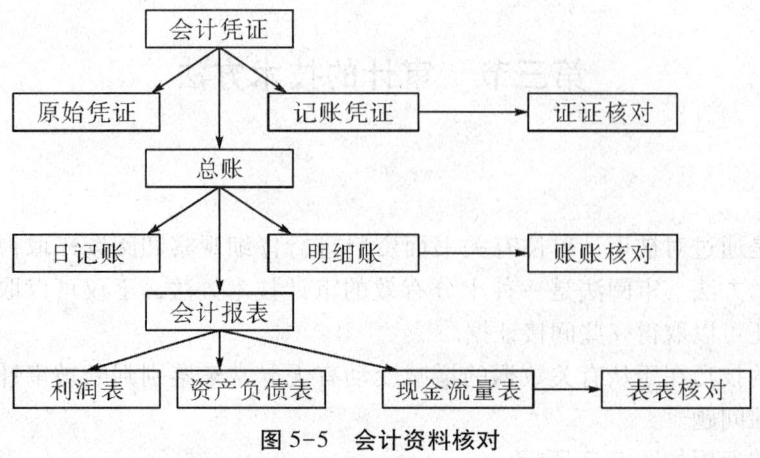

图 5-5　会计资料核对

三、验算法

验算法也称重新计算法，是指审计人员对被审计单位的书面资料的有关数据在审阅、核对的基础上进行重新计算，以验证原计算结果是否正确的一种方法。计算可根据需要进行，不一定按照审计单位原来的计算顺序进行。计算过程中，不仅要注意计算结果是否正确，还要注意过账、转账等方面的差错。被审计单位需要验算的内容很多，主要包括：有关审计项目小计、合计、累计、平均数和差积商的验算；各种按规定计提比率的验算；成本费用归集和分配结果的验算；各种财务分析指标数值的验算；等等。

四、查询法

查询法是审计人员对审计过程中发现的疑点和问题，通过向被审计单位内外有关人员调查或询问，核对账务和经济事实，弄清事实并取得审计证据的一种方法。查询法包括面询和函询两种调查方法。

查询法主要用于查证应收账款、应付账款等往来款项，也可用于查证被审计单位委托外单位保管的财物、含混不清的外来凭证、某些购销业务等，还可用于查证被审计单位银行存款、借款的种类和数额情况、保险情况以及未决法律诉讼案件情况等。

查询法的运用如图 5-6 所示：

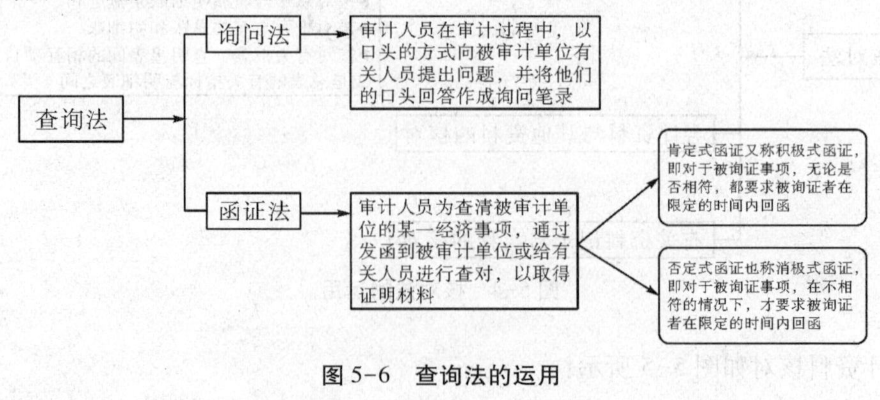

图 5-6　查询法的运用

五、比较分析法

比较分析法是审计人员通过对比相关数据，判断各种变动趋势是否正常的一种方法。比较法大多通过有关指标进行比较，包括指标绝对数比较和相对数比较。

比较分析法的运用如图 5-7 所示：

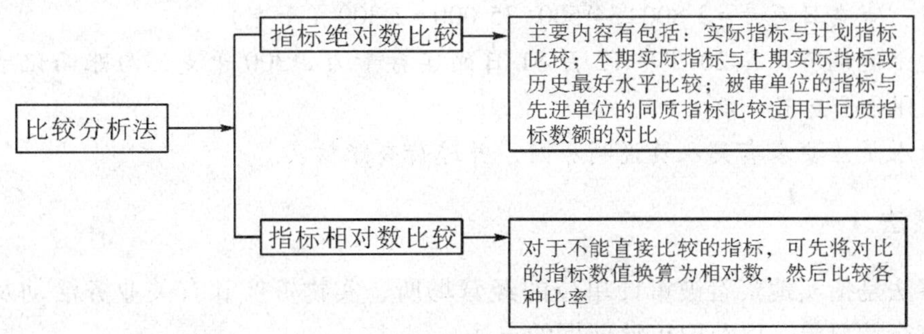

图 5-7 比较分析法的运用

六、盘存法

盘存法是指通过对有关财产物资的清点、计量，来证实账面反映的财物是否确实存在的一种审计技术。

盘存法适用于各种实物的检查，如现金、有价证券、材料、产成品、在产品、库存商品、低值易耗品、包装物、固定资产等。

在审计过程中，审计人员只是对被审计单位盘点工作进行监督，对于贵重物资才进行抽查复点。采取监督盘存法的目的是为了确定被审计单位实物形态的资产是否真实存在、是否与账面反映一致以及有无短缺、毁损、贪污、盗窃等问题存在。实物盘点工作只能证实实物的存在性，而不能证实其所有权和质量的好坏。因此，审计人员还要另行审计，以证实其所有权和质量问题。无论是直接盘存还是监督盘存，均是重要的检查有形资产的方法，可以为有形资产的存在性提供可靠的审计证据。

七、调节法

调节法是指在被审计单位报告日的数据和审计日的数据存在差异或者被审计项目存在未达账项的情况下，审计人员通过对某些项目进行增减调节，来验证报告日的数据是否账实一致的一种方法。

调节法通常与盘存法结合使用，也可用于调节银行存款及有关结算类账户的未达账项。

调节法的调节公式如下：

结账日账面应存数=盘点日账面应存数+盘点日与结账日之间的发出数-盘点日与结账日之间的收入数

结账日实存数=盘点日实存数+盘点日与结账日之间发出数-盘点日与结账日之间收入数

【例 5-1】某企业 2015 年 12 月 31 日账面结存甲材料 2 000 千克，通过审查并无错弊。2016 年 1 月 1~16 日收入甲材料 35 000 千克，发出甲材料 34 500 千克。1 月 1 日期初余额及收发额均经核对、审阅和复核无误。2016 年 1 月 16 日下班后监督盘点时甲材料存量为 2 800 千克。

要求：运用调节法审查该企业账面记录是否正确。

解析：审查日存量=2 800+34 500−35 000=2 300（千克）

经过上述调节计算 2015 年 12 月 31 日的实存量为 2 300 千克，与账面记录的甲材料存量 2 000 千克不一致。

审计人员应要求有关人员说明原因，并进行查账核实。

八、观察法

观察法是指实地察看被审计单位的经营场所、实物资产和有关业务活动及其内部控制的执行情况等，以获取审计证据的方法。

观察法适用于对被审计单位经营环境的了解以及对内部控制制度的遵循测试和财产物资管理的调查。观察法结合盘点法、询问法使用，会取得更佳的效果。

观察法除应用于对被审计单位经营环境的了解以外，主要应用于内部控制制度的遵循测试和财产物资管理的调查，如有关业务的处理是否遵守了既定的程序、是否办理了应办的手续；财产物资管理是否能保证其安全完整，是否有外在的厂房、物资等，外借的场地、设备是否确实需要；等等。观察提供的审计证据仅限于观察发生的时点，并且可能影响对相关人员从事活动或执行程序的真实情况的了解。

九、鉴定法

鉴定法是指审计工作中某些活动超出注册会计师的专业能力时，聘请有关专门机构或专家对被审计事项进行鉴别和证明的方法。

鉴定法主要用于对书面资料真伪的鉴别，对实物性能、质量、价值以及经济活动的合理性、有效性的鉴定等。鉴定法应用于涉及较多专门技术问题的审计领域。

应用鉴定法，在聘请有关人员时，应判断被聘人员能否保持独立性、与被鉴定事项所涉及的有关方面有无利害关系；鉴定后应正式出具鉴定报告并签名，以明确责任。

第四节 审计抽样

审计抽样是一种重要的现代审计技术，其产生是审计方法的一大进步，使审计人员从机械而繁重的事务性工作中解脱出来，使现代审计以更低的成本、更高的效率，并以前所未有的广度和深度展开。目前，在发达国家审计实践中，抽样审计已经成为最常用的技术方法。

在设计审计程序时，审计人员应当确定选取测试项目的适当方法，具体包括选取全部项目、选取特定项目、审计抽样。

一、选取全部项目

通常存在下列情形之一时，审计人员应考虑选取全部项目进行测试：

第一，总体由少量的大额项目构成。

第二，存在特别风险且其他方法未提供充分、适当的审计证据。

第三，由于信息系统自动执行的计算或其他程序具有重复性，对全部项目进行检查符合成本效益原则。

需要注意的是，对全部项目进行检查，通常更适用于细节测试，而不适用于控制测试。

二、选取特定项目

选取特定项目时，审计人员只对审计对象总体中的部分项目进行测试。

选取的特定项目可能包括以下内容：

第一，大额或关键项目。第二，超过某一金额的全部项目。第三，被用于获取某些信息的项目。第四，被用于测试控制活动的项目。

选取特定项目不同于审计抽样，其不同点在于并非所有抽样单元都有被选取的机会。

选取特定项目进行审计时，不符合审计人员选择标准的项目将没有机会被选取。因此，选取特定项目进行测试不能根据所测试项目中发现的误差推断审计对象总体的误差。

当总体的剩余部分重大时，审计人员应当考虑是否需要针对该剩余部分获取充分、适当的审计证据，即对剩余项目实施审计程序，包括实施分析程序和细节测试。

三、审计抽样概述

（一）审计抽样的定义

审计抽样是指审计人员对某类交易或账户余额中低于100%的项目实施审计程序，使所有抽样单位都有被选取的机会。抽样单位是指构成总体的个体项目。总体是指审计人员从中选取样本并据此得出结论的整套数据。总体可分为多个层次或子总体。每一层次或子总体可予以分别检查。

采用审计抽样，审计人员要根据审计目的，考虑被审计单位的具体情况，自身审计资源条件、能力等情况制定科学的抽样决策，并严格按照规定的程序和抽样方法要求来完成审计抽样。审计抽样的基本目标是在有限的审计资源条件下，收集充分、适当的审计证据，以形成和支持审计结论。

（二）审计抽样的特征

审计抽样的特征如下：

第一，对某类交易或账户余额中低于100%的项目实施审计程序。

第二，所有抽样单元都有被选取的机会。

第三，审计测试目的是为评价该账户余额或交易类型的某一特征。

（三）审计抽样的适用范围

审计抽样对控制测试和实质性程序都适用，但审计抽样并非对这些测试中的所有技术方法都适用。一般来说，审计抽样在检查、监盘、函证中可以广泛运用，但通常不适用于询问、观察和分析性程序。

审计抽样的适用范围如图 5-8 所示：

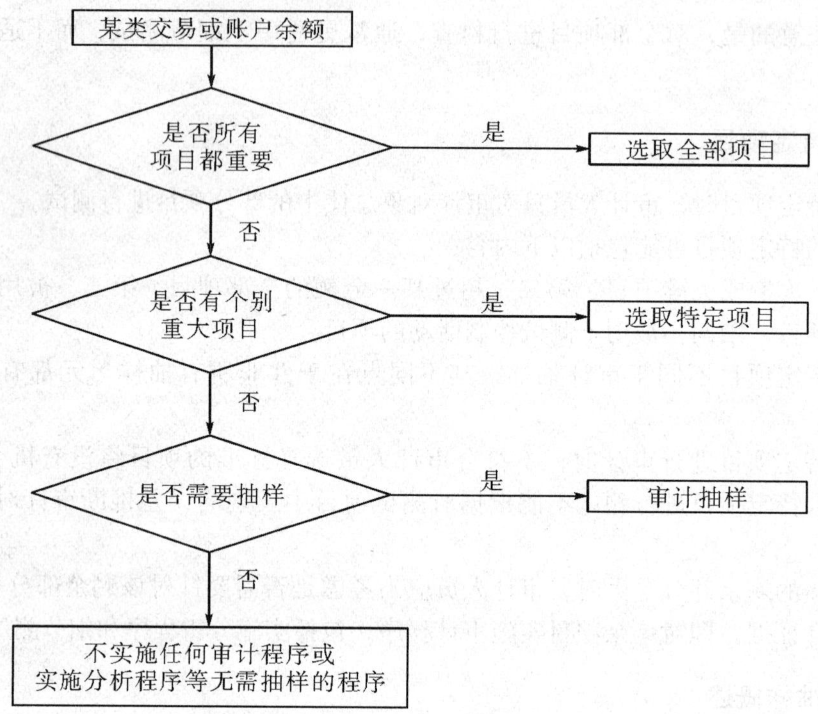

图 5-8 审计抽样的适用范围

四、审计抽样的过程

（一）抽样风险和非抽样风险

1. 抽样风险（见图 5-9）

（1）定义。抽样风险是指审计人员根据样本得出的结论，与对总体全部项目实施与样本同样的审计程序得出的结论存在差异的可能性。

（2）分类。抽样风险分为以下两类：

①影响审计效果的抽样风险可能导致审计人员发表不恰当的结论。

②影响审计效率的抽样风险可能使审计人员增加不必要审计程序。

（3）表现形式。

①在控制测试中：信赖过度风险和信赖不足风险。

信赖过度风险是指推断的控制有效性高于其实际有效性的风险。

信赖不足风险是指推断的控制有效性低于其实际有效性的风险。

②在实质性程序中：误受风险和误拒风险

误受风险是指推断某一重大错报不存在而实际上存在的风险。

误拒风险是指推断某一重大错报存在而实际上不存在的风险。

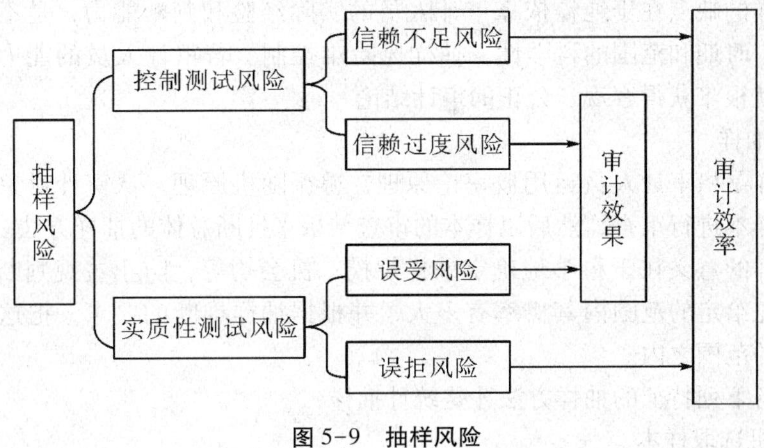

图 5-9 抽样风险

2. 非抽样风险

(1) 定义。非抽样风险是指由于某些与样本规模无关的因素而导致审计人员得出错误结论的可能性，包括审计风险中不是由抽样所导致的所有风险。

(2) 可能导致非抽样风险的原因包括下列情况：

①审计人员选择的总体不适合于测试目标。

②审计人员未能适当地定义控制偏差或错报，导致审计人员未能发现样本中存在的偏差或错报。

③审计人员选择了不适于实现特定目标的审计程序。

④审计人员未能适当地评价审计发现的情况。

⑤其他原因。在有些情况下，即使对总体中的所有项目实施检查，审计程序也可能无效。

(3) 抽样风险和非抽样风险的控制。

对于抽样风险，只要使用了审计抽样，抽样风险就总会存在；无论是控制测试还是实质性测试，审计人员都可以通过扩大样本规模降低抽样风险。

对于非抽样风险，非抽样风险是由人为错误造成的，可以降低、消除或防范；虽然在任何一种抽样方法中审计人员都不能量化非抽样风险，但是通过采取适当的质量控制政策和程序，对审计工作进行适当的指导、监督和复核，以及对审计人员实务的适当改进，可以将非抽样风险降至可以接受的水平。

(二) 抽样的方式

1. 非统计抽样

任意抽样，即任意选取一部分作为样本进行审查。任意抽样虽简便但由于样本选取任意、盲目，缺乏科学依据，审计质量缺乏保证，因此在审计实践中应减少这种方法的使用。

判断抽样，即审计人员根据审计项目的具体情况，结合自身的实际经验和观察能力，有重点、有选择地从总体中选取一部分样本进行审查的一种方法。

判断抽样的优点在于简便、灵活，适用范围广。

判断抽样的缺点在于纯粹依靠审计人员的实际经验和判断能力，是不可能保证审计抽样对象、时期和范围的科学性，抽样风险难控制。若审计人员的能力较差，采用判断抽样法就很难获得客观、公正的审计结论

2. 统计抽样

统计抽样是指审计人员运用概率论原理，遵循随机原理，从审计对象总体中抽取一部分有效样本进行审查，然后以样本的审查结果来推断总体的抽样方法。

统计抽样的意义在于科学地确定抽样规模；机会均等，防止主观判断；能计算抽样误差在预先给定的范围内其概率有多大，并根据抽样推断的要求，把这种误差控制在预先给定的范围之内。

同时具备下列特征的抽样方法才是统计抽样：

（1）随机选取样本。

（2）运用概率论评价样本结果，包括计量抽样风险。

不同时具备上述两个特征的抽样方法为非统计抽样。

统计抽样的优点如下：

（1）能够客观地计量抽样风险，并通过调整样本规模精确地控制风险。这是统计抽样与非统计抽样最重要的区别。

（2）有助于审计人员高效地设计样本，计量所获取证据的充分性，以及定量评价样本结果。

统计抽样的要求如下：

（1）统计抽样需要特殊的专业技能。

（2）统计抽样要求单个样本项目符合统计要求。

统计抽样应注意以下事项：

（1）统计抽样、非统计抽样两者均需要审计师的专业判断。

（2）非统计抽样如果设计适当，也能提供与设计适当的统计抽样方法同样有效的结果。

（三）统计抽样的方法

统计抽样的方法如表 5-1 所示：

表 5-1　　统计抽样的方法

统计抽样的方法	测试特征	测试环节
属性抽样	控制的偏差率 （评估控制运行是否有效）	控制测试
变量抽样	错报金额	实质性测试

1. 属性抽样

属性抽样是指在精确度界限和可靠程度一定的条件下，为了测定总体特征的发生频率而采用的一种方法。根据控制测试的目的和特点所采用的审计抽样通常称为属性抽样。属性抽样用于内部控制的符合性测试，目的是确定被审计单位的内部控制的有效程度。

属性抽样的步骤如下：

（1）确定预计差错发生率。

（2）确定精确度（抽样误差的容许界限），以样本结果为基础，设定一个偏差区间，比如±1%就是精确度。

（3）确定可靠程度，又称置信度，是测定抽样可靠性的尺度。在95%的可靠程度下，精确度为±1%的含义是：审计人员有95%的把握保证总体某特征的真实发生率在样本发生率±1%的范围内，另外还存在5%的风险。

（4）确定样本数量（通过确定样本容量的统计表来确定）。

（5）选择随机抽样的方法。

①随机数表法。对总体项目进行编号，建立总体中的项目与随机数表中数字的一一对应关系。

确定连续选取随机数的方法。

②系统抽样法（等距选样）。这是指按照相同的间隔从审计对象总体中等距离地选取样本。选样间距的计算公式如下：

选样间距=总体规模÷样本规模

③分层抽样法。分层抽样法也叫类型抽样法，是将总体单位按其属性特征分成若干类型或层，然后在类型或层中随机抽取样本单位。分层抽样的特点是由于通过划类分层，增大了各分层抽样类型中单位间的共同性，容易抽出具有代表性的调查样本。该方法适用于总体情况复杂、各单位之间差异较大、单位较多的情况。

分层抽样的具体程序是把总体各单位分成两个或两个以上的相互独立的完全的组（如男性和女性），从两个或两个以上的组中进行简单随机抽样，样本相互独立。

④整群抽样法。整群抽样又称聚类抽样，是将总体中各单位归并成若干个互不交叉、互不重复的集合，称之为群；然后以群为抽样单位抽取样本的一种抽样方式。应用整群抽样法时，要求各群有较好的代表性，即群内各单位的差异要大，群间差异要小。

整群抽样的优点是实施方便、节省经费；整群抽样的缺点是往往由于不同群之间的差异较大，由此而引起的抽样误差往往大于简单随机抽样。

整群抽样法的实施步骤如下：

先将总体分为 n 个群，然后从 n 个群中随机抽取若干个群，对这些群内所有个体或单元均进行调查。抽样过程可分为以下几个步骤：

第一，确定分群的标准；

第二，总体（N）分成若干个互不重叠的部分，每个部分为一个群；

第三，根据各样本量，确定应该抽取的群数；

第四，采用简单随机抽样或系统抽样方法，从 n 个群中抽取确定的群数。

整群抽样与分层抽样的区别在于：分层抽样要求各层之间的差异很大，层内个体或单元差异小，而整群抽样要求群与群之间的差异比较小，群内个体或单元差异大；分层抽样的样本是从每个层内抽取若干单元或个体构成，而整群抽样则是要么整群抽取，要么整群不被抽取。

从审计总体中抽取出来的样本项目逐项进行对照、复核、审查，记录所发现的错误，计算样本差错率，并将得到的样本差错率与确定样本容量所使用的预计差错率进行比较，根据抽样审计的要求，决定是否要对抽样的规模进行适当的调整。

第一，当样本差错率与总体差错率或预计差错率大致相同时，说明样本容量大小符合抽样审计的要求。

第二，当样本差错率小于总体差错率时，说明所抽取的样本容量过大。这是因为在确定样本容量时，所选择的预计差错率较大造成的。这时样本都已审查完毕，缩小样本容量也无必要。

第三，当样本差错率大于总体差错率时，说明样本容量过小，这时可以用样本差错率代替预计差错率，重新确定样本容量，抽取并审查新增的样本项目，重新计算增加项目后的样本差错率，直到样本差错率等于或小于计算样本规模使用的预计差错率为止。如果经过数次修正，样本差错率仍有上升趋势，可考虑采用较高的预计差错率来计算样本容量。

计算出样本差错率后，便可以用样本差错率来推断总体差错率。但是由于样本是随机抽取的，肯定会出现抽样误差，因此要以一定的可靠性水平去推断总体差错率。属性抽样只使用精确度上限，因此属性抽样的审计结论通常以一定的可靠性水平确信总体差错率不超过某一百分比，这个百分比就是样本差错率加上精确度所形成的精确度上限。

在属性抽样中，只要根据所确定的可靠性水平，已经审查的样本规模和在审查样本中发现的错误数，就可以直接从样本结果评价表中查对精确度上限（错误上限）百分比。例如，确定的可靠性水平为95%，审计人员在审查了200张销售发票后，发现有4张销售发票有错误。从表的样本规模200一行往右查到4个错误所在的栏次，该栏5%就是总体差错率的精确度上限。审计人员可得出如下结论：以95%的把握，确信全部销售发票的差错率不超过5%。

2. 变量抽样

变量抽样通常用于账户余额或报表项目的实质性测试，通过样本审查的结果估算被审计总体数额，一般用于应收账款、存货或费用等金额的实质性审查。

（1）均值估计抽样法。变量抽样中通过抽查确定样本的平均值来推断总体的平均值及总值的统计抽样技术，称为均值估计抽样法。

均值估计抽样法可以用来验证账户余额或发生额的正确性。当查账人员无法获得被查总体数值或对被查单位提供的数字根本不可信赖时，此种方法仍可使用。但是应用这种方法时，计算标准差的工作量比较大。因为均值估计法中，标准差的计算需要考虑初始样本或总体中的每一个项目的数值。

（2）差异估计抽样法。差异估计抽样法是利用审查样本所得到的样本平均差错额来推断总体差错额或正确额的一种统计抽样方法。

（四）平均值估计

平均值估计的步骤如下：

（1）确定审计的总体范围，确定检查哪段时间内的哪类业务。变量抽样法中对总体的同质性要求较高。所谓同质性，是指总体中只包括同类性质的业务。如果定义的总体中包括不同性质的业务，如应收款中包括应收款和预付款两类业务，由于各类业务会计记录“借”“贷”方向不一致，规定的总体数额很容易被歪曲，最后的总体推算工作也过于复杂。因此，若不同类业务所占比重较大时，应将其作为不同的总体予以规定，分别进行抽样检查。

（2）拟定所需的精确度和可靠程度，并将估计总体所需精确度换算成单位平均精确度。

$$单位平均精确度（\bar{P}）=\frac{估计总体所需精确度（P）}{总体单位（N）}$$

（3）估计总体标准离差，即各个数值与总平均数的平均偏离程度。

$$\delta_x=\sqrt{\frac{\sum(\bar{X}-X)^2}{n-1}}$$

式中，$\bar{x}=\sum x/n$

（4）根据要求（见表5-2）计算所需样本容量。

表5-2　　可靠程度和标准正态离差系数表

可靠程度（%）	标准正态离差系数（t）
70	1.04
75	1.15
80	1.28
85	1.44
90	1.64
95	1.96
99	2.58

$$n=\frac{N}{1+\frac{N\bar{P}^2}{t^2\sigma^2}}$$

（5）选取样本。

（6）审查样本的各个项目，计算审定样本的实际平均数。

$$\bar{X}=\sum X/n$$

（7）以样本的平均数作为总体平均数的估计，对总体的总金额进行区间估计。

$N\bar{X}=N\bar{X}\pm P$

（8）得出审计结论。

（五）差异估计

差异估计的步骤如下：

（1）确定审计的总体范围。

（2）拟定所需的精确度和可靠程度，精确度要以金额表示，并且还要用到精确度下限。

（3）确定总体标准差。样本标准差计算公式如下：

$$S=\sqrt{\frac{\sum_{i=1}^{n} d_i^2-\bar{d}^2 n}{n-1}}$$

（4）计算所需的样本容量。

$$n'=(\frac{tSN}{P})^2$$

$$n=\frac{n'}{1+\frac{n'}{N}}$$

（5）审查样本项目。

（6）根据样本审查结果推断总体。差异估计是根据总体记录额（Y）加上总体差错额（D）去估计总体正确额。其计算公式为：$D=\bar{d}N$

总体正确额的点估计（T）为：

$T=Y+D$

总体正确额精确区间的计算公式为：

$$\Delta=t\cdot\frac{S}{\sqrt{n}}\cdot N\sqrt{1-\frac{n}{N}}$$

分析样本误差如下：

$$\left.\begin{array}{l}\text{实际差错率}<\text{预计差错率}\\\text{实际差错率}=\text{预计差错率}\end{array}\right\}\text{可以接受}$$

$$\text{实际差错率}>\text{预计差错率}\rightarrow\left\{\begin{array}{l}\text{扩大样本量}\\\text{改变实质性测试程序}\end{array}\right.$$

（7）得出审计结论。审计人员利用计算机程序或数学公式计算出总体错报上限，并将计算的总体错报上限与可容忍错报比较。

如果计算的总体错报上限低于可容忍错报，则总体可以接受。这时审计人员对总体得出结论，所测试的交易或账户余额不存在重大错报。

如果计算的总体错报上限大于或等于可容忍错报，则总体不能接受。这时审计人员对总体得出结论，所测试的交易或账户余额存在重大错报。

在评价财务报表整体是否存在重大错报时，审计人员应将该类交易或账户余额的错报与其他审计证据一起考虑。通常注册会计师会建议被审计单位对错报进行调查，并且在必要时调整账面记录。

【拓展阅读】

基本案情：永晟股份有限公司所处行业为摩托车行业，主营业务为摩托车、助力车及其零部件的自制与开发。某审计项目组于2016年2月15至3月5日对该公司2015年度的会计报表进行了审计。

审计方法和过程如下：

（1）通过了解、调查、描述、测试与评价对被审计单位进行控制测试。

（2）编制了生产成本汇总明细表，并将其与总账数、明细账合计数进行核对，对生产成本进行了分析性复核，检查了车间在产品盘存资料并将其与成本核算资料进行核对，检查了生产成本在完工产品与在产品间的分配。

发现的问题和疑点：审计人员A对比了2015年各月同一产品的单位成本，发现Q型摩托车年度产品单位成本较上年度有较大幅度增长，在2015年度12月份产品单位成本尤其比其他月份和以前年度单位成本金额大。审计人员了解到的情况排除了材料价格上涨的因素。进一步抽查成本计算单后发现，Q型摩托2015年度12月份成本计算单中直接材料的单位用量异常增高，需要进一步抽查凭证和进行材料盘点，以进一步确认是什么原因导致年末材料的用量较大。

疑点及其查证：审计人员重点抽查了2015年度12月份的有关成本归集与分配的凭证，发现了两笔凭证需要进行调整。一笔是在建工程领用的材料价值1 232 000元，记入了Q型摩托车的12月份成本计算单中；另一笔是在建工程工人的工资及福利费用金额为592 800元，也记入了Q型摩托车的成本中。进一步审计，审计人员了解到被审计单位在12月份新上马一项在建工程，有关该项工程的开支全部记入Q型摩托车产品成本开支中。审计人员经与有关人员询问，确认无误。

案例点评：本案例涉及生产与费用循环中生产成本的有关内容，生产成本是审计的重要内容。生产成本核算中，料、工、费的归集和分配过程，涉及大量的相互有勾稽关系的单证和账表，对于这些证据的收集和复核是实质性测试环节的重要程序之一。

【思考与练习】

一、单项选择题

1. 根据控制测试的目的和特点所采用的审计抽样称为（　　）。

A. 变量抽样　　B. 属性抽样

C. 统计抽样　　D. 非统计抽样

2. 有关审计抽样的下列表述中，正确的是（　　）。

A. 注册会计师可采用统计抽样或非统计抽样方法选取样本，只要运用得当，

均可获得充分、适当的审计证据

B. 审计抽样可用于所有审计程序

C. 统计抽样和判断抽样的选用，往往判断抽样选取的样本不如统计抽样

D. 信赖过度风险和误受风险影响审计效率

3. 统计抽样是指具备下列（　　）特征的抽样方法。

A. 随机选取样本

B. 运用概率论评价样本结果，包括计量抽样风险

C. A和B

D. A或B

4. 下列关于审计抽样的说法中，不正确的是（　　）。

A. 审计抽样是对某类交易或账户余额中低于百分之百的项目实施审计程序

B. 在审计抽样中，所有抽样单元都有被选取的机会

C. 审计抽样的目的是为了评价该账户余额或交易类型的某一特征

D. 选取特定项目进行测试属于审计抽样

5. 有关抽样风险与非抽样风险的下列表述中，注册会计师不能认同的是（　　）。

A. 信赖不足风险与误拒风险会降低审计效率

B. 信赖过度风险与误受风险会降低审计效果

C. 非抽样风险对审计工作的效率和效果都有影响

D. 审计抽样只与审计风险中的控制风险相关

6. 由于任意抽样是任意地抽取样本，其审查结果缺乏科学性和可靠性，因此这一方法不久就被（　　）所替代。

A. 统计抽样法　　B. 概率抽样法

C. 判断抽样法　　D. 总体抽样法

7. （　　）是指在精确度界限和可靠程度一定的条件下，为了测定总体特征的发生频率而采用的方法。

A. 属性抽样　　B. 变量抽样

C. 任意抽样　　D. 判断抽样

8. 从8 000张现金支出凭证中抽取400张进行审计，采用系统抽样法，抽样间隔数为（　　）。

A. 10　　B. 20

C. 30　　D. 40

9. 在随机选样条件中，选样的起点、方向可以任意确定而不影响选样的效果，是因为无论怎样确定选样的起点、方向，（　　）都是相同的。

A. 选取样本的随机性　　B. 所选的样本编号

C. 所选的第一个单位　　D. 推断的总体误差

10. 将统计抽样运用于下列（　　）项目，属于属性抽样。

A. 未经批准而赊销的金额　　B. 赊销是否经过严格审批

C. 因赊销而引起的坏账额　　D. 应收账款余额的真实性

11. 顺查法不适用于（　　）。

A. 规模较小、业务量少的审计项目　　B. 内部控制制度较差的审计项目

C. 规模较大、业务量较大的审计项目　D. 重要的审计事项

12. 审计调查、取证的方法不包括（　　）。

A. 观察法　　B. 调账法

C. 查询法　　D. 专题调查法

13. 对库存现金、有价证券、贵重物品的盘存，应采用（　　）。

A. 监督盘存　　B. 观察盘存

C. 抽查盘存　　D. 直接盘存

14. 注册会计师运用分层抽样方法的主要目的是为了（　　）。

A. 减少样本的非抽样风险

B. 决定审计对象总体特征的正确发生率

C. 审计可能有较大错误的项目，并减少样本量

D. 无偏见地选取样本项目

二、多项选择题

1. 审计调查、取证的方法一般包括（　　）。

A. 专题调查法　　B. 专案调查法

C. 观察法　　D. 查询法

2. 审计人员在选用审计方法时，应注意（　　）。

A. 审计方法的选用要考虑审计证据的数量

B. 审计方法的选用要适应审计的目的

C. 审计方法的选用要适合审计的方式

D. 审计方法的选用要联系被审计单位的实际

E. 审计方法的选用要考虑审计人员的胜任能力

3. 有关审计抽样的下列表述中，注册会计师不能认同的有（　　）。

A. 审计抽样适用于财务报表审计的所有审计程序

B. 统计抽样的产生并不意味着非统计抽样的消亡

C. 统计抽样能够减少审计过程中的专业判断

D. 对可信赖程度要求越高，需选取的样本量就应越大

4. 审计抽样应当具备三个基本特征，即（　　）。

A. 选样方法能够计量并控制审计风险在可接受的水平

B. 所有抽样单元都有被选取的机会

C. 审计测试的目的是为了评价该账户余额或交易类型的某一特征

D. 对某类交易或账户余额中低于百分之百的项目实施审计程序

5. 在以下关于统计抽样与非统计抽样的论断中，正确的是（　　）。

A. 同等条件下，统计抽样可能比非统计抽样的成本高，但非统计抽样可能比统计抽样的效果差

B. 统计抽样比非统计抽样要运用更多的数学方法，非统计抽样比统计抽样要运用更多的专业判断

C. 对于抽样风险，统计抽样可以定量化控制，而非统计抽样至多是定性估计

D. 统计抽样能够科学地确定抽样规模，而非统计抽样可能在某个领域选用了过多的样本，而在另一个领域选用了过少的样本

6. 审计抽样通常在（　　）程序中不采用。

A. 风险评估程序　　B. 细节测试

C. 控制测试　　D. 实质性分析程序

7. 注册会计师在样本的设计中，应考虑的基本因素有（　　）。

A. 审计目的　　B. 抽样风险以及非抽样风险

C. 可信赖程度　　D. 可容忍误差及预期总体误差

8. 下列说法中正确的有（　　）。

A. 重要性水平越高，审计风险越低

B. 重要性水平越低，应当获取的审计证据越多

C. 样本量越大，抽样风险越大

D. 可容忍误差越小，需选取的样本量越大

9. 在抽样风险中，导致注册会计师执行额外的审计程序。降低审计效率的风险有（　　）。

A. 信赖不足风险　　B. 信赖过度风险

C. 误拒风险　　D. 误受风险

三、判断题

1. 顺查法的审查顺序与会计核算顺序并不完全一致。（　　）

2. 详查法的审计顺序和过程基本上与顺查法相同，因此其优缺点和适用范围也基本上与顺查法相同。（　　）

3. 审阅法审阅的内容很多，既包括审阅财务会计及其有关资料，又包括审阅与管理行为有关的内容。（　　）

4. 采用查询法审计时，函证既可由审计人员直接寄发和收取，也可委托被审计单位代办。（　　）

5. 在实物盘存法下，可以通过比较盘点记录与账面记录，来证实账面记录是否正确。（　　）

6. 审查Q公司2016年度财务报表时，为证实Q公司2016年年末所有应入账的应付账款是否均已入账，甲注册会计师确定Q公司2016年度发生的所有赊购业务为抽样总体，则这一总体不完整。（　　）

7. 统计抽样是以概率论和数理统计为理论基础的现代抽样方法，因此采用统计抽样能比采用非统计抽样选取更加适当的样本。（　　）

8. 审计抽样是指注册会计师对某类交易或账户余额中低于百分之百的项目实施审计程序，使所有抽样单元都有被选取的机会。（　　）

9. 无论是在控制测试中采用抽样，还是在实质性程序中采用抽样，如果依据样本推断的总体误差超过可容忍误差，经重估后的抽样风险不可接受，应增加样本量或执行替代审计程序。 （　）

10. 因为确认总体项目存在重大的差异性，注册会计师决定对总体项目进行分层。不论是按照金额大小进行分层，还是按照业务发生的时间进行分层，注册会计师应当对不同的层采用不同的抽样比率，即应使属于不同层次的抽样单元被抽取的概率不同。 （　）

四、案例分析题

1. A 机械厂生产甲产品，材料一次投入，逐步消耗，每投入 100 千克 A 材料可以生产出甲产品 100 千克。20×2 年 12 月 31 日，该企业对在产品和产成品进行了盘点。盘点结果：在产品结存 2 100 千克，加工程度 50%；产成品结存 4 800 千克。期末在产品和产成品账面记录与盘点数一致。20×3 年 2 月 2 日，审计人员委托对该企业进行财务审计。当日，对在产品和产成品进行了盘点。盘点结果：在产品盘存 2 000 千克，加工程度 50%；产成品盘存5 000千克。

A 机械厂其他有关资料如下：20×3 年 1 月 1 日至 2 月 2 日，领料单记录生产领用 A 材料 5 000 千克；产成品交库单记录甲产品入库数为 4 000 千克；产品发货单记录甲产品出库数为 4 500 千克。

要求：运用调节法验证 20×2 年 12 月 31 日有关会计资料的准确性。

2. 假定某被审计单位的发票的编号为 1 001~9 000，注册会计师拟采用系统抽样法选择其中 5%进行函证。

（1）确定随机起点为 1 011 号，注册会计师选取的前 5 张发票的编号分别为多少？

（2）若确定随机起点为 1 018 号，试写出所抽取的第 194、226、387 张发票的号码分别为多少？

3. 注册会计师陈华对 B 工业有限公司的产成品成本进行审查时获得如下资料：B 公司全年共生产 2 000 批产品，入账成本为 5 900 000 元，审计人员抽取其中的 200 批产品作为样本，其账面总价值为 600 000 元，审查时发现在 200 批产品中有 52 批产品成本不实，样本的审定价值为 582 000 元。试运用下列各种抽样审计方法（暂不考虑可容忍误差和可信赖程度），估计本年度产品的总成本。

（1）均值估计抽样审计；

（2）比率估计抽样审计；

（3）差额估计抽样审计。

第六章　审计报告

【引导案例】

基本案情：1992 年 9 月 11 日，重庆渝港钛白粉股份有限公司宣告成立，并于 1992 年 10 月 11 日以重庆渝港钛白粉有限公司作为发起人，以社会募集方式设立了股票上市的股份有限公司（以下简称“渝钛白”）。1998 年 4 月 29 日，“渝钛白”公布 1997 年年度报告，其中在财务报告部分刊登了重庆会计师事务所于 1998 年 3 月 8 日出具的否定意见审计报告。这是我国首份否定意见审计报告，对中国的证券市场和审计行业都有着巨大的意义。那么重庆会计师事务所为什么会对“渝钛白”签发否定意见审计报告呢？我们首先来看一看审计报告中指出的问题。审计报告中指出：“1997 年度应计入财务费用的借款及应付债券利息 8 064 万元，贵公司将其资本化计入了钛白粉工程成本；欠付中国银行重庆市分行的美元借款利息 89.8 万美元（折合人民币 743 万元），贵公司未计提入账。两项共影响利润 8 807 万元。我们认为，由于本报告第二段所述事项的重大影响，贵公司 1997 年 12 月 31 日资产负债表、1997 年度利润及利润分配表、财务状况变动表未能公允地反映贵公司 1997 年 12 月 31 日财务状况和 1997 年年度经营成果及资金变动情况。”该份审计报告的发布，引起中国证券市场的极大震动，中国注册会计师协会秘书长发表谈话，开门见山地肯定了重庆会计师事务所的做法，并明确说明注册会计师审计“渝钛白”使用的规章是准确的。他还特别强调：“财政部是国家财务主管部门，其他部门或地区制定的规章，文件中涉及财务问题，如与财政部规章不一致，是不发生效力的。”

审计报告全文如下：

审计报告

重庆渝钛白粉股份有限公司全体股东：

我们接受委托，审计了贵公司 1997 年 12 月 31 日资产负债表和 1997 年度利润及利润分配表、财务状况变动表。这些报表由贵公司负责，我们的责任是对这些会计报表发表审计意见。我们的审计是依据中国注册会计师独立审计准则进行的。在审计过程中，我们结合贵公司的实际情况，实施包括抽查会计记录等我们认为必要的审计程序。

1997 年应计入财务费用的借款及应付债券利息 8 064 万元，贵公司将其资本化计入钛白粉工程成本；欠付中国银行重庆市分行的美元借款利息 89.8 万美元（折合人民币 743 万元），贵公司未计提入账。两项共影响利润 8 807 万元。我们认为，由于本报告第二段所述事项的重大影响，贵公司 1997 年 12 月 31 日资产负债表、1997 年度利润分配表、财务状况变动表未能公允地反映贵公司 1997 年 12 月 31 日财务状况和 1997 年年度经营成果及资金变动情况。

此外，我们在审计过程中注意到：贵公司目前正面临沉重的债务负担和巨额的资产折旧压力，除非贵公司能尽快达到正常生产经营状况并能与有关债权人就债务重整达成协议，并且市场形势在短期内发生有利于贵公司的重大变化，否则贵公司的财务状况和生产经营将陷入极为严峻的困境。如果贵公司出现不能持续经营的情况，则应对其资产和负债重新加以评价、分类，并据以重新编制1997年年度财务报表。

重庆会计师事务所　　　　　　　　　　中国注册会计师：石义杰

　　　　　　　　　　　　　　　　　　中国注册会计师：邓兴政

中国·重庆　　　　　　　　　　　　　1998年3月8日

第一节　审计报告的定义、作用和种类

一、审计报告的定义

审计报告是指审计人员对审计事项实施审计后，就审计实施情况和审计结果向审计授权人或委托人提出的，反映审计结果，阐明审计意见和建议的书面文件。审计人员对审计事项实施审计，并完成既定的审计目标后，必须向审计授权人或委托人提出审计报告。

审计报告作为审计工作的成果，是审计活动的结晶和客观描述，是审计工作质量的主要标志。审计报告不仅是审计人员对审计经过和审计结果的全面总结，也是审计机构对审计事项做出评价，以及对违反国家规定的行为，在法定职权范围内做出审计决定或者向其他有关部门移送的依据。

二、审计报告的作用

通常情况下，审计报告具有鉴定和证明作用，具体表现在以下几个方面：

第一，审计报告全面地总结了审计过程和结果，表明了审计人员的审计意见和建议。

第二，审计报告是审计机关据以出具审计决定书的主要依据，也是审计机关据以出具审计移送处理书的主要依据。

第三，审计报告是具有法律效力的审计法律文书，向社会公布审计结果，可以起到公证或鉴证的作用，是被审计单位的利害关系人做出决策的主要依据。

第四，审计报告对被审计单位是一份指导性文件，便于被审计单位纠错防弊，改善经营管理，提高经济效益。

第五，审计报告是评价审计人员工作业绩、控制审计质量的重要依据，也是重要的审计档案，是考查审计工作的依据。

三、审计报告的种类

审计报告的种类如表6-1所示：

表 6-1　审计报告的种类

按审计报告的性质分类	标准审计报告
	非标准审计报告
按审计报告的使用目的分类	公布目的的审计报告
	非公布目的的审计报告
按审计报告的详略程度分类	简式审计报告
	详式审计报告
按审计报告的撰写主体分类	内部审计报告
	外部审计报告

(一) 按审计报告的使用目的分类

(1) 公布目的的审计报告。一般适用于对企业股东、投资人、债权人等非特定利益关系者公布的附有会计报表的审计报告。

(2) 非公布目的的审计报告。一般适用于经营管理、合并或转让、资金融通等特定目的而实施审计的审计报告。这类审计报告是专供特定使用者使用的。

(二) 按审计报告的性质分类

(1) 标准审计报告。这类审计报告是指格式和措辞基本统一的审计报告，一般适用于对外公布。

(2) 非标准审计报告。这类审计报告是指格式和措辞基本不统一，可以根据具体审计项目的问题来决定的审计报告，一般适用于非对外公布的审计报告。

(三) 按审计报告的详略程度分类

(1) 简式审计报告。这类审计报告又称短式审计报告，是审计人员对应公布的会计报表进行审计后所撰写的简明扼要的审计报告。简式审计报告所反映的内容是非特定多数的利害关系人共同认为必要的审计事项，具有记载法规或审计准则所规定的特征，一般适用于公布目的，具有标准审计报告的特点。

(2) 详式审计报告。这类审计报告又称长式审计报告，是指对被审计单位所有重要的经济业务和情况都要做详细说明和分析的审计报告。详式审计报告一般适用于非公布目的，具有非标准审计报告的特点，主要用来帮助被审计单位改善经营管理服务。

(四) 按审计报告的撰写主体分类

(1) 内部审计报告。内部审计报告是由内部审计机构和人员撰写的审计报告。内部审计的独立性决定了审计报告具有一定的局限性，一般只供部门、单位领导人了解情况和内部决策之用，对外不具备鉴证之类的作用。

(2) 外部审计报告。根据外部审计主体的不同，外部审计报告又分为国家审计机关的审计报告和注册会计师的审计报告。外部审计报告一般都具有鉴证和证明作用，具有法律效力。

第二节 审计报告的基本内容

一、审计报告的标题

审计报告要在标题里体现审计报告属于何种类型，准确地反映审计活动的主题，让审计报告的使用者对被审计单位、审计的时间、审计的内容范围等一目了然。国家审计和内部审计在这方面尤为突出，报告的标题一般由报告事由加文名组成，如“关于××的审计报告”，而注册会计师审计报告的标题则统一规范为“审计报告”。

二、审计报告的接受者和收件人

因审计授权人和委托人的不同，审计报告的接受者或收件人也不同。如果是授权审计，审计报告的接受者往往是授权机关。如果是注册会计师审计，审计人员按照业务约定书的要求致送审计报告的对象，一般是指审计业务的委托人。

三、说明段或引言段

说明段或引言段应当说明审计对象和范围，以及审计的主要方式等内容。如注册会计师撰写的年度报表审计报告，必须列出整套财务报表的每张财务报表的名称，提及会计报表附注以及财务报表的日期和涵盖的期间等。

四、被审计单位的责任段

审计报告中被审计单位的责任段应当说明被审计单位已经按照会计准则和相关会计制度的规定，对被审计期间单位的所有经济业务均进行了会计处理，并由此承担责任。这种责任包括如下内容：

第一，设计、实施和维护相关的内部控制，以使财务会计信息不存在由于舞弊或错误而导致的重大错报。

第二，选择和运用恰当的会计政策。

第三，做出合理的会计估计等。

五、审计人员的责任

审计报告中关于审计人员的责任段应当说明下列内容：

第一，审计责任是在实施审计工作的基础上发表审计意见，并体现是否按照审计准则的规定执行了审计工作。

第二，审计工作是否实施了必要的审计程序，以获取充分有效的审计证据，据以支持审计意见和结论。

六、问题段

问题段为审计报告的关键部分，罗列审计过程中查出的违反财经法律法规的会计业务。需要注意的是，此部分问题必须有审计证据的支撑。当然并非所有审计报告都具备问题段。例如，注册会计师发表的标准的无保留意见的审计报告就没有问题段。

七、结论段

结论段是指审计报告中用于描述审计人员对所审计事项发表审计结论的段落。不同的审计报告，发表结论的方式也略有区别。例如，注册会计师的年度财务报表审计报告中，审计结论段应当说明会计报表是否按照企业会计准则和企业会计制度的规定，在所有重大方面公允地反映了被审计单位的财务状况、经营成果和现金流量。国家审计中，重在总结反映被审计单位遵守财经法律法规方面的情况。内部审计报告往往重于效益方面的概括总结。

八、审计人员的签名和盖章

审计报告应当由审计人员签名并盖章，以明确法律责任。

九、审计机构的名称、地址和盖章

并非所有的审计报告都具有此项内容，如审计授权人组成的审计组，在审计报告中一般没有此项内容。注册会计师的审计报告应当载明会计师事务所的名称和地址，并加盖会计师事务所公章。

十、报告日期

审计报告日期是指审计人员完成审计工作的日期。审计报告的日期不应早于审计人员获取充分、适当的审计证据，并在此基础上形成审计意见和结论的日期。审计人员在确定审计报告日期时，应当考虑以下内容：

第一，应当实施的审计程序已经完成。

第二，应当提请被审计单位调整的事项已经提出，被审计单位已经调整或拒绝调整。必要的时候，审计人员根据期后事项的具体情况，可以签署双重日期。

【例 6-1】

审计报告

×××号

ABC 股份有限公司全体股东：

我们审计了后附的 ABC 股份有限公司（以下简称 ABC 公司）财务报表，包括 20×5 年12 月 31 日的合并及公司资产负债表以及 20×5 年度的合并及公司利润表、合并及公司现金流量表、合并及公司股东权益变动表及财务报表附注。

1. 管理层对财务报表的责任

编制和公允列报财务报表是 ABC 公司管理层的责任，这种责任包括：第一，按照企业会计准则的规定编制财务报表，并使其实现公允反映；第二，设计、执行和维护必要的内部控制，以使财务报表不存在由于舞弊或错误导致的重大错报。

2. 注册会计师的责任

我们的责任是在执行审计工作的基础上对财务报表发表审计意见。我们按照中国注册会计师审计准则的规定执行了审计工作。中国注册会计师审计准则要求我们遵守中国注册会计师职业道德守则，计划和执行审计工作以对财务报表是否不存在重大错报获取合理保证。

审计工作涉及实施审计程序，以获取有关财务报表金额和披露的审计证据。选择的审计程序取决于注册会计师的判断，包括对由于舞弊或错误导致的财务报表重大错报风险的评估。在进行风险评估时，注册会计师考虑与财务报表编制和公允列报相关的内部控制，以设计恰当的审计程序，但目的并非对内部控制的有效性发表意见。审计工作还包括评价管理层选用会计政策的恰当性和作出会计估计的合理性，以及评价财务报表的总体列报。

我们相信，我们获取的审计证据是充分、适当的，为发表审计意见提供了基础。

3. 审计意见

我们认为，ABC 公司财务报表在所有重大方面按照企业会计准则的规定编制，公允反映了 ABC 公司 20×5 年 12 月 31 日的合并及公司财务状况以及 20×5 年度的合并及公司经营成果和合并及公司现金流量。

会计师事务所　　　　　　　　　　中国注册会计师：
（特殊普通合伙）　　　　　　　　（签章）

　　　　　　　　　　　　　　　　中国注册会计师：
　　　　　　　　　　　　　　　　（签章）

中国 · 北京　　　　　　　　　　20×6 年×月×日

第三节　审计报告的撰写

一、审计报告的撰写要求

不同的审计报告，由于审计目标、对象和范围的不同，撰写的方法也有所不同。就其基本要求而言，有以下几点共性：

（一）逻辑结构方面的基本要求

一份高质量的审计报告，首先必须做到结构严谨、逻辑关系清晰。这要求具体表现在以下几个方面：

第一，审计报告标题应当反映出审计类型与审计目标。

第二，说明段和责任段要写明审计授权人或委托人、审计具体目标和任务、审计内容和范围、审计具体程序和方法、会计责任和审计责任等。

第三，问题段应当按照重要性程度排列以利于阅读，审计结论中肯。

（二）内容方面的基本要求

一份高质量的审计报告，在内容方面必须做到事实清楚、证据确凿、内容完整、反映全面、评价公正、定性准确、处理恰当、建议可行。

（三）行文方面的基本要求

审计报告是重要文书，行文必须规范，做到文题相符、概念清晰、措辞恰当、有理有据、层次清楚、行文简练。

（四）时间方面的基本要求

审计报告的时间要求主要根据授权人或委托人的要求而定。一般而言，审计实施终了后 15 日内，审计人员应当提交审计报告。

二、编制审计报告要点

第一，检查审计工作底稿。

第二，是否遵循独立审计准则的要求。

第三，被审计单位会计报表、会计核算是否合法合规提出公正、客观、实事求是的审计意见。

三、审计报告撰写的一般步骤

第一，汇总整理审计证据。

第二，分析提炼审计证据。

第三，拟订审计报告提纲。

第四，撰写审计报告初稿。

第五，征求被审计单位意见。

第六，修改定稿，出具报告。

第四节　审计报告的基本类型

在进行年度财务报表审计时，审计人员根据审计结果和被审计单位对有关问题的处理情况，形成不同的审计意见，出具年度财务审计报告。审计报告的基本类型包括四种：无保留意见审计报告、保留意见审计报告、否定意见审计报告和无法表示意见审计报告。其中，无保留意见审计报告又称为标准审计报告，而保留意见审计报告、否定意见审计报告和无法表示意见审计报告则属于非标准审计报告。

一、标准审计报告

（一）标准审计报告的条件

标准审计报告是指审计人员出具的无保留意见的审计报告，不附加说明段、强调事项段或任何修饰性用语。审计人员对被审计单位的会计报表整体上的公允性持肯定态度。无保留意见是审计人员和客户双方最希望的，也是实际审计中数量最多的意见类型。被审计单位会计报表同时符合下述情况时，应出具无保留审计意见：

第一，审计人员已经按照审计准则的规定计划和实施审计工作，在审计过程中未受到任何限制和阻碍。

第二，被审计单位的会计报表是按照企业会计准则和企业会计制度的规定，在所有重大方面公允地反映了被审计单位的财务状况、经营成果和现金流量。审计人员出具无保留意见的审计报告时，一般以“我们认为”的术语作为意见段的开头，不能使用“我们保证”“完全正确”“完全公允”“大致反映”“基本反映”的字样。

（二）标准审计报告的格式范例

【例 6-2】

审计报告

ABC 股份有限公司全体股东：

我们审计了后附的 ABC 股份有限公司（以下简称 ABC 公司）财务报表，包括 20×5 年度 12 月 31 日的资产负债表，20×5 年度的利润表、股东权益变动表、现金流量表以及财务报表附注。

1. 管理层对财务报表的责任

按照企业会计准则和企业会计制度的规定编制财务报表是 ABC 公司管理层的责任。这种责任包括：第一，设计、实施和维护与财务报表编制相关的内部控制，以使财务报表不存在由于舞弊或错误而导致的重大错报；第二，选择和运用恰当的会计政策；第三，做出合理的会计估计。

2. 注册会计师的责任

我们的责任是在实施审计工作的基础上对财务报表发表审计意见。我们按照中国注册会计师审计准则的规定执行了审计工作。中国注册会计师审计准则要求我们遵守职业道德规范，计划和实施审计工作以对财务报表是否不存在重大错报获取合理保证。审计工作涉及实施审计程序，以获取有关财务报表金额和披露的审计证据。选择的审计程序取决于注册会计师的判断，包括对由于舞弊或错误导致的财务报表中重大错报风险的评估。在进行风险评估时，我们考虑与财务报表编制相关的内部控制，以设计恰当的审计程序，但目的并非对内部控制的有效性发表意见。审计工作还包括评价管理层选用会计政策的恰当性和做出会计估计的合理性，以及评价财务报表的总体列报。我们相信，我们获取的审计证据是充分、适当的，为发表审计意见提供了基础。

3. 审计意见

我们认为，ABC 股份有限公司财务报表已经按照企业会计准则和企业会计制度的规定编制，在所有重大方面公允地反映了 ABC 股份有限公司 20×5 年 12 月 31 日的财务状况以及 20×5 年度的经营成果和现金流量。

××会计师事务所　　　　　　　　　　　　　　　中国注册会计师：×××
（盖章）　　　　　　　　　　　　　　　　　　　（签名并盖章）
　　　　　　　　　　　　　　　　　　　　　　中国注册会计师：×××
　　　　　　　　　　　　　　　　　　　　　　　（签名并盖章）
（详细地址）　　　　　　　　　　　　　　　　　20×6 年×月×日

当审计人员出具无保留意见审计报告时，如果认为必要，可以在意见段之后，增加对重要事项的说明。

二、非标准审计报告

标准审计报告以外的其他审计报告统称为非标准审计报告，包括带强调事项段的无保留意见审计报告和非无保留意见审计报告。非无保留意见的审计报告包括保留意见的审计报告、否定意见的审计报告和无法表示意见的审计报告。

（一）带强调事项段的无保留意见审计报告

1. 强调事项段

审计报告的强调事项段是指审计人员在审计意见段之后增加的对重大事项予以强调的段落。强调事项段应同时符合下列条件：一是可能对财务报表产生重大影响，但被审计单位进行了恰当的会计处理，并且在财务报表中进行充分披露；二是不影响审计人员发表的审计意见。

2. 增加强调事项段的情形

当存在可能导致对持续经营能力产生重大疑虑的事项或情况但不影响已发表的审计意见时，审计人员应当在审计意见段之后增加强调事项段对此予以强调。

当存在可能对财务报表产生重大影响的不确定事项（持续经营问题除外）但不影响已发表的审计意见时，审计人员应当考虑在审计意见段之后增加强调事项段对此予以强调。所谓不确定事项是指其结果依赖于未来行为或事项，不受被审计单位的直接控制，但可能影响财务报表的事项。

根据审计准则的规定，除上述规定的两种情况外，审计人员不应在审计报告的意见段之后增加强调事项段或任何解释性段落，以免财务报表使用人产生误解。审计人员应当在强调事项段中说明，该段内容仅用于提醒财务报表使用人注意，并不影响已发表的审计意见。

以下是一份带强调事项段的无保留意见审计报告的格式和措词。

【例 6-3】

审计报告

ABC 股份有限公司全体股东：

我们审计了后附的 ABC 股份有限公司（以下简称 ABC 公司）财务报表，包括 20×5 年度 12 月 31 日的资产负债表，20×5 年度的利润表、股东权益变动表、现金流量表以及财务报表附注。

1. 管理层对财务报表的责任

按照企业会计准则和企业会计制度的规定编制财务报表是 ABC 公司管理层的责任。这种责任包括：第一，设计、实施和维护与财务报表编制相关的内部控制，以使财务报表不存在由于舞弊或错误而导致的重大错报；第二，选择和运用恰当的会计政策；第三，做出合理的会计估计。

2. 注册会计师的责任

我们的责任是在实施审计工作的基础上对财务报表发表审计意见。我们按照中国注册会计师审计准则的规定执行了审计工作。中国注册会计师审计准则要求我们遵守职业道德规范，计划和实施审计工作以对财务报表是否不存在重大错报获取合理保证。审计工作涉及实施审计程序，以获取有关财务报表金额和披露的审计证据。选择的审计程序取决于注册会计师的判断，包括对由于舞弊或错误导致的财务报表中重大错报风险的评估。在进行风险评估时，我们考虑与财务报表编制相关的内部控制，以设计恰当的审计程序，但目的并非对内部控制的有效性发表意见。审计工作还包括评价管理层选用会计政策的恰当性和做出会计估计的合理性，以及评价财务报表的总体列报。

我们相信，我们获取的审计证据是充分、适当的，为发表审计意见提供了基础。

3. 审计意见

我们认为，ABC 股份有限公司财务报表已经按照企业会计准则和企业会计制度的规定编制，在所有重大方面公允反映了 ABC 股份有限公司 20×5 年 12 月 31 日的财务状况以及 20×5 年度的经营成果和现金流量。

4. 强调事项

我们提醒财务报表使用者关注，如财务报表附注×所述，ABC 公司在 20×5 年发生亏损×万元，在 20×5 年 12 月 31 日，流动负债高于资产总额×万元，ABC 公司已在财务报表附注×充分披露了拟采用的改善措施，但其持续经营能力仍然存在重大不确定性。本段内容不影响已发表的审计意见。

××会计师事务所　　　　中国注册会计师：×××
（盖章）　　　　（签名并盖章）
　　　　中国注册会计师：×××
　　　　（签名并盖章）
（详细地址）　　　　20×6 年×月×日

（二）保留意见的审计报告

保留意见是指审计人员对被审计单位的会计报表某些表达的公允性持有所保留态

度。保留意见表达了对被审计会计报表大致和总体上的肯定，意味着某些或个别事项的存在，对报表产生较大的影响，使无保留意见的条件不完全具备。

存在下列情况之一时，应出具保留意见的审计报告：

第一，会计政策的选用、会计估计的确定或会计报表的披露不符合企业会计准则和企业会计制度的定，虽影响重大，但不至于出具否定意见的审计报告。

第二，因审计范围受到限制，无法获取充分、适当的审计证据，虽影响重大，但不至于出具无法表示意见的审计报告。

审计范围的限制通常涉及存货监盘的限制、应收账款函证的限制以及审计长期投资时无法获取被投资企业的已审计会计报表等。

当出具保留意见的审计报告时，应在意见段之前另设说明段，用来说明导致发表保留意见的事项，并且应当在审计意见段中使用“除……的影响外”等术语。如果审计单位受到限制，审计人员还应当在注册会计师责任段提及这一情况。

以下是一份因审计范围受到限制而出具保留意见的审计报告的标准格式和措词。

【例 6-4】

审计报告

ABC 股份有限公司全体股东：

我们审计了后附的 ABC 股份有限公司（以下简称 ABC 公司）财务报表，包括 20×5 年度 12 月 31 日的资产负债表，20×5 年度的利润表、股东权益变动表、现金流量表以及财务报表附注。

1. 管理层对财务报表的责任

按照企业会计准则和企业会计制度的规定编制财务报表是 ABC 公司管理层的责任。这种责任包括：第一，设计、实施和维护与财务报表编制相关的内部控制，以使财务报表不存在由于舞弊或错误而导致的重大错报；第二，选择和运用恰当的会计政策；第三，做出合理的会计估计。

2. 注册会计师的责任

我们的责任是在实施审计工作的基础上对财务报表发表审计意见。除本报告“3. 导致保留意见的事项”所诉事项外，我们按照中国注册会计师审计准则的规定执行了审计工作。中国注册会计师审计准则要求注册会计师遵守职业道德规范，计划和实施审计工作以对财务报表是否不存在重大错报获取合理保证。

审计工作涉及实施审计程序，以获取有关财务报表金额和披露的审计证据。选择的审计程序取决于注册会计师的判断，包括对由于舞弊或错误导致的财务报表中重大错报风险的评估。在进行风险评估时，我们考虑与财务报表编制相关的内部控制，以设计恰当的审计程序，但目的并非对内部控制的有效性发表意见。审计工作还包括评价管理层选用会计政策的恰当性和做出会计估计的合理性，以及评价财务报表的总体列报。

我们相信，我们获取的审计证据是充分、适当的，为发表审计意见提供了基础。

3. 导致保留意见的事项

ABC 公司 20×5 年 12 月 31 日的应收账款额×万元，占资产总额的×%。由于 ABC 公司未能提供债务人地址，我们无法实施函证以及其他审计程序，以获取充分、适当的审计证据。

4. 审计意见

我们认为，除了前段所述未能实施函证可能产生的影响外，ABC 公司财务报表已经按照企业会计准则和企业会计制度的规定编制，在所有重大方面公允反映了 ABC 公司 20×5 年 12 月 31 日的财务状况以及 20×5 年度的经营成果和现金流量。

××会计师事务所　　　　　　　　　　中国注册会计师：×××
（盖章）　　　　　　　　　　　　　　（签名并盖章）
　　　　　　　　　　　　　　　　　中国注册会计师：×××
　　　　　　　　　　　　　　　　　　（签名并盖章）
（详细地址）　　　　　　　　　　　　20×6 年×月×日

（三）否定意见的审计报告

否定意见是指审计人员对被审计单位的会计报表整体上的公允性持否定态度。审计人员经过审计后，认为被审计单位的会计报表整体没有按照企业会计准则和企业会计制度的规定编制，未能在所有重大方面公允地反映被审计单位的财务状况、经营成果和现金流量，应当出具否定意见的审计报告。

审计人员在出具否定意见的审计报告时，应于意见段之前另设说明段，说明导致发表否定意见的事项，并在意见段中使用“由于上述问题造成的重大影响”“由于受到前段所述事项的重大影响”等专业术语。

否定意见的审计报告的标准格式和措词举例如下。

【例 6-5】

审计报告

ABC 股份有限公司全体股东：

我们审计了后附的 ABC 股份有限公司（以下简称 ABC 公司）财务报表，包括 20×5 年度 12 月 31 日的资产负债表，20×5 年度的利润表、股东权益变动表、现金流量表以及财务报表附注。

1. 管理层对财务报表的责任

按照企业会计准则和企业会计制度的规定编制财务报表是 ABC 公司管理层的责任。这种责任包括：第一，设计、实施和维护与财务报表编制相关的内部控制，以使财务报表不存在由于舞弊或错误而导致的重大错报；第二，选择和运用恰当的会计政策；第三，做出合理的会计估计。

2. 注册会计师的责任

我们的责任是在实施审计工作的基础上对财务报表发表审计意见。我们按照中国注册会计师审计准则的规定执行了审计工作。中国注册会计师审计准则要求我们遵守职业道德规范，计划和实施审计工作以对财务报表是否不存在重大错报获取合理保证。

审计工作涉及实施审计程序，以获取有关财务报表金额和披露的审计证据。选择的审计程序取决于注册会计师的判断，包括对由于舞弊或错误导致的财务报表中重大错报风险的评估。在进行风险评估时，我们考虑与财务报表编制相关的内部控制，以设计恰当的审计程序，但目的并非对内部控制的有效性发表意见。审计工作还包括评价管理层选用会计政策的恰当性和做出会计估计的合理性，以及评价财务报表的总体列报。

我们相信，我们获取的审计证据是充分、适当的，为发表审计意见提供了基础。

3. 导致否定意见的事项

如财务报表附注×所述，ABC 公司的长期股权投资未按企业会计准则的规定采用权益法核算。如果按照权益法核算，ABC 公司的长期投资账面价值将减少×万元，净利润将减少×万元，从而导致 ABC 公司由盈利×万元变为亏损×万元。

4. 审计意见

我们认为，由于受到前段所述的重大影响外，ABC 股份有限公司财务报表没有按照企业会计准则和企业会计制度的规定编制，未能在所有重大方面公允反映 ABC 股份有限公司 20×5 年 12 月 31 日的财务状况以及 20×5 年度的经营成果和现金流量。

××会计师事务所　　　　　　　　　　中国注册会计师：×××
（盖章）　　　　　　　　　　　　　（签名并盖章）
　　　　　　　　　　　　　　　　　中国注册会计师：×××
　　　　　　　　　　　　　　　　　（签名并盖章）
（详细地址）　　　　　　　　　　　20×6 年×月×日

（四）无法表示意见的审计报告

无法表示意见是指审计人员在审计过程中，由于审计范围受到委托人、被审计单位或客观环境的严重限制，不能获得审计证据，以致无法对会计报表整体表示审计意见。无法表示意见不等于否定意见，也不能代替否定意见。

当出具无法表示意见的审计报告时，审计人员应当删除引言段中对自身责任的描述以及范围段，并于意见段之前另设说明段，说明所持无法表示意见的理由，并在意见段中使用“由于审计范围受到严重限制”“由于无法实施必要的审计程序”“由于无法获取必要的审计证据”等专业术语。

无法表示意见的审计报告的标准格式和措词举例如下。

【例 6-6】

审计报告

ABC 股份有限公司全体股东：

我们接受委托，审计了后附的 ABC 股份有限公司（以下简称 ABC 公司）财务报表，包括 20×5 年度 12 月 31 日的资产负债表，20×5 年度的利润表、股东权益变动表、现金流量表以及财务报表附注。

1. 管理层对财务报表的责任

按照企业会计准则和企业会计制度的规定编制财务报表是ABC公司管理层的责任。这种责任包括：第一，设计、实施和维护与财务报表编制相关的内部控制，以使财务报表不存在由于舞弊或错误而导致的重大错报；第二，选择和运用恰当的会计政策；第三，做出合理的会计估计。

2. 导致无法表示意见的事项

ABC公司未对20×5年12月31日的存货进行盘点，金额为×万元，占期末资产总额的×%。我们无法实施存货监盘，也无法实施替代审计程序，以对期末存货的数量和状况获取充分、适当的审计证据。

3. 审计意见

由于上述审计范围受到限制可能产生的影响非常重大和广泛，我们无法对上述会计报表发表意见。

中国注册会计师：×××
（签名并盖章）

××会计师事务所
（盖章）
（详细地址）

中国注册会计师：×××
（签名并盖章）
20×6年×月×日

【例6-7】(1) A公司是一家生产和销售炸药的公司，因危险性较高，保险公司不愿为其财产进行保险，而该公司未在会计报表附注中加以揭示。该公司财产有可能因一次爆炸事件而损坏无遗，但该公司管理非常有效，从未出现爆炸损失。

(2) B公司已审计后的会计报表中反映出其当年亏损1 200万元，净资产已成-200万元，管理当局尚无具体改善措施，但已在会计报表附注中进行了充分披露。

(3) 注册会计师是第一次对C公司进行审计，在审计过程中，被审计单位不同意注册会计师对期初余额进行审计。审计完毕后，注册会计师认为本期财务报表的编制符合企业会计准则的要求，也公允反映了被审单位的财务状况、经营成果和现金流量。

(4) D公司在审计期间的一笔250万元的销售款在审计报告日以后会计报表公布日之前被退回，注册会计师提请被审单位修订会计报表，被审单位予以拒绝。

要求：你作为注册会计师，在上列相互独立的四种情况下，应出具何种审计意见？

解析：

(1) 出具无保留意见的审计报告。通常保险公司不愿意承担财产保险的可能损失，“未保险”不需在会计报表附注中揭示。

(2) 被审计单位存在对持续经营能力产生重大影响的情况，注册会计师应出具附有强调事项段的无保留意见的审计报告。

(3) 由于注册会计师的审计范围受到限制，注册会计师可视期初余额对本期财务报告的影响大小发表保留意见或无法表示意见的审计报告。

(4) 该事项属于需调整的期后事项，注册会计师应提请被审计单位调整会计报表，若被审计单位拒绝调整，注册会计师应出具保留意见的审计报告。

【拓展阅读】

我国第一份无法表示意见审计报告

上海普华大华会计师事务所1998年对石家庄宝石电子玻璃股份有限公司（以下简称宝石公司）1997年年报出具了拒绝表示意见的审计报告，以一种特殊的方式告诉投资者一种特殊的信息。

原因：宝石公司1997年每股亏损0.878元，注册会计师认为宝石公司1997年产品积压、生产停顿，无法判断其持续经营能力，因此无法对其报表整体发表意见。

其一，宝石公司生产的黑白电视机在1997年市场价格混乱，降至原来价格的60%，低于其成本；其二，彩壳子公司产品价格下降20%；其三，黑白玻壳生产炉子按计划停炉检修，要其再生产已不可能。注册会计师无法获取该公司有持续生产能力的证据，也无法确定该公司的存货计价是否合理；资产炉子变现能力无法确定；流动负债超过流动资产7亿元，资产负债率高；该公司有B股（人民币特种股票）。注册会计师出于谨慎，只能出具拒绝表示意见的审计报告。

【思考与练习】

一、单项选择题

1. 如果期初余额对本期会计报表存在重大影响，但无法对其获取充分、适当的审计证据，注册会计师应当对本期会计报表发表（　　）。

A. 无保留意见　　B. 保留意见或否定意见

C. 保留意见或无法表示意见　　D. 否定意见或无法表示意见

2. 以下有关管理层声明的表述中，不恰当的是（　　）。

A. 管理层声明是指被审计单位管理层向注册会计师提供的关于财务报表的各项陈述

B. 管理层声明包括书面声明和口头声明

C. 在特定情况下，管理层声明可以替代能够合理预期获取的其他审计理论证据

D. 如果合理预期不存在其他充分、适当的审计证据，注册会计师应当就财务报表具有重大影响的事项向管理层获取书面声明

3. ××有限责任公司委托会计师事务所审计，其审计报告的收件人应为（　　）。

A. ××有限责任公司全体股东　　B. ××有限责任公司董事会

C. ××有限责任公司全体职工　　D. ××有限责任公司董事长

4. 在（　　）情况下，注册会计师应出具无保留意见的审计报告。

A. 拒绝提供应收账款明细账　　B. 拒绝提供实收资本明细账

C. 拒绝提供银行存款凭证　　D. 拒绝提供应收账款明细账

5. 审计报告一般由（　　）编制。

A. 业务助理人员　　B. 注册会计师

C. 审计项目负责人　　D. 主任注册会计师

6. 注册会计师出具无保留意见审计报告，如果认为必要，可以在（　　）增加说明段，增加对重要事项的说明。

A. 意见段之后　　B. 范围段之后

C. 意见段之前　　D. 范围段之前

7. 甲注册会计师对 A 公司 2015 年财务报表组成部分出具审计报告时，为避免财务报表使用者产生误解，注册会计师应当提请被审计单位不应在财务报表组成部分的审计报告后附送（　　）。

A. 整体财务报表　　B. 汇总财务报表

C. 合并财务报表　　D. 组成部分的财务报表

8. 注册会计师对特定日期与财务报表相关的内部控制进行审核，其发表审核意见的对象是（　　）。

A. 被审核单位内部控制的合理性　　B. 被审核单位内部控制的一贯性

C. 被审核单位内部控制的有效性　　D. 被审核单位内部控制的完整性

9. 当被审计单位会计政策的选用、会计估计的作出或财务报表的披露不符合适用的会计准则和相关会计制度的规定，或因审计范围受到限制，无法获取充分、适当的审计证据，金额超过重要性水平且影响广泛，将会全面影响财务报表使用者的决策，注册会计师应当出具（　　）的审计报告。

A. 保留意见加强调事项　　B. 否定意见

C. 无法表示意见　　D. 否定意见或无法表示意见

10. 注册会计师对期后事项进行审计时，其应负责任的日期应以（　　）为限。

A. 审计报告日　　B. 审计工作底稿复核完毕日

C. 审计报表完成日　　D. 延长外勤审计工作结束日

二、多项选择题

1. 保留意见审计报告的意见段可使用的专业术语有（　　）。

A. 除上述问题造成的影响以外

B. 由于上述问题造成的重大影响

C. 除上述情况待定以外

D. 由于审计范围受到严重限制

2. 在评价财务报表是否实现公允反映时，注册会计师应当考虑的内容有（　　）。

A. 管理层作出的会计估计是否合理

B. 财务报表是否作出充分披露，使财务报表使用者能够理解重大交易和事项对被审计单位财务状况、经营成果和现金流量的影响

C. 财务报表的整体列报、结构和内容是否合理

D. 财务报表（包括相关附注）是否公允地反映了相关交易和事项

3. 下列属于管理层对财务报表责任的有（　　）。

A. 按照适用的财务报告编制基础编制财务报表，并使其实现公允反映

B. 对财务报表是否不存在重大错报获取合理保证

C. 设计、执行和维护必要的内部控制，以使财务报表不存在由于舞弊或错误导致的重大错报

D. 在执行审计工作的基础上对财务报表发表审计意见

4. 注册会计师在确定审计报告日期时，以下属于确认审计报告日条件的有（　　）。

A. 构成整套财务报表的所有报表已编制完成

B. 被审计单位的董事会、管理层或类似机构已经认可其对财务报表负责

C. 应当提请被审计单位调整的事项已经提出，但被审计单位还未进行调整

D. 相关附注已编制完成

5. 注册会计师与管理层在会计政策选用方面的分歧，主要体现在以下方面（　　）。

A. 管理层选用的会计政策不符合适用的会计准则和相关会计制度的规定

B. 管理层选用的会计政策不符合具体情况的需要

C. 管理层选用了不适当的会计政策，导致财务报表在所有重大方面未能公允反映被审计单位的财务状况、经营成果和现金流量

D. 管理层选用的会计政策没有按照适用的会计准则和相关会计制度的要求得到一贯运用，即没有一贯地运用于不同期间相同的或者相似的交易和事项

6. 下列情况中，注册会计师应当发表保留意见或无法表示意见的有（　　）。

A. 因审计范围受到被审计单位限制，注册会计师无法就可能存在的对财务报表产生重大影响的错误与舞弊，获取充分、适当的审计证据

B. 因审计范围受到被审计单位限制，注册会计师无法就对财务报表可能产生重大影响的违反或可能违反法规行为，获取充分适当的审计证据

C. 注册会计师已经按照中国注册会计师审计准则的规定计划和实施审计工作，在审计过程中未受到限制

D. 被审计单位管理层拒绝就对财务报表具有重大影响的事项，提供必要的书面声明，或拒绝就重要的口头声明予以书面确认

7. 下列情况中，注册会计师应当发表保留意见或无法表示意见的有（　　）。

A. 因审计范围受到被审计单位限制，注册会计师无法就可能存在的对财务报表产生重大影响的错误与舞弊，获取充分、适当的审计证据

B. 因审计范围受到被审计单位限制，注册会计师无法就对财务报表可能产生重大影响的违反或可能违反法规行为，获取充分适当的审计证据

C. 注册会计师无法确定已发现的错误与舞弊对财务报表的影响程度

D. 被审计单位管理层拒绝就对财务报表具有重大影响的事项，提供必要的书面声明，或拒绝就重要的口头声明予以书面确认

8. 同时符合下列（　　）条件时，注册会计师应当出具无保留意见的审计报告。

A. 注册会计师已经按照中国注册会计师审计准则的规定计划和实施审计工作，在审计过程中未受到限制

B. 财务报表已经按照适用的财务报告编制基础编制，在所有方面公允反映了被审计单位期末的财务状况、经营成果和现金流量

C. 注册会计师已经按照中国注册会计师独立审计准则的要求计划和实施审计工作，在审计过程中未受到限制

D. 财务报表已经按照适用的财务报告编制基础编制，在所有重大方面公允反映了被审计单位的财务状况、经营成果和现金流量

9. 下列有关审计报告的描述中错误的有（　　）。

A. 如果因会计政策的选用、会计估计的作出或财务报表的披露不符合适用的会计准则和相关会计制度的规定而出具保留意见的审计报告时，注册会计师还应当在注册会计师的责任段中提及这一情况

B. 无法表示意见不同于否定意见，否定意见通常仅仅适用于注册会计师不能获取充分、适当的审计证据；如果注册会计师发表无法表示意见，则必须获得充分、适当的审计证据

C. 现金、银行存款均属于敏感性高、流动性强的资产账户，但是在审计过程中，如果注册会计师发现这两个账户在分类上出现错误，所作出的反映不会比发现销售业务没有入账更加强烈

D. 当存在重大不确定事项时，如果被审计单位已在财务报表附注中进行了充分披露，注册会计师应当出具保留意见的审计报告

10. 注册会计师应针对下列（　　）事项出具带强调事项段的审计报告。

A. 重大诉讼的未来结果存在不确定性

B. 存在已经或持续对被审计单位财务状况产生重大影响的特大灾难

C. 由于董事会未能达成一致，难以确定未来的经营方向和战略

D. 提前应用对财务报表有广泛影响的新会计准则

三、判断题

1. 注册会计师对审计报告的审计责任的时间划分为被审计的财务报表报出日，即此前存在或产生的影响财务报表列报与披露的事项，注册会计师应承担审计责任，此后的则不承担审计责任。（　　）

2. 在发生重大不确定事项时，如果被审计单位已在财务报表附注中进行了充分披露，注册会计师应当出具保留意见的审计报告。（　　）

3. 注册会计师应当按照中国注册会计师审计准则的规定对财务报表发表审计意见，但没有责任确定其他信息是否得到适当陈述。（　　）

4. 注册会计师在出具保留意见或否定意见的内部控制审核报告时，应在审核报告的范围段之后另设说明段。（　　）

5. 对于审计报告日至会计报表公布日所发生的期后事项，注册会计师应专门向被审计单位询问。（　　）

6. 如在会计报表公布日后获知审计报告日已经存在但尚未发现的期后事项，注册会计师应当与被审计单位讨论如何处理，并考虑是否需要修改已审计会计报表，如被审计单位拒绝采取适当措施，注册会计师应当考虑是否修改审计报告。（　　）

7. 根据审计形成的相关审计结论对所审计会计报表的影响，决定发表审计意见的类型。（　　）

四、简答题

1. 甲注册会计师作为Z会计师事务所审计项目负责人，在审计以下单位2015年度财务报表时分别遇到以下情况：

（1）A公司拥有一项长期股权投资，账面价值为500万元，持股比例为30%。2010年12月31日，A公司与K公司签署投资转让协议，拟以450万元的价格转让该项长期股权投资，已收到价款300万元，但尚未办理产权过户手续，A公司以该项长期股权投资正在转让之中为由，不再计提减值准备。甲注册会计师确定的重要性水平为30万元，A公司未审计的利润总额为120万元。

（2）B公司于2014年5月为L公司1年期银行借款1 000万元提供担保，因L公司不能及时偿还，银行于2015年11月向法院提起诉讼，要求B公司承担连带清偿责任。2015年12月31日，B公司在咨询律师后，根据L公司的财务状况，计提了500万元的预计负债。对上述预计负债，B公司已在财务报表附注中进行了适当披露。截至审计工作完成日，法院未对该项诉讼做出判决。

（3）C公司在2015年度向其控股股东M公司以市场价格销售产品5 000万元，以成本加成价格（公允价格）购入原材料3 000万元，上述销售和采购分别占C公司当年销货、购货的比例为30%和40%，C公司已在财务报表附注中进行了适当披露。

（4）甲注册会计师在审计时发现D公司应在2015年6月确认的一项销售费用200万元没有进行确认。D公司在编制2014年度财务报表时，未对此项会计差错进行任何处理。D公司2015年度利润总额为180万元。

（5）E公司于2015年年末更换了大股东，并成立了新的董事会，继任法定代表人以刚上任而不了解以前年度情况为由，拒绝签署2015年度已审计财务报表和提供管理层声明书。原法定代表人以不再继续履行职责为由，也拒绝签署2015年度已审计财务报表和提供的管理层声明书。

要求：假定上述情况对各被审计单位2015年度财务报表的影响都是重要的（各个事项相互独立），并且对于各事项被审计单位均拒绝接受甲注册会计师提出的审计处理建议（如有）。在不考虑其他因素影响的前提下，请分别针对上述5种情况，判断甲注册会计师应分别对其2015年度财务报表出具何种类型的审计报告，并简要说明理由。

2. W公司2014年以前的年度会计报表均是委托X会计师事务所注册会计师刘成、陈伟进行审计的。从2015年开始更换委托Y会计师事务所注册会计师王有为、李同进行审计。王、李二人于2016年3月10日完成了对W公司2015年度会计报表的实地审计工作。在复核审计工作底稿时，王、李发现存在以下几种主要情况：

（1）W公司在2015年年底将固定资产改良支出100万元全部作为费用处理。对此，前任会计师刘、陈二人已于2015年3月5日出具保留意见的审计报告，并作附注。2016年3月，王、李二人再次提请W公司对与此有关期初余额进行调整，但W公司拒绝采纳。

（2）M公司2015年6月状告W公司侵权案已于2016年2月10日审计完毕，W公司将向M公司赔偿200万元，但W公司拒绝在2016年度的会计报表中进行调整。

（3）2015年10月25日W公司销售一批产品，其售价为100万元，成本为60万元，于2016年1月8日被退回，W公司将此事项对2015年会计报表有关项目进行了调整。

（4）2016年3月2日W公司一成品库发生火灾，账面损失为500万元，W公司以该事项正在调查尚未公布调查结果为由拒绝在2015年度的会计报表附注中进行披露。

（5）W公司于2016年2月3日起诉N公司违约案已于2月10日被法院正式受理，W公司要求N公司赔偿损失380万元。据W公司的代理律师称，此案有80%的可能性胜诉。因此，在2014年度的会计报表中W公司坚持将与此有关的损失180万元作为其他应收款挂账处理，并在会计报表附注中对此进行了说明。

要求：分别对上述各种情况，指出王有为、李同应出具何种意见类型的审计意见。

第七章　内部控制

【引导案例】

基本案情：广东核电集团有限公司因内部控制不得当、不严密而产生的贪污、受贿、信息失真等问题愈演愈烈，严重扰乱了社会主义经济秩序，给国家和社会带来严重损失。随着我国政府对内部控制建设的逐渐加强，很多单位率先垂范，纷纷采取各种控制手段和方式加强对业务活动的控制，并已初见成效，广东核电集团有限公司就是成功的典范之一。该公司成立于1994年9月，注册资本102亿元人民币。该公司控股的广东核电合资有限公司负责经营的大亚湾核电站拥有两台百万千瓦级压水堆核电机组，年发电量130亿千瓦时以上，经济效益良好。该公司还利用核电发展中形成的各种资源和优势，积极发展实业、金融和商业等其他产业。

截至1998年年底该公司已拥有12个主要成员企业，总资产达426亿元，拥有员工3 742人。

2001年12月27日的《人民日报》曾报道称赞：中国广东核电集团依靠一套行之有效的内部控制体系，集团不仅实现了良好的经济效益，而且每年近250亿元人民币的现金流中没发生过任何重大的失误，更没有为此倒下一个主要干部。

案例点评：广东核电集团有限公司建立和实施的内部控制，其经典之处主要表现在以下4个方面：

（1）注重控制程序。在广东核电集团有限公司（以下简称中广核公司），最重要的和最权威的不是“领导”，而是控制程序，是规章制度。在该公司，凡事有章可循、凡事有据可查、凡事有人负责、凡事有人监督。多年以来，中广核公司上至总经理，下至每一位职工，已经形成了一切事情按程序办的好习惯。这种习惯已升华成一种企业文化，该文化又影响到企业的所有领域。

（2）控制环节细而全。以设备采购为例，每一笔采购业务都要经过预算、立项、合同、支付4个步骤，每一个合同从谈判到签字都要有这些部门的人员共同参加，任何一方都有否决权。这样严密而又相互制约的程序就是为了安全。随着业务熟练程度的加强，虽然环节较多，只要一切按程序做，就会一路绿灯，流程一点也不慢。

（3）突出审计监督。中广核公司审计最大的特点是控制全过程，即监督任何一个部门甚至总经理是否按照程序办事。从中广核公司审计的独立性来看，与其他公司相比，其地位较高，直接隶属于董事会。这样从总经理到每一位员工都是审计监督的对象。一旦查出问题，及时纠正，并严肃处理。在审计业务中，曾发生过“笔记本的故事”。故事的内容是这样的：中广核公司过节时给职工买笔记本。按照正常程序应该货比三家，采购部门一位副处长没有经过这个程序就签订了合同，每个笔记本是42元，总金额不到 2 万元。事后审计部门接到举报，街面上同样的笔记本卖 36 元。审计部门认为此事不正常，立项审计。虽然没查出办事人员拿回扣问题，但查出此事违反了规定程序，因此这个副处长被撤职。

（4）合理的公司治理结构。大亚湾核电站是中广核公司与香港中华电力公司合资的企业，虽然港方的投资股份只占 25%，但是香港投资者非常关注是投资收益，由香港投资者参与董事会对公司管理层特别是总经理的监督和管理目标具体而又实在。这样总经理有压力，自然会将压力分解到各个部门。由于产权明晰、责任明确，加上审计部门的监督，使整个控制系统有效运作而没有流于形式。

第一节　内部控制概述

一、内部控制的定义

内部控制是被审计单位为了合理保证财务报告的可靠性、经营的效率和效果以及对法律法规的遵守，由治理层、管理层和其他人员设计和执行的政策和程序。良好的内部控制能保证会计信息的可靠性和完整性，保证遵循政策、计划、程序、法律和法规，保护资产的安全，提高经营的经济性和有效性，保证完成所制定的经营或项目的任务和目标。审计人员在进行审计时，首先要研究与评价被审计单位的内部控制，这是现代审计的重要特征。

二、内部控制的目标

第一，保证业务活动按照适当的授权进行。

第二，保证所有交易和事项以正确的金额在恰当的会计期间及时记录于适当的账户，使会计报表的编制符合会计准则的相关要求。

第三，保证对资产和记录的接触、处理均经过适当的授权。

第四，保证账面资产与实存资产定期核对相符。

三、内部控制的作用与局限性

（一）内部控制的作用

内部控制的作用是指内部控制的固有功能在实际工作中对企业生产经营活动及外部社会经济活动所产生的影响和效果。内部控制的健全、实施与否是企业经营成败的关键。

具体来讲，内部控制的作用主要有以下几个方面：

（1）合理保证财务报告的可靠性。

（2）合理保证企业经营效率和效果。

（3）合理保证企业对法律法规的遵循。

（4）为现代审计方法提供必要的基础。

（5）有效防范企业经营风险。

（二）内部控制的局限性

（1）在决策时人为判断可能出现错误和由于人为失误而导致内部控制失效。

（2）可能由于两个或更多的人员进行串通或管理层凌驾于内部控制之上而被回避，内部控制一般仅针对常规业务活动而设计。

四、内部控制与现代审计的关系

内部控制既是被审计单位对其经济活动进行组织、制约、考核和调节的重要工具，也是审计人员用以确定审计程序的重要依据。在确定内部控制与审计的关系时，应明确以下几点：

第一，审计人员在执行会计报表审计业务时，不论被审计单位规模大小，都应当对相关的内部控制进行充分的了解。

第二，审计人员应根据其对被审计单位内部控制的了解情况，确定是否进行内部控制测试以及将要执行的控制测试的性质、时间和范围。

第三，对被审计单位内部控制的了解和控制测试，并非会计报表审计工作的全部内容。内部控制良好的单位，审计人员可能评估其控制风险较低而减少实质性测试程序，但不能完全取消实质性测试

五、内部控制的设计原则

第一，相互牵制原则。

第二，协调配合原则。

第三，程式定位原则。

第四，成本效益原则。

第二节　内部控制整体框架的内容

一、内部控制的组成

（一）内部控制思想的历史演进

内部控制理论的发展大致可以划分为内部牵制、内部控制制度、内部控制结构与内部控制整体框架等不同阶段。

（二）内部控制整体框架

内部控制是一个过程，受企业董事会、管理当局和其他员工影响，旨在保证财务报告的可靠性、经营的效果和效率以及现行法规的遵循。内部控制整体框架主要由控制环境、风险评估、信息系统与沟通、控制活动、对控制的监督五项要素构成。

1. 控制环境

控制环境包括治理职能和管理职能，以及治理层和管理层对内部控制及其重要性的态度、认识和措施。

在评价控制环境的设计时，注册会计师应考虑下列要素：

（1）对诚信和道德价值观念的沟通与落实。

（2）对胜任能力的重视。

（3）治理层的参与程度。

（4）管理层的理念和经营风格。

（5）组织结构。

（6）职权与责任的分配。

（7）人力资源政策与实务。

2. 风险评估

风险评估是对于经营相关的风险进行预见、识别的过程。该过程包括识别与财务报告相关的经营风险，以及针对这些风险所采取的措施。

在评价被审计单位风险评估过程的设计和执行时，注册会计师应当确定管理层如何识别与财务报告相关的经营风险，如何估计该风险的重要性，如何评估风险发生的可能性，如何采取措施管理这些风险。

3. 信息系统与沟通

与财务报告相关的信息系统包括用以生成、记录、处理和报告交易、事项和情况，对相关资产、负债和所有者权益履行经营管理责任的程序和记录。交易可能通过人工或自动化程序生成。记录包括识别和收集与交易、事项有关的信息。处理包括编辑、核对、计量、估价、汇总和调节活动，可由人工或自动化程序来执行。报告是指用电子或书面形式编制财务报告和其他信息，供被审计单位用于衡量和考核财务及其他方面的业绩。

与财务报告相关的信息系统应当与业务流程相适应。业务流程是指被审计单位开发、采购、生产、销售、发送产品和提供服务，保证遵守法律法规，记录信息等一系列活动。与财务报告相关的信息系统所生成信息的质量对管理层能否做出恰当的经营管理决策以及编制可靠的财务报告具有重大影响。

与财务报告相关的信息系统通常包括下列职能：

（1）识别与记录所有的有效交易。

（2）及时、详细地描述交易，以便在财务报告中对交易做出恰当分类。

（3）恰当计量交易，以便在财务报告中对交易的金额进行准确记录。

（4）恰当确定交易生成的会计期间。

（5）在财务报表中恰当列报交易。

4. 控制活动

控制活动是指有助于确保管理层的指令得以执行的政策和程序，包括授权、业绩评价、信息处理、实物控制和职责分离等相关活动。

注册会计师应当了解的控制活动主要包括下列要素：

（1）了解与授权有关的控制活动。

（2）了解与业绩评价有关的控制活动。

（3）了解与信息处理有关的控制活动，包括信息技术一般控制和应用控制。

（4）了解实体控制。

（5）了解职责分离。

5. 对控制的监督

对控制的监督是指被审计单位评价内部控制在一段时间内运行有效性的过程。该过程包括及时评价控制的设计和运行，以及根据情况的变化采取必要的纠正措施。

以上 5 个要素实际内容广泛、相互关联。控制环境是其他控制要素的基础，控制环境不理想，企业的内部控制就不可能有效；在规划控制活动时必须对企业可能面临的风险有全面的了解；控制活动、控制政策和程序必须在组织内部有效地沟通；内部控制的设计和执行必须受到有效的监控。

二、内部控制的内容

设计内部控制，可以根据企业特征和需求（如企业规模、业务构成、管理水平等)，对内部控制要素加以有机组合。我国企业目前内部控制的基本内容可从合规、合法性控制和组织规划控制来考察。

组织规划控制主要包括不相容职务的分离、组织机构的相互控制、授权批准控制、预算及目标计划控制、信息质量控制、财产安全控制、人员素质控制、内部审计控制。

【例 7-1】A 公司是一家从事食品批发兼零售的商业企业，去年出现了如下错误和不法行为：

(1) 货物发出后，为向顾客收款而开具的销售发票，销售价格不对，因为在进行计算机输入时，输入了错误的销售价格。

(2) 有一笔购货发生了重复付款。在第一次付款 3 周后，A 公司收到供货商发货单的复印件，因而又付了一次款。

(3) 收到购入的牛肉后，仓库的员工将一小部分牛肉放入自己的手提袋带回家，其余部分则放入 A 公司的冷冻冰柜，然后按照总共收到的数量而不是入库的实际数量填写入库单，送交财会部。

(4) 在对零售商店的存货进行盘点时，某些柜组将一些商品的数量误记在另一些商品的名目下，在盘点数量时也出现了错误。

(5) 12 月 31 日，A 公司有一批牛肉已经装车，但尚未发运，存货盘点时将其纳入了盘点范围。发货单是 12 月 31 日填制的，因此这批存货对应的销售也在去年确认了。

要求：

(1) 对每一个错误和不法行为，指出缺乏的一种或多种内部控制类型。

(2) 对每一个错误和不法行为，指出没有达到的交易相关审计目标。

(3) 对每一个错误和不法行为，指出能克服它的一个控制措施。

解析：

(1) 缺乏独立稽核，没有达到的审计目标是“记录的交易按照正确的金额反映

（准确性）”。克服的控制措施如在销售发票打印出来前，由另一个人将电脑中的销售价格与供货合同、发货单核对。

（2）缺乏凭证和记录控制（第一次付款没有登记在相应的会计账户中，没有在已经付过款的购货凭证上作记号），经济业务没有经过适当授权（付款应该取得有关负责人的批准，而有关负责人在批准是否付款时将审核发货单）。没有达到的审计目标是“记录的交易按照正确的金额反映（准确性）”。克服的控制措施如及时登记会计账户，付款时在购货凭证上做标记，但凡购货付款，都应核对购货凭证，并取得有关负责人的审核同意。

（3）不相容职务没有充分分离，仓库的员工一面清点验收货物，一面填写入库单；缺乏必要的资产接触控制，仓库的员工能够将牛肉带出仓库；缺乏必要的独立稽核，内部审计部门没有不定期地盘点存货。没有达到的审计目标是“记录的交易按照正确的金额反映（准确性）”。克服的控制措施如设立购货验收部门，由验收部门的员工会同仓库的员工清点入库的货物，填写入库单，入库单上必须有两个部门人员的签字；仓库应设立门卫，员工出入携带物品应接受检查；内部审计部门应不定期地对仓库的存货进行抽点。

（4）缺乏独立稽核，没有人对盘点进行监督。没有达到的审计目标有记录的交易按照正确的金额反映（准确性）以及交易被恰当分类（分类）。克服的控制措施如由两个人独立地对同一批商品进行盘点。

（5）会计系统出现差错，没有依据装运单确认销售（如果是起运点交货）。没有达到的审计目标是交易在正确的日期记录（截止）。克服的控制措施如依据装运单确认销售的实现。

第三节　内部控制评审

内部控制评审又称内部控制审计，是指在对企业内部控制了解和描述的基础上所进行的测试、检查、分析、判断和评价活动。内部控制评审的最终目的是确定被审计单位内部控制的健全性、有效性和风险水平，从而决定对它的依赖（信赖）程度，确定采用抽样还是详查，以及抽取样本的规模和数量。

一、了解内部控制

了解和掌握被审计单位的内部控制是审计人员检查内部控制的首要步骤，主要包括以下几个方面内容：

第一，询问被审计单位的有关人员，并检查相关内部控制文件。

第二，检查内部控制生成的凭证和记录。

第三，观察被审计单位的业务活动和内部控制的运行状况。

第四，选择若干具有代表性的交易和事项进行穿行测试。

二、记录对内部控制了解的情况

常用的内部控制的记录和描述方法通常有文字叙述法、调查表法（调查问卷法）和流程图三种。

（一）文字叙述

文字叙述法可以对调查对象进行比较深入和具体的描述，内容比较灵活，对任何单位、任何业务都可以使用。文字叙述法的缺点是采用文字叙述法进行描述时，有时很难用简明易懂的语言来描述内部控制系统的细节，文字叙述较为冗长。对业务处理流程及其控制的反映不够直观，不利于审计人员对内部控制进行分析评价。因此，适用于内部控制程序比较简单、比较容易描述的中小型企业。

（二）调查表法（调查问卷法）

调查表法的优点是调查范围明确、问题突出、简便易行、省时省力、直观性强。调查表法的缺点是对被审计单位的内部控制只能按所提问题分别考察，无法反映内部控制实际情况和存在问题的严重程度。

表 7-1　　内部控制调查问卷——财务报告篇

填报单位：　　　　　　　　　　　　　　　　　　　　　　　　日期：

内容		是	否	不适用	现状情况说明及合理化建议
岗位分工与职责安排	（1）企业是否建立财务报告编制与披露的岗位责任制，明确相关部门和岗位在财务报告编制与披露过程中的职责和权限，确保财务报告的编制与披露和审核相互分离、制约和监督				
	（2）企业内部参与财务报告编制的各单位、各部门是否及时向财会部门提供编制财务报告所需的信息，并对所提供信息的真实性和完整性负责				
	（3）企业是否建立投诉举报制度，在确保维护举报人员权益的同时，及时向董事会报告财务舞弊或造假行为				
	（4）企业是否规定有关人员对授意、指使、强令编制虚假或者隐瞒重要事实的财务报告的，有权拒绝并及时向有关部门和人员报告				

表7-1(续)

内容		是	否	不适用	现状情况说明及合理化建议
财务报告编制准备及其控制	(1) 企业财会部门是否制订年度财务报告编制方案，明确年度财务报告编制方法、年度财务报告会计调整政策、披露政策及报告的时间要求等				
	(2) 企业是否制定对会计报表可能产生重大影响的交易或事项的判断标准，对会计报表可能产生重大影响的交易或事项，是否将其会计处理方法及时提交董事会审议				
	(3) 企业是否将涉及变更会计政策、调整会计估计的事项，及时提交董事会审议				
	(4) 企业是否在会计期末进行结账，是否为赶编会计报表而提前结账				
	(5) 企业是否及时对账，将会计账簿记录与实物资产、会计凭证、往来单位或者个人等进行相互核对，保证账证相符、账账相符、账实相符				
	(6) 企业是否根据实际情况制定重大调账事项的标准，明确相应的报批程序				
财务报告编制及其控制	(1) 企业是否按照国家统一的会计准则制度规定的会计报表格式和内容，根据登记完整、核对无误的会计账簿记录和其他有关资料编制会计报表				
	(2) 企业是否真实、完整地在会计报表附注和财务情况说明书中说明需要说明的事项				
	(3) 对于需要编制合并报表的，财会部门是否将确定合并会计报表编制范围的方法以及发生变更的情况及时提交董事会审议				

表7-1(续)

内容		是	否	不适用	现状情况说明及合理化建议
财务报告的报送与披露及其控制	企业是否建立财务报告报送与披露的管理制度，确保在规定的时间，按照规定的方式，向内部相关负责人及其外部使用者及时报送财务报告				
	企业是否根据国家法律法规和有关监管规定，聘请会计师事务所对企业财务报告进行审计				
	企业总会计师或经理是否与负责审计的注册会计师就其所出具的初步审计意见进行沟通，并将沟通的情况及意见签字确认后，及时提交董事会审议				
	企业是否按照国家法律法规和有关监管规定，将经过审计的财务报告装订成册，加盖公章，并由企业经理、总会计师、会计机构负责人签名				
自我评价：优秀（ ） 良好（ ） 一般（ ） 差（ ）					

（三）流程图法

流程图法的优点是能够清楚地反映各项业务活动的职责分工、授权批准、复核验证等控制措施和功能，形象直观并把文字叙述减少到最低限度，可以使审计人员全面了解内部控制的运行状况，有助于发现内部控制的不足。流程图法的缺点是编制流程图需要一定的技术和花费较多的时间，而且内部控制某些弱点有时很难在流程图中明确地表达出来。

三、内部控制测试

（一）内部控制测试的内容

内部控制测试的内容包括内部控制设计的测试和内部控制执行的测试两个方面。

1. 内部控制设计的测试

内部控制设计的测试主要是针对内部控制系统健全性、合理性的测试。目的在于判断被审计单位的控制政策和程序设置得是否合理、适当以及是否能够防止、发现和纠正特定会计报表认定的重大错报或漏报。

2. 内部控制执行的测试

内部控制执行的测试主要是针对内部控制执行有效性的测试。目的在于判断被审计单位的控制政策和程序是否实际发挥作用。

在审计工作中，出现下列情况之一时，审计人员不进行控制测试，直接实施实质性测试程序：

第一，相关内部控制不存在。

第二，相关内部控制虽然存在，但未有效运行。

第三，控制测试的工作量可能大于测试。

（二）控制测试的方法

对被审计单位的内部控制进行测试，一般使用统计抽样法，对抽出的样本进行审核时，常用的方法如下：

第一，检查证据法。

第二，验证法。

第三，实地观察法。

（三）控制测试的种类

1. 同步控制测试

这种测试是审计人员取得对内部控制的了解时，同时执行的测试。这种控制测试不是必需的，而是审计人员有选择地执行的。

2. 追加控制测试

这种测试在外勤工作中执行。执行追加控制测试是为了进一步降低审计人员对控制风险的评估水平。

3. 计划控制测试

这种测试也在外勤工作中执行。在选用较低的控制风险估计水平法下必须执行这种测试。执行的目的是为了支持审计人员计划的实质性测试水平。

（四）控制测试的范围

在审计实务中，审计人员执行控制测试的范围并不是越大越好，而是要求审计人员从最经济有效地实现审计目标的总体要求出发，合理地确定测试的范围。

（五）控制测试的时间

从审计有效性的角度来看，控制测试应尽可能安排在期中审计的后期执行。如期中审计已进行控制测试，审计人员在决定完全信赖其结果前，应考虑以下因素：

第一，以进一步获取期中至期末的相关审计证据。

第二，期中审计控制测试的结论。

第三，期中审计后剩余时间的长短。

第四，期中审计后内部控制的变动情况。

第五，期中审计后发生的交易和事项的性质和金额。

第六，拟实施的实质性测试程序。

四、控制风险评估

（一）控制风险评估的概念

控制风险评估是指评估企业内部控制在防止或者发现和更正会计报表里的重大错报有效程度的过程，即对内部控制的可信赖度做出评价。

（二）控制风险评估水平的确定

审计人员只有在确认以下事项的情况下，才能将控制风险评价为高水平：

第一，控制测试和程序与认定不相关。

第二，控制政策和程序无效。

第三，取得证据来评价控制政策和程序显得不经济。

审计人员只有在确认以下事项的情况下，才能将控制风评价为低水平：

第一，控制政策和程序与认定相关。

第二，通过控制测试已获得证据证明测试有效。

（三）控制风险评估结果对实质性测试的影响

如果控制风险评估太低，将使审计人员可能没有执行足够的实质性测试，进而导致审计无效。

如果控制风险评估太高，审计人员将执行比所需要的还要多的实质性测试，致使审计测试不经济、无效率。

第四节　管理建议书

一、管理建议书的定义

管理建议书是指注册会计师在完成审计工作后，针对审计过程中注意到的、可能导致被审计单位会计报表产生重大错报的内部控制重大缺陷提出的书面建议。提交管理建议书是注册会计师的职业责任，是向被审计单位提供的最有价值的服务之一。

二、管理建议书的结构和内容

（一）管理建议书的基本结构和内容

（1）标题。

（2）收件人。

（3）会计报表的审计目的及管理建议书的性质。

（4）前期建议改进但仍未改进的内部控制重大缺陷。

（5）本期审计发现的内部控制重大缺陷及其影响和改进建议。

（6）适用范围及使用责任。

（7）签章。

（8）日期。

（二）管理建议书的结构和内容举例

【例 7-2】

管理建议书

××有限公司管理部门：

我们已对贵公司 2015 年度的会计报表进行了审计。在审计中，根据规定的工作程序，我们了解了贵公司内部控制中有关会计制度、财务管理制度等有关方面的情况，并进行了分析和研究。我们认为，根据贵公司的生产经营规模和管理需要，现有的内部控制总体上是比较健全的，但为了适应贵公司进一步扩大经营和提高管理水平的需要，使内部控制更加完善，现将我们发现的内部控制方面的某些问题及改进建议提供给你们希望引起你们的注意，并能具有一定的参考价值。

一、关于会计制度方面问题的评价及建议

贵公司的会计核算符合要求，基本上能够全面、正确地反映经济业务，基本遵循了国家有关会计制度的规定。但在审计中我们也发现了以下一些问题：

（1）贵公司在发生销售退回时，只填制退货发票；退款时，没有取得对方的收款收据或汇款银行凭证，会计人员根据退货发票进行相应的会计处理。对这一做法的不当性，我们已向有关人员提出，他们愿意考虑我们的意见。

（2）贵公司的银行存款日记账与银行对账单没有按月核对并编制银行存款余额调节表。由于没有按月进行银行对账，贵公司财务部门不能及时了解未达账项，在一定程度上影响了财务分析工作，也留下了错弊的隐患。建议贵公司今后把银行对账工作制度化。

二、存货管理中存在的问题及建议

贵公司存货占用的流动资产数额过大。贵公司流动资产共计×万元，其中存货占用85%，应当成为资产管理的重点。

我们建议贵公司应注意以下几方面的工作：

（1）认真做好存货的盘点工作。贵公司自上一会计年度终了对存货清查至今，再未进行盘点。贵公司的存货账与我们查账中抽查结果出现一定差异。我们认为，只有及时获得存货的实存情况，才能够加强对存货的管理，并及时处理有关问题。

（2）积极处理积压产品。贵公司目前产成品占用资金达×万元，占全部存货的50%，为了加速流动资产的周转，减少仓储成本和利息支出，建议贵公司加强市场预测，及时进行产品的推销和处理。

我们提供的这份管理建议书，不在审计业务约定书约定项目之内，是我们基于为企业服务的目的，根据审计过程中发现的内部控制问题而提出的。因为我们主要从事的是对会计报表的审计，所实施的审计范围是有限的，不可能全面了解企业所有的内部控制弱点可能或已经造成的影响。对于上述内部控制问题，我们已与有关管理部门或人员交换过意见，他们已确认上述问题的真实性。

本管理建议书只提供给贵公司。另外，我们是接受贵公司董事会委托而进行此次审计工作，根据他们的要求，请将管理建议书内容转达给他们。

会计师事务所（公章）　　　　　中国注册会计师：（签名盖章）　　（地址）

2016 年 2 月 20 日

三、管理建议书的编制和出具要求

第一，注册会计师在编制管理建议书之前，应该对审计工作底稿记录的内部控制重大缺陷及其改进建议进行复核，并以经过复核的审计工作底稿为依据，编制管理建议书。

第二，管理建议书反映的内部控制缺陷，可按其对会计报表的影响程度排列。

第三，在出具管理建议书之前，注册会计师应当与被审计单位的有关人员讨论管理建议书的相关内容，以确定所属重大缺陷是否属实。

【拓展阅读】

丰田汽车公司是一家总部设在日本爱知县丰田市和东京都文京区的汽车工业制造公司，隶属于日本三井财阀。丰田汽车公司自 2008 年开始逐渐取代通用汽车公司而成为全世界排行第一位的汽车生产厂商，其旗下品牌主要包括凌志、丰田等高端和中低端车型。

丰田汽车的油门踏板因设计问题在踩下去之后可能无法恢复到正常位置，存在极大安全隐患，2010 年 1 月起，丰田公司开始召回 8 款车型（RAV4、Matrix、Avalon 等），全球召回总量接近 1 000 万辆。2010 年 2 月，继“踏板门”后，丰田汽车因为混合动力车普锐斯刹车系统出现问题，再次进行全球范围的大规模召回，在日、美两大市场召回的混合动力汽车预计总量为 27 万辆。大规模召回行动损害了丰田汽车安全、可靠的形象，可能给丰田汽车带来长期的信用和品牌声誉损失。“品质和安全”这一曾经的“看家法宝”，正在为频繁出现的“召回门”事件所侵蚀。召回事件给丰田汽车公司带来的损失不仅包括修复油门踏板的直接费用以及丰田汽车公司今后的促销让利，还包括声誉上的损失以及相应的官司费用。据统计，2010 年 1 月份，丰田汽车在美国市场销量同比下降 15.8%，市场份额环比下降 4.1 个百分点，降至 14.1%。据摩根大通分析师估计，召回事件给丰田汽车公司带来的直接损失将高达 18 亿美元（2010 年 1 美元约等于 6.8 元人民币，下同）。此外，8 种问题车型因修复油门踏板而被停售导致的损失也将高达 7 亿美元。

丰田公司内部控制分析如下：

从各个厂家召回的原因来看，厂商设计不合理、生产管理不严格、供应商零配件不合格是造成召回的三大原因，尤其是供应商的零配件不合格问题更是突出。

1. 控制环境——疯狂扩展的管理文化

一直以来，丰田汽车公司的管理和丰田汽车的质量都是国内外众多企业争相效仿和学习的榜样。传统的丰田汽车公司从来不追求市场份额、利润等短期利益，做决定也都是从长期着眼。正是凭借这种策略，丰田汽车获得了质优价廉的口碑。但从1995年奥田硕担任丰田汽车公司董事长开始，丰田家族低调、保守的行事作风被抛弃，开始经历从保守到激进的转变。在疯狂的扩张战略目标下，速度和降低成本被放在了首位。在丰田汽车公司急剧扩张的同时，一些隐忧被骄傲的经营数字所取代。2005—2009年是丰田汽车公司扩张最快的5年，同时也是丰田汽车公司在全球召回事件频发的5年。丰田汽车公司盲目扩大规模又导致产能的大量过剩。据日本媒体报道，2007年2月，丰田汽车公司宣布将在美国密西西比州建立其北美的第八家工厂。但到2008年，美国的汽车销售陷入低迷，丰田汽车在北美的库存积压严重，丰田汽车公司几乎陷入全面产能过剩的境地。丰田汽车公司亏损后受命挽救丰田汽车公司的总裁丰田章男表示，过去的飞速扩张浪费了丰田汽车公司的资源。

在市场竞争日趋激烈的背景下，企业的海外扩张是全球化发展战略的需要，这有助于企业在全球范围内合理、有效地配置资源，提高效率，节约成本。但是与此同时，企业会同时面临要素整合、成本控制、管理模式、文化冲突等问题，在扩大规模、提高产能的同时，必须将相关各个方面都整合好、协调好，才算是真正成功的扩张。企业规模的扩张幅度和速度不能超出自身监管能力及人才培养速度。丰田汽车公司为了尽快登上“世界第一”的宝座，一味追求速度与规模，一方面通过“21世纪成本竞争力建设”控制成本来保持利润，另一方面又不断增加产品类型、拓展新的业务区域。于是相应的管理层次逐渐增多，组织结构也变得异常庞大，这无疑大大降低了企业的运营效率，而更为致命的是，由于过分注重市场而忽视了产品本身，企业对产品质量的监管也因此出现了漏洞。

2. 控制活动——淡化的“精益生产”

谈到丰田汽车公司，就不能不谈它的“丰田生产方式”(TPS)，又称“精益生产方式”，该生产方式曾被奉为制造业的经典，在世界范围内广为流行。所谓“丰田生产方式”，其核心思想是“Just In Time”（JIT，准时制生产方式），即只在需要的时候，按需要的数量生产所需的产品。也就是说，紧密结合市场需求，在逐步改善、提高质量的基础上，最大限度地降低成本，通过秉承自动化和准时化两大理念来确保一定的收益。“丰田生产方式”自20世纪后期推广之后，成就了丰田汽车公司的飞速发展。不过，丰田汽车公司最初并没有盲目扩张，而是在该生产方式的基础上，养精蓄锐，在具备一定竞争实力之后，才果断进军海外市场。随着丰田汽车公司在海外市场的不断扩张，“精益生产方式”也随之渗透到海外，丰田汽车公司供应体系内的零部件厂商要按此理念提供及时、高质量的零部件。同时，各分公司与总部之间要保持信息畅通。比如在技术要求、产品质量、成本控制、顾客投诉、售后服务等方面，都要与总公司建立及时、准确的联系和沟通。但是随着丰田汽车公司海外扩张规模的不断扩大，整个生产、供应链条开始变得异常冗长、繁杂，对整个链条的掌控便成为丰田汽车公司面临的头等难题。如果链条上任何一个环节出问题那将会拖累到很多环节，并且给企业造成无法估量的损失。无论是“脚垫门”“踏板门”还是“刹车门”，都让丰田汽车公司深陷召回泥潭，而精益生产方式在海外市场的适用性也因此受到质疑。丰田汽车公司在高速扩张的过程中，成功实现了成本控制和利润最大化，但却在一定程度上忽视了产品品质和监管等细节，而被忽视的恰恰是精益生产方式得以存在和发展的保障。尽管不能因为有“召回门”就对精益生产方式全盘否定，但必须正视这种生产及管理方式给丰田汽车公司带来的困境。精益生产应该是将质量监管、品质监管、效率监管等贯穿于生产过程的始终，但是随着零部件通用平台的发展，利益追求似乎超越了对品质的掌控，丰田汽车公司的生产方式在成本、利润、竞争等多重压力的共同作用之下，逐渐偏离了原来的轨道，这是大家都不愿看到的结果。

3. 风险评估——零部件通用的成本控制模式

丰田汽车公司快速扩张的主要方式是在海外直接设厂生产。在市场竞争与追逐利润的双重压力下，丰田汽车公司尽最大可能压缩生产成本，措施之一便是直接在当地采购零部件，并形成整车生产与零部件供应商专业化协作的关系，逐步搭建起零部件的通用平台，即在不同级别的车型上采用相同零部件供应商，建立全球化的零部件供应体系。企业与供货商的这种专业化协作，利于他们共同面对市场，降低成本。这一制度在过去的5年里为丰田汽车公司节约了100亿美元，保证了丰田汽车公司近年来利润额的持续上升。也正是在丰田汽车公司的这种成本控制模式之下，丰田汽车公司才以低成本优势赶超美国通用汽车公司。但是辉煌的背后，却隐藏着相当大的风险。为尽可能地压缩成本以获取高额利润，丰田汽车公司大量使用低价位产品的供货商，因此产品质量难以保证。一个小部件的失误，使得一系列使用同种零件的汽车受到牵连。据外电报道，丰田汽车公司这次大范围召回的部分车型，如汉兰达、卡罗拉、凯美瑞等所使用的油门踏板均是由美国印第安纳州的零件生产商CTS公司独家供应的，足以说明该零部件通用平台的先天不足。当前汽车产业已经逐步实现全球化的生产与经营，产业分工越来越细、产业供应链越来越长、竞争越来越激烈。为降低成本、提高市场占有率，除了改进自身技术，加强内部管理之外，降低原材料和零配件的成本就成为各大汽车企业的重要选择。而汽车企业在此过程中，面临的首要问题就是对分布于全球范围内的零部件供应商进行质量监督与控制。“丰田危机”告诫我们，整车生产企业与零部件供货商的紧密合作关系，零部件通用化是一把双刃剑，在为企业降低成本、带来可观利润的同时，也会使企业置身于潜在的危险之中。在利用全球性的生产、供应网络发挥规模经济优势的同时，任何企业都要恪守“质量第一”的生命线。只有这样，企业才会在激烈的国际竞争中真正立足。

4. 信息沟通——突发事件应急处理机制不足

由召回演变为危机还有一个重要原因，即丰田汽车公司高层处理危机的态度。丰田汽车的刹车失灵、高速暴冲等问题早就见诸媒体，但这似乎并没有引起丰田汽车公司高层领导的重视。2009年8月，美国某个丰田汽车车主一家四口亡于车祸，而丰田汽车公司于两个月后才迫于美国政府和公众压力作出回应。即使丰田汽车开始大规模召回，丰田汽车公司总裁也没有立即现身，这显然不符合危机处理的“速度第一”原则。丰田汽车之后又因油门踏板、刹车系统有问题而大批召回，危机已经愈演愈烈。直到从全球召回540万辆汽车后，丰田汽车公司才认识到问题的严重性，丰田汽车公司总裁丰田章男才首次在达沃斯世界经济论坛上道歉。对丰田汽车公司来讲，事情发展到现在这个结果是出乎意料的，而这又恰恰是丰田汽车公司管理层最初采取的回避态度所招致的恶果。面对一系列汽车质量和安全问题，他们没有主动、积极面对，而是一拖再拖，“质量第一”和“顾客至上”成了空话。危机发生后，消费者最关心的是企业的态度。如果企业能够站在受害者的立场上表示同情和安慰，勇于披露信息和承担责任，主动向消费者致歉，便很容易赢得理解和信任。丰田汽车公司最初“犹抱琵琶半遮面”的态度无疑是作茧自缚，导致其陷入70多年发展史上最为严峻的品牌信任危机。

【思考与练习】

一、单项选择题

1. （　　）是企业实施内部控制的基础。

A. 内部环境　　B. 风险评估

C. 信息与沟通　　D. 内部监督

2. 以下不属于内部环境包括的内容是（　　）。

A. 单位的治理结构　　B. 授权审批控制

C. 内部审计机制　　D. 单位的人力资源政策

3. 下列机构中，应当对内部控制评价报告的真实性负责的是（　　）。

A. 股东会　　B. 董事会

C. 监事会　　D. 总经理办公会

4. 企业内部控制评价中的重大缺陷应当由（　　）予以最终认定。

A. 股东（大）会　　B. 董事会

C. 监事会　　D. 经理层

5. 为避免企业文化建设流于形式，企业应当建立（　　）。

A. 企业文化评估制度　　B. 内部控制制度

C. 内部审计制度　　D. 内部监督

6. 控制活动不包括（　　）。

A. 不相容职务分离控制　　B. 财产保护控制

C. 企业文化建设　　D. 预算控制

二、多项选择题

1. 打造优秀的企业文化，需要注意的有（　　）。

A. 要注重塑造企业核心价值观

B. 要打造顾客认可的品牌

C. 要充分体现以人为本的理念

D. 要强化企业文化建设中的领导责任

2. 企业建立与实施内部控制，应当遵循下列（　　）原则。

A. 全面性原则　　B. 重要性原则

C. 制衡性原则　　D. 适应性原则

3. 下列属于企业采购业务不相容岗位的有（　　）。

A. 采购、验收与相关记录　　B. 付款的申请、审批与执行

C. 请购与审批　　D. 供应商的选择与审批

4. 内部控制中的风险评估要素主要包括（　　）。

A. 目标设定　　B. 风险识别

C. 风险分析　　D. 风险应对

5. 在企业中，需要分离的不相容岗位一般有（　　）。

A. 授权批准职务与执行业务职务

B. 执行业务职务与监督审核职务

C. 监督审核职务与财务保管职务

D. 授权批准职务与会计记录职务

6. 下列职务设置不合理的是（　　）。

A. 填写销货发票的人员兼任审核人员

B. 审批材料采购的人员兼任采购员职务

C. 会计部门的出纳员兼任记账员

D. 销货人员兼任会计记账工作

三、判断题

1. 内部控制措施，无论设计得多么完美、运行得多么好，组织目标实现的可能性都会受到内部控制制度所固有的局限性的影响。（　　）

2. 为企业内部控制提供咨询的会计师事务所不得同时为同一企业提供内部控制审计服务。（　　）

3. 为避免采购人员的舞弊，应该对采购人员定期轮岗。（　　）

四、案例分析题

大中华剧院的出纳员在剧院专设的售票室负责售票、收款工作，每日各场次所出售的戏票、电影票均事先连续编号。顾客一手交钱，出纳员一手交票。顾客买票后须将入场券交给收票员才能进入剧院，收票员将入场券撕成两半，正券交还给顾客，副券则投入加锁的票箱中。

（1）请问本案例中在现金收入方面采取了哪些内部控制措施？

（2）假设出纳员与收票员串通窃取现金收入，他们将采取哪些行动？

（3）对串通舞弊行为，采取何种措施可以揭发？

（4）剧院经理可采取哪些手段使其现金内部控制达到最佳的效果？

第八章　货币资金的审计

【引导案例】

ABC会计师事务所在2016年1月15日对某公司2015年12月31日的资产负债表审计中，发现“货币资金”项目中的库存现金为1 062.10元。该公司2016年1月15日现金日记账余额是932.10元。1月16日7：30，注册会计师对该公司的现金进行清点，结果如下：

（1）现金实有数为627.34元。

（2）存在下列未入账的单据：

①职工李某，预借差旅费300元，经领导批准；

②职工王某，借据金额140元，未经批准，也未说明用途；

（3）另有2张收款凭证，金额为135.24元。

（4）银行核定该公司现金限额为800元。

（5）核实该公司1月1日至15日的收入现金2 350元，支出现金2 580元。

要求：

（1）核实库存现金实有数。

（2）确认2015年12月31日资产负债表所列数额是否公允。

（3）对现金收支、管理提出审计意见。

解析：

（1）该公司库存现金账实一致。

1月15日现金账面余额=932.10+135.24-300=767.34（元）

1月15日现金实有数为627.34元，加上职工王某“白条”140元，与账面余额相等。

（2）2015年12月31日库存现金应存数=767.34-2 350+2 580=997.34（元）

与资产负债表中“货币资金”项目的库存现金数额1 062.10元不相符，应调整为997.34元。

（3）该公司库存现金收支、管理中存在不合法现象如下：

①白条抵库140元，违反现金管理制度，应责成现金出纳退回。

②库存现金超限额，2015年年末超限额=997.34-800=197.34（元）

第一节　货币资金的内部控制及其测试

一、货币资金的内部控制概述

货币资金是企业流动性最强的资产，企业必须加强对货币资金的管理，建立良好的货币资金内部控制，以确保全部应收进的货币资金均能收进，并及时正确地予以记录；全部货币资金支出是按照经批准的用途进行的，并及时正确地予以记录；库存现金、银行存款报告正确，并得以恰当保管；正确预测企业正常经营所需的货币资金收支额，确保企业有充足而又不过剩的货币资金余额。

货币资金的内部控制包括以下内容：

（一）岗位分工及授权批准

（1）单位应当建立货币资金业务的岗位责任制，明确相关部门和岗位的职责权限，确保办理货币资金业务的不相容岗位相互分离、制约和监督。

（2）单位应当对货币资金业务建立严格的授权批准制度，明确审批人对货币资金业务的授权批准方式、权限、程序、责任和相关控制措施，规定经办人办理货币资金业务的职责范围和工作要求。

（3）单位应当按照规定的程序办理货币资金支付业务。具体包括以下四个步骤：

第一，支付申请。单位有关部门或个人用款时，应当提前向审批人提交货币资金支付申请，注明款项的用途、金额、预算、支付方式等内容，并附有效经济合同或相关证明。

第二，支付审批。审批人根据其职责、权限和相应程序对支付申请进行审批。对不符合规定的货币资金支付申请，审批人应当拒绝批准。

第三，支付复核。复核人应当对批准后的货币资金支付申请进行复核，复核货币资金支付申请的批准范围、权限、程序是否正确，手续及相关单证是否齐备，金额计算是否正确，支付方式、支付单位是否妥当等。复核无误后，交由出纳人员办理支付手续。

第四，办理支付。出纳人员应当根据复核无误的支付申请，按规定办理货币资金支付手续，及时登记现金和银行存款日记账。

（4）单位对于重要货币资金支付业务，应当实行集体决策和审批，并建立责任追究制度，防范贪污、侵占、挪用货币资金等行为。

（5）严禁未经授权的机构或人员办理货币资金业务或直接接触货币资金。

（二）现金和银行存款的管理

（1）单位应当加强现金库存限额的管理，超过库存限额的现金应及时存入银行。

（2）单位必须根据《现金管理暂行条例》的规定，结合本单位的实际情况，确定本单位现金的开支范围。不属于现金开支范围的业务应当通过银行办理转账结算。

（3）单位现金收入应当及时存入银行，不得用于直接支付单位自身的支出。因特殊情况需坐支现金的，应事先报经开户银行审查批准。单位借出款项必须执行严格的授权批准程序，严禁擅自挪用、借出货币资金。

（4）单位取得的货币资金收入必须及时入账，不得私设“小金库”，不得账外设账，严禁收款不入账。

（5）单位应当严格按照《支付结算办法》等国家有关规定，加强银行账户的管理，严格按照规定开立账户，办理存款、取款和结算。单位应当定期检查、清理银行账户的开立及使用情况，发现问题，及时处理。单位应当加强对银行结算凭证的填制、传递及保管等环节的管理与控制。

（6）单位应当严格遵守银行结算纪律，不准签发没有资金保证的票据或远期支票，套取银行信用；不准签发、取得和转让没有真实交易和债权债务的票据，套取银行和他人资金；不准无理拒绝付款，任意占用他人资金；不准违反规定开立和使用银行账户。

（7）单位应当指定专人定期核对银行账户，每月至少核对一次，编制银行存款余额调节表，使银行存款账面余额与银行对账单调节相符。如调节不符，应查明原因，及时处理。

（8）单位应当定期和不定期地进行现金盘点，确保现金账面余额与实际库存相符。发现不符，应及时查明原因，做出处理。

（三）票据及有关印章的管理

（1）单位应当加强与货币资金相关的票据的管理，明确各种票据的购买、保管、领用、背书转让、注销等环节的职责权限和程序，并专设登记簿进行记录，防止空白票据的遗失和被盗用。

（2）单位应当加强银行预留印鉴的管理。财务专用章应由专人保管，个人名章必须由本人或其授权人员保管。严禁一人保管支付款项所需的全部印章。按规定需要有关负责人签字或盖章的经济业务，必须严格履行签字或盖章手续。

（四）监督检查

（1）单位应当建立对货币资金业务的监督检查制度，明确监督检查机构或人员的职责权限，定期和不定期地进行检查。

（2）货币资金监督检查的内容主要如下：

第一，货币资金业务相关岗位及人员的设置情况。重点检查是否存在货币资金业务不相容职务混岗的现象。

第二，货币资金授权批准制度的执行情况。重点检查货币资金支出的授权批准手续是否健全，是否存在越权审批行为。

第三，支付款项印章的保管情况。重点检查是否存在办理付款业务所需的全部印章交由一人保管的现象。

第四，票据的保管情况。重点检查票据的购买、领用、保管手续是否健全，票据保管是否存在漏洞。

第五，对监督检查过程中发现的货币资金内部控制中的薄弱环节，应当及时采取措施，加以纠正和完善。

总之，一个良好的货币资金内部控制应该做到以下几点：

第一，货币资金收支与记账的岗位分离。

第二，货币资金收入、支出要有合理、合法的凭据。

第三，全部收支及时准确入账，并且支出要有核准手续。

第四，控制现金坐支，当日收入现金应及时送存银行。

第五，按月盘点现金，编制银行存款余额调节表，以做到账实相符。

第六，加强对货币资金收支业务的内部审计。

二、货币资金内部控制测试概述

（一）描述和了解内部控制

一般而言，注册会计师可以采用编制流程图的方法来描述和了解内部控制。编制货币资金内部控制流程图是货币资金符合性测试的重要步骤。注册会计师在编制之前应通过询问、观察等调查手段收集必要的资料，然后根据所了解的情况编制流程图。对于中小企业，也可以采用编写货币资金内部控制说明的方法。若年度审计工作底稿中已有以前年度的流程图，注册会计师可根据调查结果加以修正，以供本年度审计之用。一般地，了解货币资金内部控制时，注册会计师应当注意检查货币资金内部控制是否建立、是否严格执行。

（二）抽取适当样本并检查收款凭证

为测试货币资金收款的内部控制，注册会计师应选取适当样本的收款凭证，进行如下检查：

（1）核对收款凭证与存入银行账户的日期和金额是否相符。

（2）核对货币资金、银行存款日记账的收入金额是否正确。

（3）核对收款凭证与银行对账单是否相符。

（4）核对收款凭证与应收账款等相关明细账的有关记录是否相符。

（5）核对实收金额与销货发票等相关凭据是否一致等。

（三）抽取适当样本并检查付款凭证

为测试货币资金付款内部控制，注册会计师应选取适当样本的货币资金付款凭证，进行如下检查：

（1）检查付款的授权批准手续是否符合规定。

（2）核对货币资金、银行存款日记账的付出金额是否正确。

（3）核对付款凭证与银行对账单是否相符。

（4）核对付款凭证与应付账款等相关明细账的记录是否一致。

（5）核对实付金额与购货发票等相关凭据是否相符等。

（四）抽取一定期间的现金、银行存款日记账与总账核对

在核对时要注意以下两点：

（1）注册会计师应抽取一定期间的现金、银行存款日记账，检查其有无计算错误，加总是否正确无误。如果检查中发现问题较多，说明被审计单位货币资金的会计记录不够可靠。

（2）注册会计师应根据日记账提供的线索，核对总账中的现金、银行存款、应收账款、应付账款等有关账户中的记录。

（五）抽取一定期间的银行存款余额调节表，查验其是否按月正确编制并经复核

为证实银行存款记录的正确性，注册会计师必须抽取一定期间的银行存款余额调节表，将其同银行对账单、银行存款日记账及总账进行核对，确定被审计单位是否按月正确编制并复核银行存款余额调节表。

（六）查验外币资金的折算方法是否符合有关规定、是否与上年度一致

对于有外币货币资金、外币银行存款的被审计单位，注册会计师应检查外币货币资金日记账、外币银行存款日记账及相关账户的记录，确定企业有关外币货币资金、外币银行存款的增减变动是否按业务发生时的市场汇率或企业发生当期期初的市场汇率折合为记账本位币，确定选用方法是否前后保持一致。检查企业的外币货币资金、银行存款账户的余额是否按期末市场汇率折合为记账本位币金额，有关汇兑损益的计算和记录是否正确。

（七）对货币资金的内部控制进行评价

注册会计师在完成上述程序之后，即可对货币资金的内部控制进行评价。评价时，注册会计师应首先确定货币资金内部控制可信赖的程度以及存在的薄弱环节和缺点，然后据以确定在货币资金实质性测试中对哪些环节可以适当减少审计程序、哪些环节应增加审计程序，进行重点检查，以减少审计风险。

三、货币资金审计常见的重大错报风险

货币资金审计常见的重大错报风险如下：

第一，在现金交易中多收或多付，少收或少付，错收或错付，漏收或漏付，重收或重付。

第二，坐支现金或超限额收付现金以及超限额库存现金等违反现金结算和管理制度的现象。

第三，挪用、盗窃、贪污现金，伪造或涂改凭证，虚报冒领等舞弊行为。

第四，账外现金、私设小金库等违纪行为。

第五，出借银行账户或转移资金。

第六，隐藏错弊的未达账项。

第七，支票存根不完整，涂改、毁损结算凭证或银行存款日记账等。

【例 8-1】审计人员对某公司 2015 年度会计报表实施审计，审计中对该公司的货

币资金内部控制进行了解和测试，发现以下情况：

（1）该公司货币资金开支均由总经理“一支笔”审核批准，其他人员无权审批。（该公司规模较大）

（2）该公司员工报销费用，必须根据公司的批准手续报批，会计部门对报销单据加以审核，现金出纳员见到加盖核准印章的支出凭据后方可付款。

（3）该公司设立现金出纳员和银行出纳员。银行出纳员负责到银行办理与银行存款有关的业务，并登记银行存款日记账。月底，银行出纳员取得银行对账单并编制银行存款余额调节表。

（4）该公司货币资金收支业务较多时，出纳员逐日入账，逐日进行账实核对。该公司货币资金收支业务较少时，出纳员每隔5天登记一次日记账。

（5）该公司出纳员兼任会计档案的保管员。

（6）该公司为了遵守现金库存限额管理规定，超过库存限额的现金，不在保险柜中存放，也不送存银行，而是由出纳员另外存放。

（7）该公司大多采用分散收款方式，各部门所收款项每隔10天向财务部门出纳员汇总解缴一次。

（8）该公司空白支票由出纳员保管，支票印鉴由会计主管专门保管，如果会计主管临时出差，则由出纳员临时保管支票印鉴。

（9）该公司小额残料、废料变卖收入，不需要在公司会计记录中反映，只以各部门负责人的名义在银行开户保管。

（10）该公司严格加强货币资金稽核控制，定期由会计主管对货币资金的管理进行核查。

要求：

（1）审计人员通过内部控制测试所注意到的上述各种情况是否存在控制缺陷？这种缺陷可能导致什么问题发生？

（2）为了证实以上缺陷是否确实发生，审计人员应分别采用何种审计程序？

解析：

（1）内部控制存在缺陷。虽然“一支笔”审批有利于控制支出，但在规模较大的单位，其缺陷也是显而易见的。一是影响工作效率，二是可能导致领导人权力过大，滋生腐败现象。建议该公司按授权控制的要求，合理划分一般授权和特殊授权的范围。为了证实以上错弊的可能性，审计人员应抽查足够规模的费用支出凭证，检查凭证的签字授权以及费用支出的合理性，判断有无乱花、乱支现象。

（2）内部控制不存在明显缺陷。

（3）内部控制存在缺陷。因为银行出纳职务和编制银行存款余额调节表职务是不相容的，这两个职务由一人兼任，可能使得凭证和记录失去恰当控制，出现虚列未达账项、挪用银行存款等舞弊行为。建议该公司将这两个职务分离。为了证实以上错弊的可能性，审计人员应获取银行对账单，检查企业日记账有无漏记事项，同时复核银行存款余额调节表，检查未达账项的真实、合理性并判断有无挪用款项或出租、出借银行账户现象。

(4) 内部控制存在缺陷。内部控制应“一贯”执行，不能在不同时期区别对待。时松时紧的内部控制可能导致错误的发生和现金的短缺。为了证实以上错弊的可能性，审计人员应抽查部分日记账记录，并进行账实核对。

(5) 内部控制存在缺陷。因为出纳职务和档案保管职务是不相容职务，这两个职务由一人兼任，给出纳员抽换、篡改记录资料提供了便利条件，这将使货币资金的安全受到威胁。建议会计档案由出纳员以外的会计人员专门保管，并健全会计档案的使用制度，限制无关人员接近会计档案。为了证实以上错弊的可能性，审计人员应抽查部分会计记录，检查有无抽换、篡改现象，同时盘点现金，进行账实核对。

(6) 内部控制存在缺陷。货币资金内部控制要求企业严格遵守库存限额规定，超限额部分应及时送存银行，而不应由出纳员另外存放。否则，会影响现金的安全。为了证实以上错弊的可能性，审计人员应抽查部分日记账记录，盘点现金，进行账实核对。

(7) 内部控制存在缺陷。根据货币资金内部控制的要求，单位应尽量采用集中收款方式，如果有必要采取分散收款方式，也应该由各部门每天将所收款项交给出纳，再由出纳及时送存银行。该公司的这种做法给各部门经手人挪用现金、侵吞公款提供了便利条件。为了证实以上错弊的可能性，审计人员应对各部门经管的现金进行突击盘点核对，检查有无挪用、短缺或侵吞现金行为。

(8) 内部控制存在缺陷。因为空白支票保管职务和印鉴保管职务是不相容的，这两个职务由一人兼任，将严重影响货币资金的安全性。若会计主管临时出差，应授权出纳以外的会计人员专门保管并明确保管责任。为了证实货币资金的安全性，审计人员应抽查支票存根，检查开出支票的用途和收款单位，再结合银行对账单，判断有无私自划转银行存款的行为。

(9) 内部控制存在缺陷。小额现金收入也应纳入公司财务部门的管理范围，而不应由各部门负责人代为保管，该公司的这种做法属于私设“小金库”行为，严重违反现金管理规定。为了证实以上错弊发生的可能性，审计人员应对出纳人员和各部门负责人单独管理的现金进行盘点核对，检查有无现金短缺和从小金库乱支、乱花的行为。

(10) 内部控制存在缺陷。该公司货币资金管理的稽核应由具有独立身份的稽核人员进行，会计主管所进行的核查只能算内部稽核，起不到独立稽核的作用，难以揭露货币资金管理存在的问题。为了证实以上错弊发生的可能性，审计人员应对公司货币资金管理进行较为全面的检查。

第二节 库存现金审计

一、库存现金审计的目标

库存现金包括人民币现金和外币现金。库存现金是企业流动性最强的资产，尽管其在企业资产总额中的比重不大，但企业发生的舞弊事件大都与库存现金有关，因此注册会计师应该重视对库存现金的审计。

库存现金的审计目标一般应包括：

第一，确定被审计单位资产负债表中的现金在会计报表日是否确实存在，是否为被审计单位所拥有。

第二，确定被审计单位在特定期间内发生的现金收支业务是否均已记录完毕，有无遗漏。

第三，确定现金余额是否正确。

第四，确定现金在会计报表上的披露是否恰当。

二、库存现金的实质性测试

库存现金的实质性测试程序一般包括：

（一）核对现金日记账与总账的余额是否相符

注册会计师测试现金余额的起点是核对现金日记账与总账的余额是否相符。如果不相符，应查明原因，并做出适当调整。

（二）盘点库存现金

盘点库存现金是证实资产负债表中所列现金是否存在的一项重要程序。

盘点库存现金通常包括对已收到但未存入银行的现金、零用金、找换金等的盘点。盘点库存现金的时间和人员应视被审计单位的具体情况而定，但必须有出纳员和被审计单位会计主管人员参加，并由注册会计师进行监盘。

盘点库存现金的步骤和方法如下：

（1）制定库存现金盘点程序，实施突击性的检查，时间最好选择在上午上班前或下午下班时进行，盘点的范围一般包括企业各部门经管的现金。在进行现金盘点前，应由出纳员将现金集中起来存入保险柜，必要时可加封存，然后由出纳员把已办妥现金收付手续的收付款凭证登入现金日记账。如企业现金存放部门有两处或两处以上的，应同时进行盘点。

（2）审阅现金日记账并同时与现金收付凭证相核对。一方面，检查日记账的记录与凭证的内容和金额是否相符；另一方面，了解凭证日期与日记账日期是否相符或接近。

（3）由出纳员根据现金日记账进行加计累计数额结出现金结余额。

（4）盘点保险柜的现金实存数，同时编制“库存现金盘点表”，分币种、面值列示盘点金额。

（5）资产负债表日后进行盘点时，应调整至资产负债表日的金额。

（6）盘点金额与现金日记账余额进行核对，如有差异，应查明原因，并进行记录或适当调整。

（7）若有冲抵库存现金的借条、未提现支票、未作报销的原始凭证，应在“库存现金盘点表”中注明或进行必要的调整。

【例 8-2】2016 年 1 月 25 日，审计人员对甲公司 2015 年 12 月 31 日资产负债表进行审计，查得“货币资金”项目的库存现金余额为 2 995 元，2016 年 1 月 25 日现金日记账的余额为 2 365 元。

2016 年 1 月 26 日上午 8 时，审计人员对甲公司的库存现金进行了盘点，盘点结果如下：

(1) 现金实有数为 1 850 元。

(2) 在保险柜中发现职工李东 2015 年 11 月 5 日预借差旅费 500 元借据一张，已经领导批准；职工胡立借据一张，金额为 450 元，未经批准，也未说明其用途；有已收款但未入账的凭证 6 张，金额为 435 元。

另外，经核对 2016 年 1 月 1 日至 1 月 25 日的收付款凭证和现金日记账，核实 2016 年 1 月 1 日至 1 月 25 日的现金收入数为 7 130 元，现金支出数为 7 160 元，正确无误。银行核定的甲公司库存现金限额为 2 000 元。

审计步骤如下：

第一步：根据以上资料，首先核实甲公司 2016 年 1 月 25 日库存现金应有数。

职工胡立借据 450 元，未经批准，属于白条，不能用于抵充现金，因此 1 月 25 日库存现金应为 1 月 25 日库存现金实有数 1 850 元加胡立的借据 450 元，为 2 300 元。

未入账的收付款凭证都属于合法凭证，可以据以收付现金，只是没有入账。1 月 25 日现金日记账的余额是 2 365 元，加上未入账的现金收入 435 元，减去未入账的现金支出 500 元，得 2 300 元。

由此可见，在 1 月 25 日，除白条抵库和应入账未入账的现金收支外，现金账实是相符的，即未发生现金溢缺。

第二步：核实 2015 年 12 月 31 日资产负债表中的库存现金是否真实、完整。

既然在 2016 年 1 月 25 日现金是账实相符的，未发生现金溢缺，并且核对 2016 年 1月1 日至 1 月 25 日的收付款凭证和现金日记账，1 月 1 日至 1 月 25 日的现金收入为 7 130元，现金支出为 7 160 元，正确无误，那么就可以根据这些资料倒推出 2015 年 12 月31 日库存现金应有数。计算过程如下：

2 300+7 160−7 130＝2 330（元）

由于 2015 年 12 月 31 日“货币资金”项目中的库存现金账面余额为 2 995 元，因此在甲公司资产负债表中，2015 年 12 月 31 日的现金余额是虚假的，正确金额为 2 330元。

审计结论如下：

甲公司 2015 年 12 月 31 日的库存现金账实不符，应进一步查明原因。

督促被审计单位将收支及时入账。例如，职工李东 2015 年 11 月 5 日预借差旅费 500 元，虽经领导批准，属于合规的行为，但出纳人员未及时将借款登记入账，被审计单位应编制如下会计分录：

借：其他应收款——李东　　500

　贷：库存现金　　500

同时，出纳人员应及时催促李东报销有关单证，退回多余的款项。

第三，财务制度明令禁止白条抵库，审计人员应进一步调查胡立借款的真实性，并督促被审计单位及时收回该笔款项。

第四，银行规定甲公司库存现金限额为 2 000 元，甲公司留存超过现金限额 330 元，应及时送存银行。

【例 8-3】ABC 会计师事务所的注册会计师白冰、李雪于 2016 年 3 月 18 日对 S 公司 2015 年度的会计报表进行审计，查明 2015 年 12 月 31 日资产负债表“货币资金”项目中的库存现金为 1 000 元。2016 年 3 月 20 日上午 8 时，白冰、李雪经检查，认定当时现金日记账余额为 998.15 元，并对 S 公司当时库存现金进行清点，清点结果如下：

（1）现金实有数为 348.15 元。

（2）清查过程中发现出纳员有下列原始凭证未制单入账：

①采购员暂借差旅费借条一张，金额为 300 元，日期为 2016 年 3 月 18 日，已经由相关负责人批准。

②某职工借条一张，金额为 350 元，日期为 2016 年 2 月 17 日，未经批准。

③已收款未入账凭证 3 张，金额为 200 元。

④除借条外，还有已付款未入账凭证 1 张，金额为 150 元。

（3）盘点时，还在保险柜里发现：

①门市部前一天送来零售货款 300 元，单独包装，未包括在实有数内。

②2016 年 3 月 18 日发放工资，职工王兴出差未归，待领工资 1 200 元单独包装，不包括在实有数内。

③邮票 20 元，系财务科购入作寄出邮件用，已在管理费用中报销。

（4）银行为 S 公司核定的库存现金限额为 1 000 元。

（5）2016 年 1 月 1 日至 3 月 20 日的现金收入数为 3 500 元，现金支出数为 3 800 元，经审核无误。

要求：（1）根据以上资料，编制库存现金情况表。

（2）指出 S 企业在现金管理中存在的问题并提出处理建议。

（3）调整核实 2015 年 12 月 31 日资产负债表所列现金数是否真实。

分析：（1）库存现金情况表如表 8-1 所示：

表 8-1　　库存现金情况表

客户：S 公司　　索引号：　　页次：

项目：现金监盘　　编制人：　　日期：

截止日：2015 年 12 月 31 日　　复核人：　　日期：

检查盘点记录			实有现金盘点记录		
项目	页次	金额（元）	面额	张数	金额（元）
上一日账面库存余额	1	998.15			
盘点日未记录传票收入金额	2	200.00			
盘点日未记录传票支出金额	3	450.00			

表(续)

<table>
<tr><th colspan="4">检查盘点记录</th><th colspan="3">实有现金盘点记录</th></tr>
<tr><th colspan="2">项目</th><th>页次</th><th>金额(元)</th><th>面额</th><th>张数</th><th>金额(元)</th></tr>
<tr><td colspan="2">盘点日账面应有金额</td><td>4=1+2-3</td><td>748.15</td><td></td><td></td><td></td></tr>
<tr><td colspan="2">盘点实有现金金额</td><td>5</td><td>348.15</td><td></td><td></td><td></td></tr>
<tr><td colspan="2">盘点日应有与实有差异</td><td>6=4-5</td><td>400.00</td><td></td><td></td><td></td></tr>
<tr><td rowspan="2">差异原因分析</td><td>白条抵库</td><td></td><td>350.00</td><td></td><td></td><td></td></tr>
<tr><td>短缺</td><td></td><td>50.00</td><td>合计</td><td></td><td>348.15</td></tr>
<tr><td rowspan="3">追溯调整</td><td colspan="2">报表日至盘点日现金付出总额</td><td>3 800.00</td><td colspan="3" rowspan="3">备注:</td></tr>
<tr><td colspan="2">报表日至盘点日现金收入总额</td><td>3 500.00</td></tr>
<tr><td colspan="2">报表日库存现金应有金额</td><td>1 048.15</td></tr>
</table>

盘点人:　　　　盘点日期:　　　　监盘人:　　　　复核人:

现金管理中存在的问题如下:

(1) 经批准的预借差旅费借条，没有及时进行处理，系出纳员工作拖拉所致，应及时补记入账，并防止类似问题再次发生。

(2) 未经批准的职工借条，系出纳员白条抵库，违反现金管理规定挪用现金，应责令出纳员及时追回外借现金；不能及时追回者，应记入“其他应收款”。

(3) 转账支票尽管不涉及现金，同样应及时办理，出纳员不应将过期转账支票存放在保险柜里不加以处理，而应该退回重开。

(4) 门市部送来的现金销货款应在当天营业结束后及时送存银行，以保现金安全并防止坐支销货款，建议出纳员将销货款及时送存银行。

(5) 待领工资不应在保险柜存放，而应先送存银行，暂作“其他应付款”处理，职工出差归来时另行发放。

(6) 2001 年 12 月 31 日的现金超库存限额 48.15 元，违反现金库存限额管理规定。

(7) 除白条抵库外，现金短缺 50 元，应进一步查明原因再作处理。

另外，库存邮票已在管理费用中报销，属账外财产，应妥善保管，防止私人使用。

可根据下列公式调整计算:

报表日现金应有数=盘点日现金应有数+报表日至盘点日现金付出总额-报表日至盘点日现金收入总额=748.15+3 800-3 500=1 048.15 (元)

第三节　银行存款审计

一、银行存款审计的目标

银行存款是指企业存放在银行或其他金融机构的货币资金。按照国家有关规定，凡是独立核算的企业都必须在当地银行开设账户。企业在银行开设账户以后，除按核定的限额保留库存现金外，超过限额的现金必须存入银行；除了在规定的范围内可以用现金直接支付的款项外，在经营过程中所发生的一切货币收支业务，都必须通过银行存款账户进行结算。

银行存款的审计目标主要包括：

第一，确定被审计单位资产负债表中的银行存款在会计报表日是否确实存在、是否为被审计单位所拥有。

第二，确定被审计单位在特定期间内发生的银行存款收支业务是否均已记录完毕、有无遗漏。

第三，确定银行存款的余额是否正确。

第四，确定银行存款在会计报表上的披露是否恰当。

二、银行存款的内部控制测试

（一）银行存款的内部控制

一般而言，一个良好的银行存款的内部控制同现金的内部控制一样，也应达到以下几点：

（1）银行存款收支与记账的岗位分离。

（2）银行存款收入、支出要有合理、合法的凭据。

（3）全部收支及时准确入账，并且支付要有核准。

（4）按月编制银行存款余额调节表、以做到账实相符。

（5）加强对银行存款收支业务的内部审计。

按照我国现金管理的有关规定，超过规定限额以上的现金支出一律使用支票。因此，企业应建立相应的支票申领制度，明确申领范围，申领批准及支票签发、支票报销等。

对于支票报销和现金报销，企业应建立报销制度。报销人员报销时应当有正常的报批手续、适当的付款凭据，有关购货支出还应具有验货手续。财会部门应对报销单据加以审核，现金出纳见到加盖核准戳记的支出凭据后方可付款。

付款记录应及时登记入账，一切凭证应按顺序或内容编作会计记录的附件。

（二）银行存款的内部控制的流程

1. 了解银行存款的内部控制

注册会计师对银行存款内部控制的了解一般与了解现金的内部控制同时进行。注册会计师应当注意的内容包括：

（1）银行存款的收支是否按规定的程序和权限处理。

（2）银行账户是否存在与本单位经营无关的款项收支情况。

（3）是否存在出租、出借银行账户的情况。

（4）出纳与会计的职责是否严格分离。

（5）是否定期取得银行对账单并编制银行存款余额调节表等。

2. 抽取样本并检查收款凭证

注册会计师应选取适当的样本量，进行如下检查：

（1）核对收款凭证与存入银行账户的日期和金额是否相符。

（2）核对银行存款日记账的收入金额是否正确。

（3）核对收款凭证与银行对账单是否相符。

（4）核对收款凭证与应收账款明细账的有关记录是否相符。

（5）核对实收金额与销货发票是否一致等。

3. 抽取样本并检查付款凭证

为测试银行存款付款内部控制，注册会计师应选取适当的样本量，进行如下检查：

（1）检查付款的授权批准手续单是否符合规定。

（2）核对银行存款日记账的付出金额是否正确。

（3）核对付款凭证与银行对账是否相符。

（4）核对付款凭证与应付账款明细账的记录是否一致。

（5）核对实付金额与购货发票是否相符等。

4. 抽取一定期间的银行存款日记账与总账核对

注册会计师应抽取一定期间的银行存款日记账，检查其有无计算错误，并与银行存款总分类账核对。

5. 抽取一定期间银行存款余额调节表，查验其是否按月正确编制并经复核

为证实银行存款记录的正确性，注册会计师必须抽取一定期间的银行存款余额调节表，将其同银行对账单、银行存款日记账及总账进行核对，确定被审计单位是否按月正确编制并复核银行存款余额调节表。

6. 检查外币银行存款的折算方法是否符合有关规定，是否与上年度一致

对于有外币银行存款的被审计单位，注册会计师应检查外币银行存款日记账及相关账户的记录，确定企业有关外币银行存款的增减变动是否按业务发生时的市场汇率或业务发生当期期初的市场汇率折合为记账本位币，选用方法是否前后期保持一致，检查企业的银行存款账户的余额是否按期末市场汇率折合为记账本位币金额，有关汇兑损益的计算和记录是否正确。

7. 对银行存款的内部控制进行评价

注册会计师在完成上述程序之后，即可对银行存款的内部控制进行评价。评价时，注册会计师应首先确定银行存款内部控制可信赖的程度以及存在的薄弱环节和缺点，然后据理力争确定在银行存款实质性测试中对哪些环节可以适当减少审计程序、对哪些环节应增加审计程序，进行重点检查，以减少审计风险。

【例 8-4】审计人员对 W 公司 2015 年 12 月 31 日的银行存款进行审查，查明银行存款日记账余额为 58 000 元，银行对账单余额为 60 540 元。审计人员发现以下情况：

（1）银行从 W 公司账户中扣除借款利息 980 元，公司未入账。

（2）W 公司于 12 月 28 日开出转账支票一张 4 280 元，银行未入账。

（3）银行 12 月 29 日收到 W 公司的外地汇款 4 000 元，W 公司未入账。

（4）W 公司 12 月 29 日存入转账支票一张 3 260 元，银行未入账。

(5) 12 月 26 日银行付出 1 500 元，经查系采购员李平不慎遗失的 187635 号空白转账支票，被人冒用所购物品的款项。

(6) 银行对账单上发现 12 月 20 日收入支票一张、12 月 23 日开出支票一张，金额均为 13 000 元，W 公司银行存款日记账上无此记录。

要求：

(1) 根据以上资料编制银行存款余额调节表。

(2) 分析 W 公司银行存款管理中可能存在的问题。

(3) 根据发现的问题，提出进一步审查的方法。

解析：

(1) 银行存款余额调节表编制如表 8-2 所示：

表 8-2 银行存款余额调节表 单位：元

银行调节项目	金额	公司调节项目	金额
调节前银行对账单余额	60 540	调节前银行日记账余额	58 000
加：企业已收，银行未收		加：银行已收，企业未收	
1. 存入转账支票	3 260	1. 外地汇款	4 000
		2. 收入支票	13 000
减：企业已付，银行未付		减：银行已付，企业未付	
1. 开出支票	4 280	1. 借款利息	980
		2. 冒用支票	1 500
		3. 开出支票	13 000
调节后银行对账单余额	59 520	调节后企业日记账余额	59 520

(2) W 公司可能存在的问题如下：

第一，支票管理不严格。企业不准开具空白支票、空头支票、远期支票。12 月 26 日的款项被人冒用，正是开具空白支票所致。

第二，隐瞒和转移收入或出借银行账户。12 月 20 日收入支票一张和 12 月 23 日支出支票一张，金额均为 13 000 元，一收一付，金额相等，日期接近，很可能是隐瞒和转移收入或出借银行账户。

(3) 进一步审查的方法如下：

第一，审查支票存根，找出管理漏洞，明确相关责任，并通过适当渠道尽可能追回被冒用款项。

第二，审查支票存根、询问有关人员、向客户调查和向银行函证。

三、银行存款的实质性测试

银行存款的实质性测试程序一般包括：

(一) 银行存款日记账与总账的余额是否相符

注册会计师测试银行存款余额的起点，是核对银行存款日记账与总账的余额是否相符。如果不相符，应查明原因，并做出适当调整。

(二) 分析性复核程序

计算定期存款占银行存款的比例，了解被审计单位是否存在高息资金拆借。如存在高息资金拆借，应进一步分析拆出资金的安全性，检查高额利差的入账情况；计算存放于非银行金融机构的存款占银行存款的比例，分析这些资金的安全性。

(三) 取得并检查银行存款余额调节表

检查银行存款余额调节表是证实资产负债表中所列银行存款是否存在的重要程序。银行存款余额调节表通常应由被审计单位根据不同的银行账户及货币种类分别编制。如果经调节后的银行存款余额存在差异，注册会计师应查明原因，并做出记录或进行适当的调整。

取得银行存款余额调节表后，注册会计师应检查调节表中未达账项的真实性，以及资产负债表日后的进账情况，如果存在应于资产负债表日之前进账的应进行相应的调整。其程序一般包括：

(1) 验算调节表的数字计算。

(2) 对于金额较大的未提现支票、可提现的未提现支票以及注册会计师认为重要的未提现支票，列示未提现支票清单，注明开票日期和收票人姓名或单位。

(3) 追查截止日期银行对账单上的在途存款，并在银行账户调节表上注明存款日期。

(4) 检查截止日仍未提现的大额支票和其他已签发一个月以上的未提现支票。

(5) 追查截止日期银行对账单已收、企业未收的款项性质及款项来源。

(6) 核对银行存款总账金额、银行对账单加总金额。

(四) 函证银行存款余额

函证是指注册会计师在执行审计业务过程中，需要以被审计单位名义向有关单位发函询证，以验证被审计单位的银行存款是否真实、合法、完整。按照国际惯例，财政部、中国人民银行于 1999 年 1 月 6 日联合印发了《关于做好企业的银行存款、错款及往来款项函证工作的通知》（以下简称《通知》），《通知》对函证工作提出了明确的需求，并提供了银行询证函和企业询证函参考格式。注册会计师在执行审计业务时，可按照此格式以被审计单位的名义向有关单位发函询证。《通知》规定：各商业银行、政策性银行、非银行金融机构要在收到询证函之日起 10 个工作日内，根据函证的具体要求，及时回函并可按照国家的有关规定收取询证费用；各有关企业或单位根据函证的具体要求回函。

函证银行存款余额是证实资产负债表所列银行存款是否存在的重要程序。通过向往来银行的函证，注册会计师不仅可以了解企业资产的存在，同时还可以了解欠银行的债务。函证还可用于发现企业未登记的银行借款。

函证时，注册会计师应向被审计单位在本年存过款（含外埠存款、银行汇票存款、银行本票存款、信用卡存款、信用证保证金存款）的所有银行发函，其中包括企业存款账户已结清的银行，因为有可能存款账户已结清，但仍有银行借款或其他负债存在。同时，虽然注册会计师已直接从某一银行取得了银行对账单和所有支付支票，但仍应向这一银行进行函证。

（五）检查一年以上定期存款或限定用途存款

一年以上的定期存款或限定用途的银行存款，不属于企业的流动资产，应列于其他资产类下。对此，注册会计师应查明情况，做出相应的记录。

（六）抽查大额现金和银行存款的收支

注册会计师应抽查大额现金收支、银行存款（含外埠存款、银行汇票存款、银行本票存款、信用证存款）收支的原始凭证内容是否完整，有无授权批准，并核对相关账户的进账情况。如有与被审计单位生产经营业务无关的收支事项，应查明原因并进行相应的记录

（七）检查银行存款收支的正确截止

被审计单位资产负债表上的银行存款数额，应以结账日实有数额为准。因此，注册会计师必须验证银行存款收支的截止日期。通常注册会计师可以对结账日前后一段时期内银行存款收支凭证进行审计，以确定是否存在跨期事项。

企业资产负债表上银行存款数字应当包括当年最后一天收到的所有存放于银行的款项，而不得包括其后收到的款项；同样，企业年终前开出的支票，不得在年后入账。为了确保银行存款收付的正确截止，注册会计师应当在清点支票及支票存根时，确定各银行账户最后一张支票的号码，同时查实该号码之前的所有支票均已开出。在结账日未开出的支票及其后开出的支票，均不得作为结账日的存款收付入账。

（八）检查外币银行存款的折算是否正确

对于有外币银行存款的被审计单位，注册会计师应检查被审计单位对外币银行存款的收支是否按所规定的汇率折合为记账本位币金额；外币银行存款期末余额是否按期末市场汇率折合为记账本位币金额；外币折合差额是否按规定记入相关账户。

（九）检查银行存款是否在资产负债表上恰当披露

根据有关会计制度的规定，企业的银行存款在资产负债表上“货币资金”项目下反映。因此，注册会计师应在实施上述审计程序后，确定银行存款账户的期末余额是否恰当，从而确定资产负债表上“货币资金”项目中的数字是否在资产负债表上恰当披露。

第四节　其他货币资金审计

一、其他货币资金审计的目标

其他货币资金包括企业到外地进行临时或零星采购而汇往采购地银行开立采购专户的款项所形成的外埠存款、企业为取得银行汇票按照规定存入银行的款项所形成的银行汇票存款、企业为取得银行本票按照规定存入银行的款项而形成的银行本票存款、信用卡存款和信用证保证金额存款等。

其他货币资金的审计目标主要包括：

第一，确定被审计单位资产负债表中的其他货币资金在会计报表日是否确实存在，是否为被审计单位所拥有。

第二，确定被审计单位在特定期间内发生的其他货币资金收支业务是否均已记录完毕，有无遗漏。

第三，确定其他货币资金的余额是否正确。

第四，确定其他货币资金在会计报表上的披露是否恰当。

二、其他货币资金内部控制测试

一般而言，一个良好的其他货币资金的内部控制同现金的内部控制一样，也应达到以下几点：

第一，其他货币资金收支与记账的岗位分离。

第二，其他货币资金收入、支出要有合理、合法的凭据。

第三，全部收支及时、准确入账，并且支出要有核准手续。

第四，加强对其他货币资金收支业务的内部审计。

其他货币资金内部控制的测试程序包括：

（一）了解其他货币资金的内部控制

注册会计师在对其他货币资金的内部控制进行了解时，应当注意的内容包括：

（1）其他货币资金的收支是否按规定的程序和权限办理。

（2）其他货币资金的记账依据是否充分、恰当。

（3）其他货币资金是否及时入账。

（4）出纳与会计的职责是否严格分离。

（二）抽取样本并检查收支凭证

注册会计师应选取适当的样本量，进行如下检查：

（1）检查授权批准手续是否符合规定。

（2）检查原始凭证是否充分、恰当。

（3）检查入账金额是否正确。

（4）检查入账时间是否及时。

（三）抽取一定期间的其他货币资金明细账与总账核对

注册会计师应抽取一定期间的其他货币资金明细账，检查其有无计算错误，并与其他货币资金总分类账核对。

（四）对其他货币资金的内部控制

注册会计师在完成上述程序之后，即可对其他货币资金的内部控制进行评价。评价时，注册会计师应首先确定现金内部控制可信赖的程度以及存在的薄弱环节和缺点，然后据以确定在其他货币资金实质性测试中对哪些环节可以适当减少审计程序，哪些环节应增加审计程序，进行重点检查，以减少审计风险。

一般而言，企业的其他货币资金业务较少，注册会计师可以直接进行其他货币资金的实质性测试。

三、其他货币资金的实质性测试

其他货币资金的实质性测试程序主要包括：

第一，核对外埠存款、银行汇票存款、银行本票存款等各明细账期末合计数与总账数是否相符。

第二，函证外埠存款户、银行汇票存款户、银行本票存款户期末余额。

第三，对于非记账本位币的其他货币资金，检查其折算汇率是否正确。

第四，抽查一定样本量的原始凭证进行测试，检查其经济内容是否完整，有无适当的审批授权，并核对相关账户的进账情况。

第五，抽取资产负债表日后的大额收支凭证进行截止测试，如有跨期收支事项，应进行适当的调整。

第六，检查其他货币资金的披露是否恰当。

【拓展阅读】

有一家国有单位的出纳采用头尾不一的方法挪用资金，比如在开出银行支票的时候，支票联填的金额是1万元，但是存根联填的金额是1 000元。因为该单位的银行存款调节表是由该出纳编制的，所以长期以来，出纳挪用公司款项用于炒股，然后几个月以后还一次，在股市行情好的时候可以很快还回，但是当股市行情不好的时候资金窟窿越来越大，终于事发。其实这样的问题只要将银行对账单拿来让他人核对，就不会出现这样的问题。

【思考与练习】

一、单项选择题

1. 注册会计师选择被审计单位某一有余额的账户向开户银行发出询证函，注册会计师实施这一程序的主要目的是要证实（　　）。

A. 是否有欠银行的债务　　B. 是否有充作抵押担保的存货

C. 银行存款的存在性　　D. 是否有漏列的负债

2. 函证银行存款时，在询证函的“本公司为出票人且由贵行承兑而尚未支付的银行承兑汇票”表格下特别注明“除上述列示的银行承兑汇票外，本公司并无由贵行承兑而尚未支付的其他银行承兑汇票”主要是针对银行存款交易的（　　）认定。

A. 存在　　B. 完整性

C. 计价和分摊　　D. 权利和义务

3. 下列货币资金内部控制中，存在重大缺陷的是（　　）。

A. 财务专用章由专人保管，个人名章由本人或其授权人员保管

B. 对重要货币资金支付业务，实行集体决策

C. 现金收入及时存入银行，特殊情况下，经主管领导审查批准方可坐支现金

D. 指定专人定期核对银行账户，每月核对一次，编制银行存款余额调节表，使银行存款账面余额与银行对账单上的金额调节相符

4. A 注册会计师在 2016 年 3 月 25 日对 B 企业现金实施监盘审计程序，实际的现金盘点金额为 1 325 元，已知被审计单位账面显示 2015 年资产负债表日至现金盘点日共收到现金 266 500 元，付出现金 271 109 元。假设上面的数据都正确，B 企业资产负债表日现金余额为（　　）元。

A. 5 582　　B. 5 627

C. 5 870　　D. 5 934

5. 下列各项中，符合现金监盘要求的是（　　）。

A. 被审计单位会计主管要回避

B. 审计人员帮助出纳员进行现金清点

C. 监盘时间最好安排在当日现金收付业务进行过程中

D. 不同存放地点的现金最好可以同时进行监盘

6. N 公司某银行账户的银行对账单余额与银行存款日记账余额不符，A 注册会计师应当执行的最有效的审计程序是（　　）。

A. 重新测试相关的内部控制

B. 审查银行对账单中记录的该账户资产负债表日前后的收付情况

C. 审查银行存款日记账中记录的该账户资产负债表日前后的收付情况

D. 审查银行存款余额调节表

7. 下列工作中，出纳还可以从事的工作是（　　）。

A. 会计档案保管　　B. 记录收入、支出、费用的明细账

C. 记录银行存款、现金日记账　　D. 编制银行存款余额调节表

二、多项选择题

1. 函证银行存款是证实银行存款是否存在的重要程序，注册会计师寄发的银行询证函（　　）。

A. 属于积极式、有偿询证函

B. 是以被审计单位的名义发往开户银行的

C. 要求银行直接回函至会计师事务所

D. 可以证实银行存款但不能证实银行借款

2. 注册会计师李明负责对天星公司2015年度财务报表中银行存款项目进行审计。天星公司编制的2015年12月末银行存款余额调节表显示存在80 000元的未达账项，其中包括天星公司已付而银行未付的材料采购款40 000元。李明执行的以下审计程序中，可能为该材料采购款未达账项的真实性提供审计证据的有（ ）。

A. 就2015年12月末银行存款余额向银行寄发银行询证函

B. 向相关的原材料供应商寄发询证函询证该笔购货业务

C. 检查2016年1月份的银行对账单中是否存在该笔支出

D. 检查相关的采购合同、供应商销售发票和相应的验收报告及付款审批手续

3. 注册会计师在检查助理人员函证银行存款的处理时发现以下情况，其中正确的有（ ）。

A. 对存款余额为零的开户银行也进行了函证

B. 助理人员委托出纳将函证信送交银行盖章后直接取回交给自己

C. 对存款余额较小的开户银行采用的是消极式函证

D. 函证银行存款的同时，也对银行借款和借款抵押的情况进行了函证

4. 注册会计师拟对A公司的货币资金实施实质性程序。以下审计程序中，属于实质性程序的有（ ）。

A. 检查银行预留印鉴是否按照规定保管

B. 检查库存现金是否妥善保管，是否定期盘点、核对

C. 检查银行存款余额调节表中未达账项在资产负债表日后的进账情况

D. 检查外币银行存款年末余额是否按年末汇率折合为记账本位币金额

5. 注册会计师在审计A公司2015年度财务报表时，监盘了A公司的库存现金，并负责监盘了存货。这两种程序的不同之处包括（ ）。

A. 盘点的参与人员不同

B. 监盘时间安排不同

C. 因盘点对象特点而执行的监盘方式不同

D. 监盘计划中与被审计单位管理层的沟通程度不同

6. 下列说法中不正确的有（ ）。

A. 制定库存现金监盘程序时应实施突击性检查，时间必须安排在上午上班前或下午下班时进行，在进行现金盘点前，应由出纳员将现金集中起来存入保险柜

B. 对于货币资金业务的授权审批制度，单位应当设置专门的审批人员，并为其授予审批权限，对于超过该审批人员授权范围的重要货币资金支付业务，应当由财务部经理或者总经理亲自审核批准

C. 盘点库存现金的时间和人员应视被审计单位的具体情况而定，但必须有出

纳员和被审计单位会计主管人员参加，并由注册会计师亲自盘点和监盘

D. 注册会计师在分配财务报表项目重要性水平时考虑到由于货币资金是企业流动性最强的资产，企业必须加强对货币资金的管理，并建立良好的货币资金内部控制以防止错漏报及舞弊的发生，所以应从严制定货币资金的重要性水平

三、判断题

1. 由于库存现金余额较小，产生的错弊金额也很小，因此注册会计师可以不进行实质性程序。（　　）

2. 一般来说，如果被审计单位的其他货币资金业务较少，注册会计师可以不进行控制测试而直接进行实质性程序。（　　）

3. 注册会计师通过询问或观察可以证实货币资金业务的不相容岗位是否相互分离。（　　）

4. 被审计单位资产负债表上货币资金中银行存款数额应以编制或取得银行存款余额调节表日银行存款的数额为准。（　　）

5. 即使企业银行存款账户余额为零，只要存在本期发生额，注册会计师均应进行函证。（　　）

6. 盘点库存现金时，必须有被审计单位出纳员和会计主管人员参加，并由注册会计师监盘。（　　）

7. 如果现金盘点不是在资产负债表日进行的，注册会计师应将资产负债表日至盘点日的收付金额调整至盘点日金额。（　　）

8. 向银行函证企业的银行存款，不仅可以证实企业银行存款的真实性，而且可以核实企业对银行借款的完整性。（　　）

9. 注册会计师对银行存款的函证，一律采用积极式，不能采用消极式。（　　）

10. 为证实银行存款记录的正确性，注册会计师必须抽取一定期间的银行存款余额调节表，将其同银行对账单、银行存款日记账及总账进行核对，确定被审计单位是否按月正确编制并复核银行存款余额调节表。（　　）

11. 取得银行存款余额调节表后，注册会计师应检查调节表中未达账项的真实性，以及资产负债表日后的进账情况，如果查明存在应于资产负债表日之前进账的，应做出记录并提出适当的调整建议。（　　）

四、简答题

1. 2016 年 1 月 10 日上午 8 时，A 市审计局派出的审计人员对 B 公司的库存现金进行突击盘点。经过盘点，实际的情况如下：

（1）现钞有 100 元币 10 张，50 元币 13 张，10 元币 16 张，5 元币 19 张，2 元币 22 张，1 元币 25 张，5 角币 30 张，2 角币 20 张，1 角币 40 张，硬币 5 角 8 分，总计 1 997. 58元。

（2）已收款尚未入账的收款凭证 3 张，共计 130 元。

(3) 已收款尚未入账的付款凭证5张，共计520元，其中有C借条一张，日期为2015年7月15日，金额为200元，未经批准和未说明用途。

(4) 盘点的库存现金账面余额为1 890.20元，2016年1月1日至2016年1月10日收入现金4 560.16元，支出现金4 120元。2015年12月31日库存现金账面余额为1 060.04元。

要求：

(1) 请说明上述资料是如何获得的？

(2) 根据资料编制库存现金盘点表，计算出盈亏，并推算2015年12月31日库存现金实存额。

(3) 指明B企业存在的问题，提出处理意见。

2. 审计人员在2016年8月14日检查了某企业7月份银行存款日记账的收支业务并与银行对账单进行核对。2016年7月31日银行对账单余额为223 546元，银行存款日记账为220 000元，核对后发现有下列不符情况：

(1) 7月8日，银行对账单上收到外地存款8 500元（经查系外地某乡镇企业），但日记账上无此记录。

(2) 7月22日，对账单上有存款利息460元，日记账上为454元（经查系记账凭证写错）。

(3) 7月25日，对账单付出8 500元（经查系转账支票），但日记账无此记录。

(4) 7月26日，日记账上付出40元，对账单上无此记录（经查系记账员误记）。

(5) 7月31日，日记账上有存入转账支票4 000元，但对账单上无此记录。

(6) 7月31日，日记账上有付出转账支票4 000元，但对账单上无此记录。

(7) 对账单有7月31日收到托收款5 500元，但日记账无此记录。

要求：

(1) 根据上述资料编制银行余额存款调节表。

(2) 指出该企业银行存款管理上存在的问题。

第九章　销售与收款循环审计

【引导案例】

审计人员对某公司2015年资产负债表中的“应收账款”项目进行审计。该公司应收账款总计为250万元，有40个明细账，审计人员决定抽样函证。在检查回函情况时，发现以下现象：

（1）A公司欠款80万元，对方回函声明已于2015年12月30日由银行汇出80万元。

（2）B公司欠款5万元，未收到回函。

（3）C公司欠款50万元，对方回函称2015年11月已预付5万元。

（4）D公司欠款15万元，对方称所购货物并未收到。

要求：对于上述情况，审计人员应如何实施审计程序验证。

（1）审阅该公司2016年有关凭证，证实A公司的付款确已于2016年1月5日入账。

（2）采用替代程序证实B公司确实欠款7万元。

（3）审阅该公司2015年11月的有关凭证，查明C公司预付账款5万元确实已收到，货物尚未发出。提请该公司编制调整分录如下：

借：预收账款　　500 000

　贷：应收账款　　500 000

（4）检查该公司2015年的货运凭证，发现货物确已运出，将货运凭证复印件寄送D公司重新查证。

第一节　销售与收款循环及其内部控制测试

一、销售与收款循环的基本内容

销售与收款循环是指企业将产品提供给客户并收取价款的过程。

销售与收款循环的特性主要包括两部分内容：一是本业务循环所涉及的主要凭证和会计记录；二是本循环中的主要业务活动。

（一）销售与收款循环的主要凭证和会计记录

典型的销售与收款循环涉及的主要凭证和会计记录有以下几种：

（1）顾客订货单。

（2）销售单。

（3）发运凭证。

（4）销售发票。

（5）商品价目表。

（6）贷项通知单。

（7）汇款通知书。

（8）坏账审批表。

（9）顾客月末对账单。

（10）记账凭证（收款凭证、转账凭证）。

（二）销售与收款循环的基本业务

企业的销售与收款循环主要是由企业同顾客交换商品或劳务、收回现金等经营活动组成，涉及销售业务、收款业务、销售调整业务（包括销售折扣、折让和退回，坏账准备的提取和冲销）等内容。每一业务均需经过若干步骤才能完成。销售主要分为现销和赊销两种方式。

以下以提供有形商品的赊销为例，说明销售与收款循环的基本业务。

赊销方式下销售与收款循环基本业务如下：

（1）制订销售计划。

（2）处理订单。

（3）批准赊销。

（4）发货。

（5）开具销售发票。

（6）记录销售业务。

（7）办理和记录现金、银行存款收入。

（8）办理和记录销货退回、销货折扣与折让。

（9）注销坏账和提取坏账准备。

（三）销售与收款循环涉及的主要账户

销售与收款循环所涉及的主要账户包括：主营业务收入、主营业务成本、应交税金、应收账款、预收账款、应收票据、坏账准备、销售折扣与折让、现金、银行存款、管理费用、库存商品等。本章着重介绍主营业务收入、应收账款、坏账准备、应交税金、应收票据、预收账款等账户的审计，其余账户的审计分别在其他章节介绍

二、销售与收款循环的内部控制及其测试

（一）销售与收款循环的内部控制

销售与收款循环内部控制的一般构成内容如下：

（1）职责分工控制。

（2）授权审批控制。

（3）销货款的催收和定期核对控制。

（4）会计控制。

（5）坏账核准制度。

（6）内部查核程序控制。

（二）销售与收款循环的内部控制测试

内部控制测试是为了确定内部控制的设计和执行是否有效而实施的审计程序。

审计人员只对那些准备信赖的内部控制执行测试，并且只有当信赖内部控制而减少的实质性测试的工作量大于控制测试的工作量时，内部控制测试才是必要的和经济的。

销售与收款循环的内部控制测试主要包括以下内容：

（1）抽取一定数量的销售发票，进行如下检查：

①检查销售发票本上所有的发票存根联是否连续编号，开票人员是否按照顺序开具发票，作废的发票是否加盖“作废”戳记并与存根联一并保存。

②检查销售发票上的单价是否按批准的价目表执行，并将销售发票与相关的销售通知单、销售订单、出库单所载明的品名、规格、数量、价格相核对。销货通知单上应有信用部门的有关人员核准赊销的签字。

③检查销售发票中所列的数量、单价和金额是否正确，包括将销售发票中所列商品的单价与商品价目表的价格进行核对、验算发票金额的正确性。

④从销售发票追查有关的记账凭证、应收账款明细账以及主营业务收入明细账，确定被审计单位是否及时正确地登记有关凭证、账簿。

（2）观察被审计单位是否按月寄发对账单，并检查顾客回函档案。

（3）抽取一定数量的出库单或提货单，与相关的发票相核对，检查已发出的商品是否均以向顾客开出发票。

（4）从主营业务收入明细账中抽取一定数量的会计记录，并与有关的记账凭证、销货发票相核对，以确定是否存在收入高估或低估的情况。

（5）抽取一定数量的销售调整业务的会计凭证，检查销售退回、折让、折扣的核准与会计核算。主要包括以下内容：

①确定销售退回与折让的批准与贷项通知单的签发职责是否分离。

②确定现金折扣是否经过适当授权，授权人与收款人的职责是否分离。

③检查销售退回和折让是否附有按顺序编号并经主管人员核准的贷项通知单。

④检查退回的商品是否具有仓库签发的退货验收报告（或入库单），并将验收报告的数量、金额与贷项通知单等核对。

⑤确定退货、折扣、折让的会计记录是否正确。

（6）抽取一定数量的记账凭证、应收账款明细账进行如下检查：

①从应收账款明细账中抽取一定的记录并与相应的记账凭证进行核对，比较二者登记的时间、金额是否一致。

②应收账款明细账中抽查一定数量的坏账注销业务，并与相应的记账凭证、原始

凭证进行核对，确定坏账的注销是否合乎有关法规的规定，企业主管人员是否核准等。

③确定被审计单位是否定期与顾客对账，在可能的情况下，将被审计单位一定期间的对账单与相应的应收账款明细账的余额进行核对，如有差异，则应进行追查。

（7）观察职工获得或接触资产、凭证和记录（包括存货、销售通知单、出库单、销售发票、账簿、现金及支票）的途径，并观察职工在执行授权、发货、开票等职责时的表现，确定被审计单位是否存在必要的职务分离，内部控制在执行过程中之否存在弊端。

（8）评价销售与收款循环内部控制的有效性和控制风险。

注意：销售与收款循环内部控制与货币资金内部控制和存货内部控制紧密相连，共同发挥着相应的控制职能和作用。在具体审计中，这些内部控制的调查与测试应结合进行。

第二节　主营业务收入审计

一、主营业务收入审计目标

主营业务收入审计目标如下：

第一，确定主营业务收入的内容、数额是否合理、正确、完整。

第二，确定销货退回、销售折扣与折让的处理是否经过授权批准、是否恰当，并及时入账。

第三，确定主营业务收入的发生额及其会计处理是否正确。

第四，确定主营业务收入在损益表中的披露是否恰当。

二、主营业务收入的实质性测试

主营业务收入的实质性测试程序如下：

第一，获取或编制主营业务收入明细表。

第二，实施分析性复核。

（1）将本年度内各期主营业务收入实际数与计划数进行比较，了解计划完成情况。

（2）将本期与上期的主营业务收入进行比较，分析产品销售的结构和价格的变动是否正常，并分析异常变动的原因。

（3）比较本期各月主营业务收入的变动情况，分析其变动趋势是否正常，并查明异常现象和重大波动的原因。

（4）计算本期及各个月份的毛利率，并与企业的历史数据和行业平均水平进行比较，注意有无重大差异、注意收入和成本的配比。

第三，检查主营业务收入的确认原则、方法。对主营业务收入确认时间的审计，应结合不同的销售方式和货款结算方式进行（见表9-1）。

表 9-1　　对主营业务收入确认时间的审计

销售方式（付款方式）	收入确认时间	审查内容
交款提货方式	货款收到（取得收取货款权利）且发票和提货单交给对方	是否收到货款或取得收取货款权利，将发票和提货单交给对方；有无压扣凭证或虚开发票
预收账款方式	商品发出	是否收到货款；是否货物发出之后确认收入；是否虚开出库凭证
托收承付方式	商品发出且办妥托收手续	是否发货；托收手续是否办妥；发运凭证真实性如何；托收承付结算回单正确性如何
委托他方代销	代销商品售出且收到代销清单	有无虚假代销清单
分期收款结算方式	合同约定的收款日期分期确认	是否收到货款；日期是否正确；对已实现的收入是否有少入账、不入账、缓入账
长期工程合同收入	完工进度（完工合同）	收入计算和确认方法的合规性；应计收入和实计收入是否一致
委托外贸代理出口	收到发运凭证和银行交款凭证	发运凭证和银行交款单的真实性
对外转让土地使用权和销售商品房	财产移交且发票结算单提交对方	移交手续的合规性发票是否交给对方；

第四，审查售价是否合理。

第五，审查主营业务收入的会计处理是否恰当。主营业务收入会计处理、会计记录的正确性，直接影响到企业损益资料的正确性。审计人员应对主营业务收入的会计处理是否真实、恰当予以审查。其基本要点包括：

（1）抽查部分销售业务，进行从原始凭证到记账凭证、主营业务收入明细账的全过程的审查，核实其记录、过账、加总是否正确。

（2）将主营业务收入明细账与总账及其他相关账簿、利润表及其附表相核对，检查其是否账账相符、账表相符、表表相符。

（3）检查结账日前后的销售收入记录，与销售发票、出库单和货运文件相核对，查明有无已记销售收入而销售尚未实现或销售已实现而未记本年销售收入的情况。

（4）检查与库存商品账户有关的对应账户是否正确，同时检查销售收款凭证，检查其账务处理是否正确。

审计中，审计人员应特别注意审查库存商品明细账的发出栏记录，检查其对应账户的正确性。下面介绍几种可能隐含会计处理错误的情况：

①对应账户为“盈余公积（公益金）”“在建工程”等，应注意是否为福利部门、在建工程领用产品，未通过“主营业务收入”账户，漏记收入。

②对应账户为“销售费用”“管理费用”等，可能是将产品作为馈赠礼物。

③对应账户为“银行存款”“库存现金”“应收账款”，应注意其价格是否正常，有无低估或高估收入等情况。

④对应账户为“原材料”，应注意是否存在以物易物，互不开销售发票，从而少记

收入。

审计人员如果发现以上异常对应账户，应进一步审查、核实。

第六，实施截止测试。实施截止预测的目的主要在于确定被审计单位主营业务收入的会计记录归属期是否正确、有无跨期收入。

根据收入确认的基本原则，审计人员在审计中应注意把握3个与主营业务收入确认有密切关系的日期：一是发票开具日期或收款日期；二是记账日期；三是发货日期（服务业则是提供劳务的日期）。

第七，检查销售退回、折扣与折让业务是否真实，内容是否完整，相关手续是否符合规定，折扣与折让的会计处理是否正确。企业在销售业务中，往往会因产品质量、品种不符合要求以及结算方面的原因而发生销售折扣、销售退回与折让业务。尽管引起销售折扣、销售退回与折让的原因不尽相同，其表现形式也不尽一致，但都是对收入的抵减，直接影响主营业务收入的确认和计量，而且又往往被用作调节收入和利润的手段。因此，在审计中，审计人员应特别注意以下情况：

（1）检查销售折扣、销售退回与折让原因和条件是否真实、合规，有无借销售折扣、退回与折让之名，行转移收入或贪污货款之实的舞弊行为。

（2）检查销售折扣、退回与折让的审批手续是否完备和规范，有无内外勾结、越权乱批、擅自实行折扣和折让而转利于关系单位等情况。

（3）检查销售折扣、退回与折让的数额计算是否正确，会计处理是否恰当。

（4）检查销售退回的产品是否已验收入库，并登记入账，有无形成账外物资的情况；销售折扣与折让是否及时足额提交对方，有无虚设中介、转移收入、私设账外“小金库”等情况。

上述销售折扣、销售退回与折让的审计方法，主要是根据销售合同的具体规定，审阅主营业务收入明细账和存货明细账，抽查有关凭证，验算核对账证是否相符，如有不符，需进一步分析原因、核实取证。

第八，检查主营业务收入是否已在利润表上恰当披露。审计人员应审查利润表上的主营业务收入项目、数字是否与审定数相符，收入确认所采用的会计政策是否已在会计报表附注中披露。

【例9-1】审计人员审查某钢铁厂主营业务收入时，发现该厂2015年12月31日售给某金属材料公司钢材500吨，每吨售价1 500元，共计75万元，全部以应收账款入账。但审计人员检查当时库存产品记录时，发现仓库并没有那么多钢材。经函证该金属材料公司，证实交货和办理货款结算均在2016年1月15日进行。

要求：

（1）分析该钢铁厂可能存在的问题，指出其目的是什么？

（2）说明审计人员在审计中的步骤和方法。

解析：

（1）该钢铁厂违反《企业会计准则第14号——收入》的有关规定，将应在2016年确认的收入提前到2015年确认，虚增了2015年的主营业务收入。

该企业这样做的目的是为了虚增2015年的利润，夸大2015年的经营业绩。

（2）审计人员在审计中首先检查（审阅）该钢铁厂 2015 年主营业务收入明细账和应收账款明细账，发现了期末异常销售业务。进而检查当时库存产品记录，发现仓库并没有那么多钢材，进一步证实了审计人员的初步怀疑。然后向购货单位某金属材料公司函证，证明该笔销售业务的截止期错误。最后分析了该钢铁厂这样做的目的是虚增收入，夸大经营业绩。

第三节　应收账款审计

一、应收账款审计目标

应收账款审计目标如下：

第一，确定应收账款是否存在。

第二，确定应收账款是否归被审计单位所有。

第三，确定应收账款增减变动的记录是否完整。

第四，确定应收账款是否可收回，坏账准备的计提方法和计提比例是否恰当、计提是否充分。

第五，确定应收账款和坏账准备的期末余额是否正确。

第六，确定应收账款在会计报表上的披露是否恰当。

二、应收账款的实质性测试

第一，获取或编制应收账款明细表，复核加计是否正确，并与报表数、总账数和明细账合计数核对相符。

第二，分析应收账款账龄，编制账龄分析表，了解应收账款的可收回性。

第三，实施分析性复核。对应收账款实施分析性复核一般从以下几方面分析：

（1）将应收账款、坏账准备的本期发生额和期末余额与本企业的历史数据及同行业的平均水平进行比较，以发现应收账款的变化趋势。

（2）应收账款与销售收入的比率。

（3）应收账款周转率。

（4）应收账款与流动资产的比率。

（5）销售退回和折让与销售收入的比率。

（6）坏账准备与应收账款的比率。

第四，应收账款函证。应收账款函证是指直接发函给被审计单位的债务人，要求核实被审计单位应收账款记录是否正确的一种审计方法。

应收账款函证的目的在于证实应收账款账户余额的真实性、正确性，防止或发现被审计单位及其有关人员在销售业务中发生差错或弄虚作假、营私舞弊行为。

函证是应收账款审计的必要程序。

（1）函证的范围和对象。确定函证的范围应根据职业判断做出选择，同时考虑成本效益原则。函证的范围和对象的确立主要由以下因素决定：

①应收账款在全部资产中的比重。

②被审计单位内部控制的强弱。

③以前年度的函证结果。

④函证方式的选择（见表9-2）。

表9-2 函证方式

函证方式	特点	适用情况
肯定式函证	无论对错都要求回函	个别账户的欠款金额较大、拖欠时间长、出现异常余额；有理由相信欠款可能存在争议、差错或问题
否定式函证	不同意函证的余额要求回函	相关的内部控制是有效的，固有风险和控制风险评估为低水平；预计差错率较低；欠款余额小的债务人数量较多；注册会计师有理由相信被函证者能够认真对待询证函，并对不正确的情况作出反映

（2）函证时间的选择。为了充分发挥函证的作用，通常应选择与资产负债表日接近的时间进行函证，同时也要考虑对方复函的时间，尽可能做到在审计人员的审计工作结束前取得函证的全部资料。一般来说，可选择在结账日前的某一天发询证函。这时审计人员有必要对函证日与结账日之间发生的有关赊销业务进行审计，以免发生遗漏事项。选择在结账日前的某一天发询证函的优点是审计人员可以在不推迟发表审计报告的前提下有更多时间等候对方的回函，并有时间调查差异，以及有时间在收不到对方回函时采取其他替代审计程序。但是如果被审计单位的应收账款内部控制较为薄弱，则应将函证时间定在结账日，以防止被审计单位有关人员在函证日与结账日之间发生舞弊行为。

（3）函证的控制。审计人员应对函证过程进行控制，直接控制询证函的发送和回收。被审计单位的会计人员根据应收账款账龄分析表或应收账款明细账期末余额，协助办理准备询证函、信封、贴邮票等事项。询证函一般以被审计单位的名义签发，但回复函的信封上必须写明会计师事务所的地址，以保证所有回复函能寄到审计人员手中。询证函的收发均应由审计人员密切监控制，以避免被审计单位有关人员借机更改数字或截留。如果询证函因无法投递而被退回时，审计人员必须仔细分析，了解其中的原因。在大多数情况下，询证函退回表明债务人已搬迁或地址有误，但也有可能该项应收账款本身就是一笔不存在的假账。对于采用积极式函证方式而没有得到答复的，应采用追查程序，一般说来应发送第二次乃至第三次询证函，如果仍得不到答复，审计人员则应考虑采用必要的替代审计程序。例如，检查与销售有关的文件，包括销售合同、顾客订货单、发货凭证、销售发票等，以验证这些应收账款的真实性。审计人员可通过函证结果汇总表来加以控制。

（4）函证结果差异的分析和评价。对于回函所确认的差异，注册会计师应认真分析。产生差异的原因主要是购销双方存在未达账项、购销一方或双方存在记账差错或舞弊行为。

第五，检查未函证的应收账款。由于审计人员不可能对所有应收账款进行函证，因此对于未函证应收账款，审计人员应采用相关的审计替代程序，抽查有关销售业务的原始凭证，如销售合同、顾客订货单、发货凭证及销售发票等，以验证这些应收账款是否真实正确。

第六，截止测试。

第七，所有权测试。

第八，检查本期收款业务。

第九，检查坏账的确认和处理。首先，审计人员应检查应收账款有无债务人破产或死亡的，以及破产清算或遗产清偿后仍无法收回的，或者债务人长期未履行清偿义务的。其次，应检查被审计单位坏账的处理是否经授权批准，有关会计处理是否正确。

第十，审查外币应收账款的结算。对于因非记账本位币结算的应收账款，审计人员应审查被审计单位外币应收账款的增减变化是否按业务发生时的市场汇率或期初市场汇率折合为记账本位币金额，所选折合汇率前后各期是否一致；期末外币应收账款余额是否按期末市场汇率折合为记账本位币金额；折算差额的会计处理是否正确。

第十一，确定应收账款在资产负债表上是否恰当披露。审计人员应确定资产负债表中的“应收账款”项目是否正确。一般应注意“应收账款”项目的数额是否根据“应收账款”和“预收账款”账户所属明细账的期末借方余额的合计数减去“坏账准备”账户贷方余额后的差额填列的。如果被审计单位不设置“预收账款”账户，则直接根据“应收账款”账户所属明细账的期末借方余额的合计数与“坏账准备”账户贷方余额的差额填列。

【例 9-2】请根据表 9-3 的数据，选择两个客户进行函证，对应收账款余额进行确认。

表 9-3　　应收账款余额表　　单位：元

客户名称	应收账款余额	赊销总额
A	59 000	893 000
B	30 000	220 000
C	—	9 900 000
D	11 300 000	26 000 000

解析：应当选择 A 和 D 两个客户进行函证，因为这两个客户应收账款余额最大。

【例 9-3】请根据表 9-4 的数据，选择两个客户进行函证，对应付账款余额进行确认。

表 9-4　　应付账款余额表　　单位：元

客户名称	应付账款余额	赊购总额
A	59 000	893 000

表9-4(续)

客户名称	应付账款余额	赊购总额
B	30 000	220 000
C	—	9 900 000
D	11 300 000	26 000 000

解析：应当选择C和D两个客户进行函证，因为这两个客户低估应付账款的可能金额最大。

【例9-4】应付账款明细账的情况如表9-5所示，请选择应向哪几位客户进行函证。

表9-5　　应付账款明细账　　单位：元

户名	借方发生额		贷方发生额		期末余额	
	发生时间	发生金额	发生时间	发生金额	借方	贷方
A			12.10.10	30 000		30 000
B	14.4.20	40 000	13.8.20	50 000		10 000
C	14.8.30	60 000	14.7.5	35 000	25 000	
D	14.12.30	200 000	14.8.15	205 000		5 000
E			14.11.20	70 000		70 000

解析：应当选择A、C、D三个客户进行函证。因为A长期挂账，真实性可能有问题；C出现了借方余额，可能有记账错误；D发生额较大而余额较小，可能有虚假偿还、隐瞒负债的问题。

【例9-5】ABC会计师事务所接受委托，审计Y公司2015年度的会计报表。A注册会计师了解和测试了与应收账款相关的内部控制，并将控制风险评估为高水平。A注册会计师取得2015年12月31日的应收账款明细表，并于2016年1月15日采用肯定式函证方式对所有重要客户寄发了询证函。A注册会计师将函证结果相关的重要异常情况汇总于表9-6。

表9-6　　询证函结果异常情况汇总表

异常情况	函证编号	客户名称	询证金额（元）	回函日期	回函内容
(1)	22	甲	300 000	2016年1月22日	购买Y公司300 000元货物属实，但款项已于2015年12月25日用支票支付
(2)	56	乙	500 000	2016年1月19日	因产品质量不符合要求，根据购货合同，于2015年12月28日将货物退回

表9-6(续)

异常情况	函证编号	客户名称	询证金额（元）	回函日期	回函内容
(3)	64	丙	640 000	2016年1月19日	2015年12月10日收到Y公司委托本公司代销的货物640 000元，尚未销售
(4)	82	丁	900 000	2016年1月18日	采用分期付款方式购货900 000元，根据购货合同，已于2015年12月25日首付300 000元
(5)	134	戊	600 000	因地址错误，被邮局退回	—

要求：针对上述各种异常情况，A注册会计师应分别相应实施哪些重要审计程序？

解析：(1) A注册会计师应检查2015年12月25日及以后的银行存款对账单和银行存款日记账，确定该货款收妥入账的日期。最终确定资产负债表日该应收账款是否存在。

(2) A注册会计师应先检查销售退回的有关文件资料，再检查退回货物的验收入库情况，此外还要检查有关会计处理是否正确。

(3) A注册会计师应审查与丙公司的代销合同和代销清单，确认是否为应收账款。若属于尚未售出，则提请被审计单位调整。

(4) A注册会计师应首先检查与丁公司的销售合同；其次检查2015年12月25日及以后的银行存款对账单和银行存款日记账，确定收到300 000元的时间，若12月31日以后收到，则确认300 000元应收账款的存在；最后提请被审计单位将多计的600 000元的应收账款进行调整。

(5) A注册会计师应首先查明退函的原因，其次执行替代程序（检查与销售有关的凭证）或执行追查程序（再次函证），以确认应收账款是否存在。

第四节 其他相关账户审计

一、应收票据审计

应收票据的实质性测试程序主要包括：

(1) 获取或编制应收票据明细表。

(2) 监盘库存应收票据。

(3) 函证应收票据。

(4) 审查应收票据的利息收入。

(5) 审查已贴现应收票据。

(6) 确定应收票据在会计报表上的披露是否恰当。

二、应交税金审计

应交税金的实质性测试程序包括：

（1）获取或编制应交税金明细表。

（2）检查被审计单位纳税的相关规定，应获取纳税通知书及征、免、减税的批准文件，了解被审计单位适用的税种、计税基础、税率，以及征、免、减税的范围与期限，确认其在被审计期间内应纳税的内容。

（3）检查应交增值税、应交营业税、应交消费税。

（4）审查企业应交所得税。

（5）检查其他应交税项，如应交城市维护建设税、资源税、土地增值税、车船使用税、房产税以及代扣税项的计算是否正确。

（6）核对年初未交税金与税务机关的认定数是否一致，如有差额，应查明原因做出记录，必要时进行适当调整。

（7）确定本年度应纳的税款，检查有关账簿记录和纳税凭证，确认本年度已纳税款和年末未纳税款。

（8）检查应交税金是否已在资产负债表上进行恰当的披露。

三、坏账准备审计

坏账准备的审计目标如下：

（1）确定计提坏账准备的方法和比例是否恰当，坏账准备的计提是否充分。

（2）确定坏账准备增减变动的记录是否完整。

（3）确定坏账准备年末余额是否正确。

（4）确定坏账准备是否在资产负债表上恰当披露。

坏账准备的实质性测试程序一般包括：

（1）检查坏账准备的计提。审计人员主要应查明坏账准备的计提方法和比例是否符合制度规定、计提数额是否恰当、会计处理是否正确、前后期是否一致。

根据我国企业会计准则的规定，企业只能采用备抵法核算坏账损失，计提坏账损失的具体方法（应收账款余额百分比法、销货百分比法、账龄分析法）由企业自行确定。坏账准备的提取方法一经确定，不得随意变更。如需变更，应经股东大会、董事会、经理会议或类似机构批准，并且按照法律、行政法规的规定报有关各方备案，还要在会计报表附注中说明变更的内容和理由、变更的影响数等。

在确定坏账准备的计提比例时，企业应当根据以往的经验、债务单位的实际财务状况和现金流量的情况以及其他相关信息合理地估计。只有在有确凿证据表明该项应收款项不能收回，或收回的可能性不大的情况下，才能全额计提坏账准备。

（2）检查坏账损失。对于被审计单位在审计期间发生的坏账损失，审计人员应检查其原因是否清楚、有无授权批准、有无已进行坏账损失处理后又重新收回的应收款项以及相应的会计处理是否正确。

（3）检查长期挂账的应收款项。审计人员应检查应收账款明细及相关原始凭证，查找有无资产负债表日后仍有未收回的长期挂账应收账款。如有，应提请被审计单位进行适当处理。

（4）检查函证结果。审计人员应检查债务人回函的例外事项及存在争执的余额，查明原因并进行记录，必要时应建议被审计单位进行相应的调整。

（5）检查坏账准备的借方记录是否与列作坏账损失的账项一致。

（6）实施分析性复核。分析性复核，即通过计算坏账准备余额占应收款项余额的比率，并和以前年度的相关比率核对，检查分析其重大差异，以发现有重要问题的审计领域。

（7）确定坏账准备是否已在资产负债表上恰当披露。企业应当在资产负债表附注中清晰地说明坏账的确认标准、坏账准备的计提方法和计提比例，并应区分应收账款和其他应收款项目，按账龄披露坏账准备的期末余额。

四、销售费用审计

销售费用的实质性测试程序包括：

（1）获取或编制销售费用明细表，复核加计正确，并与报表数、总账数和明细账合计数核对相符。

（2）检查销售费用各项目开支标准是否符合有关规定，开支内容是否与被审计单位的产品销售等活动有关，计算是否正确。

（3）将本期销售费用与上期销售费用进行比较，并将本期各月的销售费用进行比较，如有重大波动和异常情况应查明原因，并进行适当处理。

（4）选择重要或异常的销售费用，检查其原始凭证是否合法、会计处理是否正确，必要时，对销售费用实施截止测试，检查有无跨期入账的现象，对于重大跨期项目应建议进行必要调整。

（5）核对销售费用有关项目金额与累计折旧、应付工资等项目相关金额的勾稽关系，如有不符，应查明原因并进行适当处理。

（6）检查销售费用的结转是否正确、合规，查明有无多转、少转或不转销售费用以及人为调节利润的情况。

（7）确定销售费用在利润表上披露的恰当性。

五、其他业务利润审计

其他业务利润是指企业经营主营业务以外的其他业务活动所产生的利润。在一般情况下，其他业务利润具有不经常、不定期、数额不稳定的特点。其他业务利润项目包括“其他业务收入”和“其他业务成本”两个项目。

其他业务利润的实质性测试一般包括：

（1）获取或编制其他业务收支明细表，复核加计正确，与报表数、总账数和明细账合计数核对相符，并注意其他业务收入是否有相应的其他业务成本数。

（2）将本期其他业务利润与上期其他业务利润比较，如有重大波动和异常情况，了解波动和异常的原因，并分析其合理性。

(3) 抽查大额其他业务收支项目。审计人员应根据其他业务收支明细表，抽查大额其他业务收支项目，检查原始凭证是否齐全、有无授权批准、会计期间是否恰当；注意其他业务收入的内容是否真实、合法，是否符合收入实现原则；其他业务收入与其他业务成本是否配比，有关税金、费用的计算是否正确，会计处理是否正确。

(4) 检查异常的其他业务收支项目，追查其入账依据及有关法律性文件是否充分。

(5) 确定其他业务利润是否在利润表上恰当披露。

六、预收账款审计

预收账款的实质性测试一般包括：

(1) 获取或编制预收账款明细表。复核加计是否正确，并核对其期末余额合计数与报表数、总账数和明细账合计数是否相符。

(2) 请被审计单位协助，在预收账款明细表上标出截至审计日已转销的预收账款，对已转销金额较大的预收账款进行检查，核对记账凭证、仓库发运凭证、销售发票等，并注意这些凭证发生日期的合理性。

(3) 选择预付账款重要项目，函证年末余额的正确性。预收账款的函证与应收账款的函证方法基本一致，在此不再赘述。

(4) 对未发询证函的预收账款，应抽查有关原始凭证。

(5) 检查预收账款是否存在借方余额，是否建议进行重分类调整。

(6) 检查预收账款长期挂账的原因，并做出记录，必要时提请被审计单位予以调整。

(7) 检查预收账款是否在资产负债表上恰当披露。

【拓展阅读】

某股份有限公司 2014 年度的会计报表由 ABC 会计事务所的审计人员甲和乙进行审计，并发表了无保留意见审计报告。之后，ABC 会计师事务所与该股份有限公司续签了 2015 年度会计报表的业务约定。2015 年 4 月 7 日，甲和乙审计人员在审查该股份有限公司 2015 年度的生产成本等项目前，经符合性测试认为该股份有限公司关于成本项目的内部控制制度可以高度信赖。表 9-7 是甲和乙审计人员收集的该股份有限公司上期及本期的有关资料。

表 9-7　某股份有限公司 2014 年度和 2015 年度有关资料

年份	年末存货余额（元）	主营业务成本（元）	主营业务收入（元）	存货周转率	毛利率（%）
2014 年	7 993	31 892	39 977	3.99	20
2015 年	8 111	31 967	40 480	3.94	21

假定近两年市场情况平稳，该股份公司的生产经营情况平稳，并且甲和乙审计人员通过对成本项目的实质性测试已合理确认主营业务成本的数额，请指出存货项目、

主营业务收入项目可能存在的问题，并说明理由。

审计分析：因为甲和乙审计人员对客户2014年度会计报表出具了无保留意见审计报告，在分析2015年度数据时可以信赖客户2014年度会计报表的数据。首先，因为企业的生产经营情况平稳，作为企业内在规律的存货周转率应当是稳定的。该股份有限公司2014年度的存货周转率为31 892/7 993≈3.99。在2015年，如果存货周转率不变，则在已确认主营业务成本的前提下，推算的存货预期余额为31 967/3.99≈8 011万元，但该股份有限公司列示的存货余额为8111万元，比预期数额高出了整整100万元，有必要将存货的高估问题列为重要问题。其次，毛利率为行业规律及市场规律，也是稳定的。在2014年，该股份有限公司的毛利率为1-31 892/39 977≈20.22%，在毛利率不变的情况下，依据主要业务成本推算的本年主营业务收入额为31 967/（1-0.202 2）≈40 069万元，而该股份有限公司的未审主营业务收入为40 480万元，比推算的预期数额高出411万元。基于此，有理由怀疑该股份有限公司的主营业务收入有重大的高估情况。

【思考与练习】

一、单项选择题

1. 整个销售与收款循环的起点是（　　）。

A. 按销售单供货　　B. 向客户开具账单
C. 客户提出订货要求　　D. 批准赊销信用

2. 记录销售有关的控制程序通常包括以下几个方面，其中最有助于管理层对其销货记录的发生认定的控制程序是（　　）。

A. 控制所有事先连续编号的销售发票
B. 依据附有装运凭证和销售单的销售发票记录销售
C. 检查销售发票是否经适当的授权批准
D. 记录销售的职责应与处理销货交易的其他职责相分离

3. 下列各项中，预防员工贪污、挪用销售货款的最有效的方法是（　　）。

A. 收取顾客支票与收取顾客现金由不同人员担任
B. 定期与客户进行对账
C. 请顾客将货款直接汇入公司所指定的银行账户
D. 记录应收账款明细账的人员不得兼任出纳

4. 对被审计单位的销售交易，下列注册会计师认为不属于产生高估销售的是（　　）。

A. 向虚构的顾客发货并进行相应的账务处理
B. 本期已经发生的销售交易均已入账
C. 未曾发货却已将销售交易登记入账
D. 销售交易重复入账

5. 下列有关被审计单位收入的确认中，注册会计师不认可的是（　　）。

A. 售后回购一般情况下不应确认收入，但如果售后回购满足收入的确认条件，销售的商品按照售价确认收入，回购的商品作为购进商品处理

B. 在分期收款销售方式下，虽然实质上是具有融资性质的销售，但是企业仍然不可以在销售收入满足确认条件的情况下，确认主营业务收入

C. 在商品需要安装和检验的销售方式下，购买方在接受交货以及安装和检验完毕前一般不应确认收入，但如果安装程序比较简单，或检验是为最终确定合同价格而必须进行的程序，则可以在商品发出时，或在商品装运时确认收入

D. 在代销商品方式下，如果委托方与受托方之间的协议明确表明，将来受托方没有将商品售出时可以将商品退回给委托方，或受托方因代销商品出现亏损时可以要求委托方补偿，那么委托方在交付商品时不能确认收入

6. 注册会计师在对S公司销售与收款循环进行审计时，认为S公司将登记入账的销售交易记录错误肯定是有意的是（　　）。

A. 已经发货并登记了销售交易，但金额记录错误

B. 销售交易重复入账

C. 向虚构的顾客发货，并作为销售交易登记入账

D. 未曾发货却已将销售交易登记入账

7. 下列关于营业收入项目审计的说法中，正确的是（　　）。

A. 被审计单位期末预收款项的所属明细科目的借方余额，应该在预付账款项目中列示

B. 被审计单位销售合同或协议明确销售价款的收取采用递延方式，实质上具有融资性质的，应当按照应收的合同或协议价款的公允价值确认销售商品收入金额

C. 被审计单位存在投资性房地产业务，本期对外销售了公允价值模式下的投资性房地产，企业将持有期间产生的公允价值变动损益转入到营业外收入科目

D. 被审计单位出售无形资产和出租无形资产取得的收益，均作为其他业务收入处理

8. 注册会计师对被审计单位的营业收入进行审计时，往往要实施以下审计程序，其中与证实管理层对营业收入项目的“完整性”认定关系最为密切的审计程序是（　　）。

A. 从发运凭证中选取样本，追查至销售发票存根和主营业务收入明细账

B. 计算本期重要产品的毛利率，并与上期进行比较，同时注意收入与成本是否配比，并查清重大变动和异常情况的原因

C. 确定被审计单位主营业务收入会计记录的归属期是否正确，应计入本期或下期的主营业务收入是否存在推迟或提前的情况

D. 检查售后租回的情况，若售后租回形成一项融资租赁，核实是否对售价与

资产账面价值之间的差额予以递延，并按该项租赁资产的折旧进度进行分摊，作为折旧费用的调整

二、多项选择题

1. 注册会计师对被审计单位已发生的销售业务是否均已登记入账进行审计时，常用的控制测试程序有（ ）。

A. 检查发运凭证连续编号的完整性

B. 检查赊销业务是否经过授权批准

C. 检查销售发票连续编号的完整性

D. 观察已经寄出的对账单的完整性

2. 为实现登记入账的销售交易确系已经发货给真实的客户，被审计单位设置的关键内部控制有（ ）。

A. 发运凭证均经事先编号并已经登记入账

B. 在发货前，客户的赊销已经被授权批准

C. 销售交易是以经过审核的发运凭证及经过批准的客户订购单为依据登记入账的

D. 销售价格、付款条件、运费和销售折扣的确定已经适当的授权批准

3. 被审计单位应当建立对销售与收款内部控制的监督检查制度，其监督检查的重点包括（ ）。

A. 检查是否存在销售与收款业务不相容职务混岗的现象

B. 检查授权批准手续是否健全，是否存在越权审批行为

C. 检查信用政策、销售政策的执行是否符合规定

D. 检查销售退回手续是否齐全、退回货物是否及时入库

4. 下列有关注册会计师在对被审计单位销售与收款交易实施控制测试需要注意的内容的说法中不正确的有（ ）。

A. 注册会计师应把测试重点全部放在测试员工执行数据输入的预防性控制方面

B. 在控制风险被评估为低时，注册会计师需要考虑评估的控制要素的所有方面和控制测试的结果，以便能够得出这样的结论：控制能够实施有效的管理，并发现和纠正重大错误和舞弊

C. 如果注册会计师在期中实施了控制测试，那么在年末审计时不用再选择项目测试控制在剩余期间的运行情况

D. 如果情况允许并且希望将重大错报风险评估为低，注册会计师需要对被审计单位重要的控制，尤其是对易出现高舞弊风险的现金收款和存储的控制的有效运行进行测试

5. 下列说法中正确的有（ ）。

A. 注册会计师通常通过观察被审计单位有关人员的活动以及与这些人员进行讨论，来实施对被审计单位相关职责是否分离的控制测试

B. 被审计单位对售出的商品由收款员对每笔销货开具账单后，将发运凭证按顺序归档，并且收款员应定期检查全部凭证的编号是否连续

C. 被审计单位在签订销售合同前，指定两名以上专门人员与购货方谈判，并由他们中的首席谈判代表负责签订销售合同

D. 注册会计师如果将收入与资产虚报问题确定为被审计单位销货业务的审计重点，则通常无需对销货业务完整性进行实质性程序

三、判断题

1. 注册会计师应当将应收账款询证函回函作为审计证据，纳入审计工作底稿管理，询证函回函的所有权归所在会计师事务所。（　　）

2. 应收账款询证函的寄发和收回均应由注册会计师直接控制。（　　）

3. 在审查其他应收款时，通常无须实施函证程序。（　　）

4. 应收票据的贴现，须经保管票据的有关人员的书面批准。（　　）

5. 对于应收账款项目来说，函证是其最为主要的、不可替代的审计程序。（　　）

四、简答题

1. 2016 年 1 月，审计人员在对某电扇厂应收账款进行审计时，发现在应收账款明细账中，“市宏丰商场明细账”2015 年 1 月 1 日借方余额 100 000 元，本期借贷双方均无发生额，2015 年年末仍为借方余额 100 000 元。据明细账记录，此款是 2015 年宏丰商场向该电扇厂购进电扇 600 台发生的货款。

要求：分析上述应收账款可能存在的问题，并提出处理意见。

2. 审计人员在审查某企业销售费用明细账时，发现如下记录：

（1）设销售机构人员的工资及奖金 7 300 元；

（2）预付下年度的产品广告费 20 000 元；

（3）招待客户的费用 2 500 元；

（4）支付产品的包装费 3 000 元。

要求：（1）说明审计方法；

（2）指出存在的问题；

（3）提出处理意见。

3. 审计人员在审查某工业企业 2016 年 6 月份“银行存款”日记账时，发现 6 月 24 日的摘要中注明预收某产品货款，但对方科目的名称是“主营业务收入”，金额计 30 万元，决定进一步查证。经查阅 2016 年 6 月 24 日 17#记账凭证，记账凭证上的会计分录如下：

借：银行存款　　　　300 000

　贷：主营业务收入　　　　300 000

该凭证所附的原始凭证仅是一张信汇收账通知，无发票记账联，经过询问当事人并调阅有关销售合同，确定该企业预收某单位产品预购款 30 万元，但因对制度规定不熟悉，会计人员已将其在收到预购款当日做了收入处理。

要求：指出该企业存在问题，并提出处理意见。

4. 审计人员王军审查海河公司 2016 年 9 月份“银行存款”日记账时，发现 9 月 10 日 25#摘要中注明转让专有技术 60 000 元，但对方账户是“应付账款”，决定进一步调查。经查阅 9 月 10 日 25#记账凭证，凭证的内容如下：

借：银行存款　　60 000

　贷：应付账款　　60 000

该记账凭证后面附的原始凭证是一张“送款单”回单和双方的专有技术转让协议，经询问有关人员，确定该公司的无形资产转让收入计入了“应付账款”账户。

要求：指出海河公司存在的问题并编制调账分录（假定上述问题在当期被发现）。

第十章　购货与付款循环审计

【引导案例】

注册会计师郑直在审查某企业“应付账款”项目时，发现有两笔长期挂账的应付账款，其中应付A公司300万元，账龄2年半；应付B公司200万元，账龄1年半，且均未附有关的原始凭证。审计人员就此问题询问了被审单位的有关人员，被审计单位无法提供充分的证据，证明这两笔经济业务的经济性质。审计人员向A公司和B公司寄送了询证函。A公司回函称，该笔账款已于2年前收回，而B公司没有回函。审计人员通过进一步调查得知，B公司并不存在。据此，审计人员判定上述两项应付账款均不存在，于是提请被审单位进行补充会计处理，并对会计报表相关数据进行调整。被审单位同意进行有关改正。审计人员将该情况和被审单位的处理情况详细记录于审计工作底稿，同时考虑到两笔负债合计金额较大，遂采用沟通函的方式通知了被审计单位管理当局。

第一节　购货与付款循环及其内部控制测试

一、购货与付款循环的主要业务和凭证

（一）主要业务

购货与付款循环是指企业购买各种商品和劳务，验收入库并支付货款，准备投入生产经营过程的一系列业务总和。一般要经过请购—订货—验收—付款基本程序。购货与付款循环的主要业务主要在仓储部门和财务部门两个部门。

1. 仓储部门的主要业务活动

（1）请购商品和劳务。

（2）编制订购单。

（3）验收商品。

（4）储存已验收的商品。

2. 财务部门的主要业务活动

（1）编制付款凭单。

（2）确认与记录负债。

（3）付款。

（4）记录现金和银行存款支出。

（5）定期与供应商、开户行对账。

购货与付款循环的经济业务影响到许多账户，包括资产负债表账户和利润表账户。这些账户中比较重要的有库存现金、应付账款、应付票据、预付账款、存货、应交税费（增值税）等。

（二）凭证和会计记录

1. 原始凭证

购货与付款循环主要涉及的原始凭证是请购单、订购单、验收单、入库单、卖方发票。

2. 会计记录

购货与付款循环主要涉及的会计记录是付款凭单、转账凭证、付款凭证、应付账款明细账、现金日记账和银行存款日记账、卖方对账单等。

二、购货与付款循环审计目标

目标是行动的指南，审计目标决定审计测试的时间、性质与范围。购货与付款循环审计的目标主要有以下 7 个方面：

（1）存在和发生。确定会计报表所记载的存货的采购以及与之相关的应付账款或货款支付业务确实发生，所购货物的数量和质量与订货合同、购货发票、入库单、验收单相一致，没有虚报、虚构的情况发生。

（2）完整性。确定企业所有的购货业务以及所有应付账款的发生与偿还均已完整记录，不存在漏记事项。

（3）所有权。确定企业对会计报表所记载的存货拥有完整的所有权，不存在抵押或留置，或虽有上述情况但均已进行了适当的说明。

（4）购货价格的合理性。确定审计年度所购存货的价格与当时的市场价格不存在较大的偏差，即不存在重大的舞弊行为。

（5）截止日期的恰当性。确定采购截止日期的恰当性。

（6）余额的正确性。确定应付账款年末余额的正确性。

（7）披露的充分性。确定有关购货与付款事项，包括所有或有损失项目、重要的长期性订货单的承付款项、关联交易等，在会计报表中均已进行了恰当的披露。

第二节　购货业务与付款的内部控制及测试

一、购货业务的内部控制程序

（一）不相容职务分离

采购与付款业务不相容职务岗位至少包括：请购与审批；询价与确定供应商；采购合同的订立与审批；采购与验收；采购、验收与相关会计记录；付款审批与付款执行。

（二）内部核查程序

内部核查程序的主要核查内容如下：

（1）采购与付款业务相关岗位及人员的设置情况，重点检查是否存在采购与付款业务不相容职务混岗的现象。

（2）采购与付款业务的授权批准制度的执行情况，重点检查大宗采购与付款业务的授权批准手续是否健全、是否存在越权审批的行为。

（3）应付账款和预付账款支付正确性、时效性和合法性。

（4）有关单据和凭证的保管使用情况，重点检查凭证的登记、领用、传递、保管、注销手续是否健全，使用和保管制度是否存在漏洞。

二、购货业务的内部控制测试程序

购货业务内部控制的目标主要包括：

（1）存在或发生（所记录的购货都确已收到物品或已接受劳务，符合购货方的最大利益）。

（2）完整性（已发生的购货业务均已记录）。

（3）估价或分摊（所记录的购货业务估价正确）。

（4）分类（购货业务的分类正确）。

（5）及时性（购货业务按正确的日期记录）。

（6）过账和汇总（购货业务被正确计入应付账款和存货等明细账，并正确汇总）。

购货业务的内部控制和测试如表 10-1 所示：

表 10-1　　购货业务的内部控制和测试一览表

内部控制目标	关键内部控制	常用内部控制测试
存在或发生（所记录的购货都确已收到物品或已接受劳务，符合购货方的最大利益）	请购单、订货单、验收单和卖方发票一应俱全，并附在付款凭单后 购货按正确的级别批准 注销凭证以防止重复使用 对卖方发票、验收单、订货单和请购单进行内部核查	查验付款凭单后是否附有单据 检查核准购货标记 检查注销凭证的标记 检查内部核查的标记
完整性（已发生的购货业务均已记录）	订货单均经事先编号并已登记入账 验收单均经事先编号并已登记入账 卖方发票均经事先编号并已登记入账	检查订货单连续编号的完整性 检查验收单连续编号的完整性 检查卖方发票的连续编号的完整性
估价或分摊（所记录的购货业务估价正确）	计算和金额的内部核查 采购价格和折扣的批准	检查内部核查的标记 审核批准采购价格折扣的标记

表10-1(续)

内部控制目标	关键内部控制	常用内部控制测试
分类（购货业务的分类正确）	采用适当的会计科目表 分类的内部核查	检查工作手册和会计科目表 检查有关的凭证上的内部核查标记
及时性（购货业务按正确的日期记录）	要求一收到商品或接受劳务就记录购货业务 内部核查	检查工作手册并观察有无未记录的卖方发票存在 检查内部核查的标记
过账和汇总（购货业务被正确计入应付账款和存货等明细账，并正确汇总）	应付账款明细账的内容的内部核查	检查内部核查的标记

三、购货业务的内部控制测试主要内容

购货业务的内部控制测试主要内容如下：

第一，购货都确已收到商品和接受劳务。恰当的内部控制可以防止那些主要使企业管理层和职员们而非企业本身受益的交易，作为企业的营业支出或资产记入账中。

第二，已发生的购货业务都已记录入账。已经验收入库但未入账将直接影响到应付账款的余额，从而低计企业负债。

第三，所记录的购货业务估价正确。

四、付款业务的内部控制及测试

根据有关规定，单位对于付款业务的基本要求主要包括以下6个方面：

第一，财会部门在办理付款业务时，应当对采购发票、结算凭证、验收证明等相关凭证的真实性、完整性、合法性及合规性进行严格审核。

第二，建立预付账款和定金的授权批准制度，严格按照要求加强预付账款和定金的管理。

第三，加强应付账款和应付票据的管理，由专人按照约定的付款日期、折扣条件等管理应付款项。已到期的预付款项需经有关授权人员审批后方可办理结算与支付。

第四，建立退货管理制度，对退货条件、退货手续、货物出库、退货货款回收等制定明确规定，及时收回退货款。

第五，定期与供应商核对应付账款、应付票据、预付账款等往来款项。如有不符，应查明原因，及时处理。

第六，独立审计人员应针对每个具体内部控制目标确定关键的内部控制，并对此实施相应的内部控制测试。付款业务的控制测试性质取决于内部控制的性质。

第三节　固定资产内部控制和控制测试

固定资产在企业资产总额中占有很大比重，大额固定资产的购建会影响企业现金

流量，而固定资产折旧、维修等费用则是影响其损益的重要因素。

固定资产管理一旦失控，所造成的损失将远远超过一般的商品存货等流动资产。

被审计单位应当着重从以下几个方面建立和健全固定资产的内部控制制度：

一、预算和授权制度

固定资产的预算制度，即固定资产的收支计划制度，固定资产的预算制度是固定资产内部控制中最重要的部分。单位应该制定区分资本性支出与收益性支出的书面标准，购建固定资产的支出应该属于资本性支出，并且只有经过董事会等高层管理机构批准才能生效。

固定资产预算的执行，即预算内的固定资产购置或处置均应有管理当局的书面认可才能进行。

预算外特殊事项的处理，即独立审计人员应当注意检查固定资产的取得和处置是否均依据预算，对实际支出与预算之间的差异以及未列入预算的特殊事项，应检查其是否履行特别的审批手续。

二、账簿记录制度

被审计单位除了设置总账外，还应设置固定资产明细分类账和固定资产登记卡，按固定资产类别、使用部门和每项固定资产进行明细分类核算。

固定资产的增减变化均应有充分的原始凭证。

一套设置完善的固定资产明细分类账和登记卡，将为独立审计人员分析固定资产的取得和处置、复核折旧费用和修理支出的列支带来很大便利。

三、职责分工制度

对固定资产的取得、记录、保管、使用、维修、处置等，均应明确划分责任，由专门部门和专人负责。

明确的职责分工制度，有利于防止舞弊，降低独立审计的风险。

不相容职责可能出现的错误与舞弊如表 10-2 所示：

表 10-2　　不相容职责可能出现的错误与舞弊

不相容职责	可能出现的错误与舞弊
请购职能与审批职能	如果提出固定资产购置申请的人有最终的审批权，就有可能发生不真实的固定资产购置业务，或购入并非必要的固定资产
记录职能与保管职能	同时拥有固定资产的记录与保管职能的职员可以通过篡改账面记录掩饰资产的被盗
定期盘点职能与保管职能	同时负责定期盘点与保管职能的职员可以通过隐瞒实际的盘点结果掩饰资产的被盗

四、资本性支出和收益性支出划分制度

企业应根据自身实际情况确定区分资本性支出和收益性支出的书面标准。

通常需要明确资本性支出的范围和最低金额，凡不属于资本性支出的范围、金额低于下限的任何支出，均应列作费用并抵减当期收益。

五、固定资产的处置和盘点制度

固定资产处置包括投资转出、报废、出售等，均要有一定的申请报批程序。

固定资产的盘点包括验证账面各项固定资产是否真实存在、了解固定资产放置地点和使用状况以及发现是否存在未入账固定资产的必要手段。

独立审计人员应了解和评价企业固定资产盘点制度，并注意查询盘盈、盘亏固定资产的处理情况。

六、固定资产的维护保养制度

企业应防止因各种自然和人为因素而使固定资产遭受损失，应建立日常维护和定期检修制度，以延长使固定资产使用寿命。

第四节　应付账款审计

一、应付账款审计目标

应付账款是指在正常生产经营活动中，因购买原材料、商品和接受劳务供应等而应付给供应单位的款项。

应付账款的审计目标一般包括：

第一，确定应付账款的增减变动记录是否完整。

第二，确定应付账款期末余额是否正确。

第三，确定应付账款在会计报表上的披露是否恰当。

二、应付账款审计

第一，获取和编制应付账款明细表。复核加计正确，并与报表数、总账数和明细账合计数核对相符。

第二，对应付账款进行分析性复核。根据被审计单位实际情况，比较本期期末与上期期末余额，分析波动原因；分析长期挂账应付账款，要求被审计单位做出解释，判断被审计单位是否缺乏偿债能力或利用应付账款隐瞒利润；计算应付账款对存货的比率、应付账款对流动负债的比率，并与以前年度比较，分析整体合理性；根据存货和营业成本的增减变动幅度判断应付账款变动的合理性。

第三，函证应付账款。一般情况下，应付账款不需要函证，原因如下：

（1）应付账款审计目标主要是防止低估，而函证不能保证查出未记录的应付账款。

（2）审计人员能够取得购货发票等外部凭证来证实应付账款的余额，存在比较令人满意的替代程序，如可以通过期后付款情况的检查予以证实等。

应收账款必须进行函证，原因如下：

（1）应收账款审计目标主要是防止高估，函证能有效地查出高估的应收账款。

（2）其他替代审计程序尽管审计成本较低，但不能有效地查证高估的应付账款。例如，销售发票、销售单、发货单等均属内部证据，可靠性较差。下列情况需要对应付账款进行函证：控制风险较高；某应付账款账户金额较大和被审计单位处于经济困难阶段。

函证对象的选择依据为：金额较大的债权人；金额虽小，甚至为零，但为企业重要供货人的债权人；其他债权人，如账龄较长的、不送对账单的债权人；等等。

第四，查找未入账的应付账款。

（1）检查被审计单位在资产负债表日未处理的不相符购货发票及有材料入库凭证但未收回购货发票的经济业务，可能漏记应付账款。

（2）检查资产负债表日后收到的购货发票，确认其入账时间是否正确，可能漏记应付账款。

（3）检查资产负债表日后应付账款明细账贷方发生额的相应凭证，确认其入账时间是否正确。若应在资产负债表日前入账，则漏记应付账款。

第五，检查应付账款是否存在借方余额。

（1）应付账款出现借方余额，性质为债权，视同资产，应在工作底稿中编制重分类分录，列为资产。

（2）应付账款出现借方余额的原因包括重复付款、付款后退货、预付货款等。

第六，检查长期挂账的应付账款。审计人员应对被审计单位长期挂账的应付账款予以分析，查明是否存在虚假列账、隐匿收入或赖账不还的现象，对确实无须支付的应付账款是否按有关规定进行。确实无须支付应付账款应转入营业外收入项目，相关依据及审批手续应完备。

第七，检查应付账款的现金折扣。带有现金折扣的应付账款应按发票上记载的全部应付金额入账，待实际获得现金折扣时再冲减财务费用。

第八，检查应付关联方账款。

第九，检查应付账款在资产负债表上的披露。“应付账款”项目应根据“应付账款”和“预付账款”科目所属明细科目的期末贷方余额的合计数填列。

【例 10-1】审计人员王仪在审计甲公司的 2015 年度会计报表时，发现 12 月 31 日购入的某货物 100 万元，并已包括在当年 12 月 31 日的实物盘点范围内，而购货发票于 2016 年 1 月 2 日才收到，记入了 2016 年 1 月的账内。2015 年 12 月无货和对应的负债记录。

要求：查证甲公司是否存在未入账的应付账款。

解析：为防止甲公司低估负债，查证甲公司是否存在应付账款未入账的情况，王仪实施了以下审计程序：

（1）检查甲公司在资产负债表日未处理的抬头不符、与合同不符等不相符购货发票、有材料入库凭证但未收到购货发票等的经济业务。

（2）检查甲公司在资产负债表日后收到的购货发票，确认其入账时间是否正确。

（3）检查甲公司在资产负债表日后应付账款明细账贷方发生额的相应凭证，确认其入账时间是否正确。

（4）询问甲公司的会计和采购人员。

（5）查阅甲公司的资本预算、工作通知单和基建合同等。

于是王仪提请甲公司调整相应的会计分录和报表数额，其调整分录为：

借：原材料———××材料　　1 000 000

　　应交税费———应交增值税（进项税额）　　170 000

　贷：应付账款　　1 170 000

第五节　固定资产审计

一、固定资产和累计折旧审计目标

（一）固定资产的审计目标

固定资产的审计目标如下：

（1）确定固定资产是否存在。

（2）确定固定资产是否归被审计单位所有。

（3）确定固定资产增减变动的记录是否完整。

（4）确定固定资产计价是否恰当。

（5）确定固定资产期末余额是否正确。

（6）确定固定资产在会计报表上的披露是否恰当。

（二）累计折旧的审计目标

累计折旧的审计目标如下：

（1）确定折旧政策和方法是否符合企业会计制度的规定，是否一贯遵守。

（2）确定累计折旧的增减变动记录是否完整。

（3）确定折旧费用的计算、分摊是否正确、合理。

（4）确定累计折旧的期末余额是否正确。

（5）确定累计折旧在会计报表上的披露是否恰当。

二、固定资产审计

第一，获取或编制固定资产及累计折旧分类汇总表。检查分类是否正确，复核加计正确，并与报表数总账数和明细账合计数核对相符。

第二，对固定资产进行分析性复核。

（1）通过计算“固定资产原值÷全年产品产量”，并与前期比较，可能发现闲置固定资产或减少固定资产未销账的问题。也可能发现经营性租赁的固定资产或增加了固定资产没有入账的问题。

（2）通过计算“本年折旧额÷固定资产原值”，并与前期比较，可能发现本年折旧额计算错误。

（3）通过计算“累计折旧÷固定资产原值”，并与前期比较，可能发现累计折旧核算错误。

（4）比较各年度固定资产增减变动，分析增减变化的原因。

（5）分析固定资产的构成及其增减变动情况，与在建工程、现金流量表、生产能力等相关信息交叉复核，检查固定资产相关金额的合理性和准确性。

第三，检查固定资产的增加。固定资产的增加来源有购入、自建、接受投资、更新改造、融资租入、接受捐赠、债务重组、盘盈等。

第四，检查固定资产的减少。固定资产的减少原因有出售、报废、毁损、投资转出、盘亏等。

检查固定资产减少的主要审计目的在于查明业已减少的固定资产是否已进行适当的会计处理。

第五，检查固定资产的后续支出核算。在具体实务中，对于固定资产发生的下列各项后续支出，通常用的处理方法如下：

（1）固定资产修理费用，应当直接计入当期费用。

（2）固定资产改良支出，应当计入固定资产账面价值，其增计后的金额不应超过该固定资产的可收回金额。

（3）如果不能区分是固定资产修理还是固定资产改良，或固定资产修理和固定资产改良结合在一起，则企业应按上述原则进行判断，其发生的后续支出，分别计入固定资产价值或计入当期费用。

（4）固定资产装修费用，符合上述原则可予以资本化的，在两次装修期间与固定资产尚可使用年限两者中较短的期间内，采用合理的方法单独计提折旧。如果在下次装修时，该固定资产相关的固定资产装修项目仍有余额，应将该余额一次全部计入当期营业外支出。

第六，检查固定资产的所有权。

第七，实地观察购入的固定资产。

第八，检查固定资产租赁。企业在生产经营过程中，有时可能有闲置的固定资产供其他单位租用；有时由于生产经营的需要，又需租入固定资产。租赁分为经营租赁和融资租赁。

检查经营性租赁时，应查明以下事项：

（1）固定资产的租赁是否签订了合同、租约，手续是否完备，合同内容是否符合国家规定，是否经有关管理部门审批。

（2）租入的固定资产是否确属企业必需，或出租的固定资产是否确属企业多余、闲置不用的，双方是否认真履行合同，其中是否存在不正当交易。

（3）租金收取是否符合合同，有无多收、少收现象。

（4）租入固定资产有无久占不用、浪费损坏现象；租出的固定资产有无长期不收租金、无人过问以及是否有变相馈送、转让等情况。

（5）租入固定资产是否已登入备查簿。

（6）租入固定资产改良支出的核算是否符合规定。

在检查融资租赁固定资产时，除可参照经营租赁固定资产检查要点外，还应注意融资租入固定资产的计价是否正确，并结合长期应付款、未确认融资费用等科目检查相关的会计处理是否正确。

第九，调查未使用和不需用的固定资产。

第十，检查固定资产在资产负债表上的披露。附注中通常应说明以下事项。

（1）固定资产的分类、标准、计价方法和折旧方法。

（2）融资租入固定资产的计价方法，固定资产的预计使用年限和预计净残值。

（3）对固定资产所有权的限制及其金额（这一披露要求是指企业因贷款或其他原因而以固定资产进行抵押、质押或担保的类别、金额、时间等情况）。

（4）已承诺将为购买固定资产支付的金额。

（5）暂时闲置的固定资产账面价值（这一披露要求是指企业应披露暂时闲置的固定资产账面价值，导致固定资产暂时闲置的原因，如因开工不足、自然灾害或其他情况等）。

（6）已提足折旧仍继续使用的固定资产账面价值。

（7）已退废和准备处置的固定资产账面价值。固定资产因使用磨损或其他原因而需退废时，企业应及时处置，如果其已处于处置状态而尚未转销时，企业应披露这些固定资产的账面价值。

如果被审计单位为上市公司，应在其会计报表附注中按类别分别列示固定资产期初余额、本期增加额、本期减少额及期末余额，说明固定资产中存在的在建工程转入、出售、置换、抵押或担保等情况，披露通过融资租赁租入的固定资产每类租入资产的账面原值、累计折旧、账面净值，披露通过经营租赁租出的固定资产每类租出资产的账面价值。

【例10-2】审计人员王仪审计甲企业“固定资产”项目，审验发现甲企业购入需要安装的设备，由本单位自行安装（包括设备基础施工、设备的安装调试），甲企业不仅未通过“在建工程”核算，而且只按设备购入价格作为固定资产入账，支出的相关费用均计入了成本费用。

要求：请代审计人员王仪做出正确的审计处理。

解析：根据企业会计制度的规定，购入需要安装的固定资产，先计入“在建工程”科目，安装完毕交付使用时再转入“固定资产”科目。甲企业的会计处理不仅使固定资产的账面价值不能如实反映，而且也影响了当期的损益数额。因此，审计人员王仪相应的审计处理如下：

（1）应提请甲企业按照企业会计制度的规定，补充所有的会计处理后，调整会计报表相关项目数额。

（2）应将审验情况及被审计单位的调整情况详细记录于审计工作底稿。

（3）如被审计单位拒绝调整，王仪应出具保留意见或否定意见的审计报告。

三、累计折旧审计

第一，获取或编制固定资产及累计折旧分类汇总表。复核加计正确，并与报表数、总账数和明细账合计数核对相符。

第二，检查被审计单位的折旧政策和方法是否符合相关会计准则的规定。确定其采用的折旧方法能否在固定资产使用年限内合理分摊其成本，前后期是否一致。如被审计单位采用加速折旧法，应取得其批准文件；如没有批准文件，应提请被审计单位改正并建议调整应纳税所得额。

第三，累计折旧进行实质性分析程序。

（1）对折旧计提的总体合理性进行复核是测试折旧正确与否的一个有效办法。计算、复核的方法是用应计提折旧的固定资产乘本期的折旧率。计算之前，审计人员应对本期增加和减少固定资产、使用年限长短不一的和折旧方法不同的固定资产做适当调整。如果总的计算结果和被审计单位的折旧总额相近，并且固定资产及累计折旧的内部控制较健全时，就可以适当减少累计折旧和折旧费用的其他实质性测试工作量。

（2）计算本期计提折旧额占固定资产原值的比率，并与上期比较，分析本期折旧计提额的合理性和准确性。

（3）计算累计折旧占固定资产原值的比率，评估固定资产的老化率，并估计因闲置、报废等原因可能发生的固定资产损失。

第四，复核本期计提的折旧费用。

（1）了解被审计单位的折旧政策是否符合规定，计提折旧范围是否正确，确定的使用寿命、预计净残值和折旧方法是否合理。

（2）检查被审计单位折旧政策是否前后期一致。

（3）计算复核本期折旧费用的计提是否正确。具体包括以下几方面：已计提部分减值准备的固定资产，计提的折旧是否正确；已全额计提减值准备的固定资产，是否已停止计提折旧；因更新改造而停止使用的固定资产是否已停止计提折旧；因大修理而停止使用的固定资产是否照提折旧；对按规定予以资本化的固定资产装修费用是否在两次装修费用期间与固定资产尚可使用年限两者中较短的期间内，采用合理的方法单独计提折旧，并在下次装修时将该项固定资产装修余额一次全部计入当期营业外支出；对融资租入固定资产发生的、按规定可予以资本化的固定资产装修费用，是否在两次装修期间、剩余租赁期与固定资产尚可使用年限三者中较短的期间内，采用合理的方法单独计提；对采用经营性租赁方式租入的固定资产发生的改良支出，是否在剩余租赁期与租赁资产尚可使用年限两者中孰短的期限内平均扣除；等等。

第五，检查折旧的计提是否正确无误。

【例 10-3】审计人员审计甲公司“固定资产”和“累计折旧”科目，通过测试发现甲公司按固定资产分类提取折旧，但未从其中扣除“已提足折旧继续使用的固定资产”的价值，按折旧率计算多提折旧额 25 万元。

要求：请代审计人员做出正确的审计处理。

解析：根据上述规定，甲公司在计提折旧时，应从计提基数中扣除“已提足折旧继续使用的固定资产”部分的原值。对应地，审计人员的处理为：

（1）应提请甲公司按照上述规定补充会计处理，并对会计报表相关项目的数额进行调整，其调整分录为：

借：累计折旧　　250 000

　贷：制造费用（管理费用等）　　250 000

（2）应将审验情况及被审计单位的调整情况详细记录于审计工作底稿。

（3）如被审计单位拒绝调整，审计人员应根据数额对会计报表的影响程度，考虑出具保留意见或否定意见审计的报告。

第六节　其他相关账户审计

一、固定资产减值准备审计

固定资产减值准备的审计目标一般包括：确定计提固定资产减值准备的方法是否恰当，固定资产减值准备的计提是否充分；确定固定资产减值准备增减变动的记录是否完整；确定固定资产减值准备期末余额是否正确；确定固定资产减值准备的披露是否恰当。

固定资产减值准备的审计程序主要包括：获取或编制固定资产减值准备明细表，复核加计正确，并与报表数、总账数和明细账合计数核对是否相符；检查固定资产减值准备的计提方法是否符合制度规定，计提的依据是否充分，计提的数额是否恰当，相关会计处理是否正确，前后期是否一致；分析本期末资产固定资产减值准备数额占期末固定资产原价的比率，与期初数比较；检查相应固定资产减值准备转销是否符合有关规定，会计处理是否正确；确定固定资产减值准备的披露是否恰当。

二、在建工程审计

在建工程的审计目标一般包括：确定在建工程是否存在；确定在建工程是否归被审计单位所有；确定在建工程增减变动的记录是否完整；确定在建工程减值准备的计提方法和比例是否恰当；确定在建工程期末余额是否正确。

在建工程的审计程序一般包括：获取或编制在建工程明细表，复核加计数正确，并与报表数、总账数和明细账合计数核对；检查本期在建工程的增加数和减少数是否符合规定；检查在建工程项目期末余额的构成内容；查询在建工程的保险情况；检查在建工程减值准备的计提；检查有无在建工程抵押、担保；确定在建工程在会计报表上的披露是否恰当。

三、固定资产清理审计

固定资产清理的审计目标一般包括：确定固定资产清理的记录是否完整；确定固定资产清理反映的内容是否正确；确定固定资产清理的期末余额是否正确；确定固定

资产清理在会计报表上的披露是否恰当。

固定资产清理的审计程序一般包括：获取或编制固定资产清理明细表，复核加计正确，并与报表数、总账数和明细账合计数相等；检查固定资产清理的发生是否有正当理由，是否经有关技术部门鉴定，固定资产清理的发生和转销是否经授权批准，相应的会计处理是否正确；检查固定资产清理是否长期挂账；检查是否已在会计报表上恰当披露。

四、应付票据审计

应付票据的审计目标一般包括：确定应付票据的发生和偿还记录是否完整；确定应付票据期末余额是否正确；确定应付票据在会计报表上的披露是否恰当。

应付票据的审计程序一般包括：获取或编制应付票据明细表，复核加计正确，并检查其与应付票据登记簿、报表数、总账数和明细账合计数相符；选择重要项目（包括零账户），函证其余额是否正确；实施分析性复核；检查应付票据备查簿，抽查若干重要原始凭证，确定期是否真实，会计处理是否正确；复核带息票据利息是否足额计提；查明逾期未兑付应付票据的原因，是否已转入应付账款项目等。

【拓展阅读】

ABC会计师事务所的注册会计师王华于2015年年底对昌盛公司进行预审，包括对部分业务的内部控制测试和对部分交易、活动进行实质性程序。在预审中，王华发现以下情况，请代为逐一判断被审计单位的相关内部控制是否存在缺陷以及相关的经营活动及其会计处理是否符合企业会计准则的规定，并简要说明原因。

（1）为使采购业务的不相容职务彻底分离，昌盛公司规定采购人员不得参与验收。收到供应商发来的货物后，必须由财会部门负责采购业务会计记录的人员进行验收登记，只有当所收货物与订购单一致后，采购部门方能开具付款凭单。

（2）采购部门在办理付款业务时，对请购单、采购发票、结算凭证的签字、盖章、日期、数量、金额等进行严格审核。

（3）按照被审计单位与W公司签署的购货合同，自被审计单位收到材料起10日内付款者，昌盛公司可获得10%的现金折扣。昌盛公司在2015年10月16日收到所购材料后，于18日按照购货发票所列金额30万元的90%向W公司支付了材料款。为保证会计信息的真实性和可靠性，昌盛公司对此笔付款编制了借记“应付账款”27万元、贷记“银行存款”27万元的会计分录。

（4）昌盛公司于2015年7月1日购入并安装价值50万元的生产用电子设备一台，当日投入生产。由于设备的特殊性质，需要3个月的试运行。在此期间内，随时可能需要进行调试，根据这一情况，昌盛公司从2015年10月1日起对该设备开始计提折旧。

（5）昌盛公司于2015年年初开始建造一生产车间，10月份完工后投入使用，但由于种种原因，尚未办理完竣工手续。编制财务报表时，昌盛公司对此车间仍在“在建工程”项目中反映。

（6）昌盛公司于2008年起采用融资租赁方式租入乙公司一座2010年完工、预计使用年限为70年的办公楼，相关合同显示的融资租赁期限为2010年1月至2018年12月。2015年1月昌盛公司对此办公楼进行了装修，相关的装修费用为1 200万元，预计在未来10年内无须再进行装修，昌盛公司对此次装修计提折旧时，确定计提折旧的年限为10年。

（7）昌盛公司于2015年年初以经营租赁方式租入丙公司的尚可使用年限为20年的成品仓库一座，租赁期限到2022年为止。昌盛公司在租入该仓库后，立即按照8年使用年限的标准进行了装修，支付的装修费用为80万元，对此项固定资产装修，昌盛公司当年采用直线法计提了10万元的折旧。

（8）昌盛公司2015年因为一项债务重组事项，导致了20万元固定资产清理净收益，计入“资本公积”科目。

分析：（1）按照内部会计控制规范的规定，采购、验收、记录三项职务属于不相容职务。昌盛公司将验收业务交由记录人员办理，不符合不相容职务分离的要求。

（2）按照内部会计控制规范的规定，在办理付款业务时，应对采购发票、验收凭证和结算凭证进行严格审核，昌盛公司在相关规定中，没有包括对验收单的审核，大大增加了付款的风险。另外，付款业务应该是由财会部门办理的，不是采购部门。

（3）按照企业会计准则的规定，对于带有现金折扣的应付账款，应按购货发票的金额入账，待实际取得现金折扣时，再冲减财务费用，据此昌盛公司应编制的会计分录是借记“应付账款”30万元，贷记“银行存款”27万元，贷记“财务费用”3万元。

（4）按照会计制度的规定，昌盛公司对此电子设备应从增加当月的下月起计提折旧。

（5）按照企业会计准则的规定，在建工程应在投入使用后按照暂估价值计入固定资产，待办理完竣工决算手续后再调整“固定资产”科目，不调整已经计提的累计折旧金额。

（6）融资租赁固定资产的装修费用应在两次装修期间（10年）、剩余租赁期（4年）和固定资产的尚可使用年限（65年）三者较短的期限计提折旧。

（7）按照企业会计准则的规定，经营租赁的固定资产装修费用计入“长期待摊费用”，并在两次装修期间、剩余租赁期与租赁资产尚可使用年限中较短的期间内，采用合理的方法进行摊销，而不是计提折旧。

（8）按照企业会计准则的规定，在债务重组中，固定资产清理发生的净收益计入“营业外收入”科目，发生的净损失计入“营业外支出”科目，而不是计入“资本公积”科目。

【思考与练习】

一、单项选择题

1. 一般而言，对凭证进行连续编号是被审计单位购货业务的一项重要的内部控制措施。但对于部门较多的被审计单位，一般并不对（　）进行连续编号。

A. 请购单　　B. 订购单

C. 验收单　　D. 付款单

2. 在购货业务中，采购部门在收到请购单后，只能对经过批准的请购单发出订购单。订购单一般为一式四联，其副联无须送交（　　）。

A. 编制请购单的部门　　B. 验收部门

C. 应付凭单部门　　D. 供应商

3. 以下程序中，属于测试采购交易与付款交易内部控制“存在性”目标的常用控制测试程序的是（　）

A. 检查企业验收单是否有缺号　　B. 检查付款凭单是否附有卖方发票

C. 检查卖方发票连续编号的完整性　　D. 审核采购价格和折扣的标志

4. 函证应付账款时，一般选择金额较大的债权人，以及那些金额不大，甚至为零的债权人作为函证的对象。下列各项不能解释其原因的是（　　）。

A. 金额为零的应付账款可能存在低估

B. 大金额的应付账款从金额方面来说是重要的

C. 为了防止大金额的应付账款中可能存在的高估

D. 防止低估应付账款不是应付账款审计的唯一目的

5. 下列说法中错误的是（　　）。

A. 任何情况下都不需要对被审计单位的应付账款进行函证

B. 注册会计师可以将期末应付账款余额与期初余额进行比较，分析波动原因

C. 对于应付账款来说，在资产负债表日金额不大，甚至为零，但为企业重要供货人的债权人（发生额较大）应作为重要函证对象

D. 注册会计师可以结合存货监盘程序，检查被审计单位在资产负债日前后的存货入库资料，检查是否有大额料到单未到的情况，确认相关负债是否计入了正确的会计期间

6. 固定资产和在建工程审计工作底稿及其他相关审计工作底稿中有以下的审计结论，其中错误的是（　　）。

A. 对某项在建厂房工程，建议将相关土地使用权一并转入该项在建工程

B. 对某项尚未办理竣工决算但已启用的在建工程，建议暂估转入固定资产并计提折旧

C. 对用一般借款建造的某项固定资产，建议将符合资本化条件的借款费用计入固定资产原值中

D. 由于上年度相关内部控制难以信赖，本次审计不再实施控制测试

7. 注册会计师认为被审计单位固定资产折旧计提不足的迹象是（　）。

A. 经常发生大额的固定资产清理损失　B. 累计折旧与固定资产原值比率较大

C. 提取折旧的固定资产账面价值庞大　D. 固定资产保险额大于其账面价值

8. 在对固定资产和累计折旧进行审计时，A 注册会计师注意到 L 公司于 2015 年 12 月31 日增加投资者投入的一条生产线，其折旧年限为 10 年，残值率为 0，采用直线法计提折旧，该生产线账面原值为 1 500 万元，累计折旧为 900 万元，评估增值为 200 万元，协议价格与评估价值一致；2016 年 6 月 30 日 L 公司对该生产线进行更新改造，2016 年 12 月 31 日该生产线更新改造完成，发生的更新改造支出为 1 000 万元，该次更新改造提高了使用性能，但并未延长其使用寿命；截至 2016 年 12 月 31 日，上述生产线账面原值和累计折旧分别为 2 700 万元和 1 100 万元。在对固定资产和累计折旧进行审计后，A 注册会计师应提出的审计调整建议是（　）。

A. 固定资产原值调减 200 万元，累计折旧调减 1 100 万元

B. 固定资产原值调减 200 万元，累计折旧调减 100 万元

C. 固定资产原值调减 1 000 万元，累计折旧调减 1 100 万元

D. 固定资产原值调减 1 000 万元，累计折旧调减 100 万元

二、多项选择题

1. 被审计单位采购与付款循环中涉及的主要业务活动包括（　）。

A. 处理订购单　B. 验收商品

C. 确认债务　D. 处理和记录现金支出

2. 经适当批准和有预先编号的凭单为记录采购交易提供了依据，这些控制主要与（　）认定相关。

A. 准确性和计价　B. 发生

C. 完整性　D. 分类和可理解性

3. 在采购与付款循环中，如果以支票为结算方式，则以下对编制和签署支票的有关控制中正确的有（　）。

A. 支票签署人不应签发无记名甚至空白的支票

B. 支票无须连续编号

C. 应由被授权的财务部门的人员负责签署支票

D. 支票一经签署，就应在其凭单和支持性凭证上用加盖印戳或打洞等方式将其注销，以免重复付款

4. 下列说法中正确的有（　）。

A. 为降低付款环节的控制风险，应付凭单部门在编制付款凭单之前应核对供应商发票与验收单、订购单的一致性，以确定供应商发票计算的正确性，并将这些凭单附在付款凭单之后。为加强控制，通常还要求在付款凭单上填入借记的资产或费用类账户的名称

B. 为降低付款环节的控制风险，销售部门在编制付款凭单后应核对供应商发

票与验收单、订购单的一致性，以确定供应商发票计算的正确性，并将这些凭单附在付款凭单之后。为加强控制，通常还要求在付款凭单上填入借记的资产或费用类账户的名称

C. 注册会计师王华和李明在审计 M 公司 2016 年度财务报表时，注意到与采购和付款循环相关的内部控制存在缺陷。他们认为 M 公司管理层在资产负债表日故意推迟记录发生的应付账款，于是决定实施审计程序进一步查找未入账的应付账款

D. 注册会计师审查被审计单位卖方发票、验收单、订货单和请购单的合理性和真实性，追查存货的采购业务至存货的永续盘存记录，可测试已发生采购业务的发生

5. 以下程序中，（　　）属于测试采购与付款循环中内部控制“完整性”目标的常用控制测试程序。

A. 检查企业验收单是否有缺号　　B. 检查卖方发票连续编号的完整性

C. 检查付款凭单是否附有卖方发票　　D. 审核采购价格和折扣的标志

6. 注册会计师通过（　　）审计程序，可以查找被审计单位未入账的应付账款。

A. 审查资产负债表日收到，但尚未处理的购货发票

B. 审查应付账款函证的回函

C. 审查资产负债表日后一段时间内的支票存根

D. 审查资产负债表日已入库，但尚未收到发票的商品的有关记录

7. A 注册会计师在检查 P 公司 2016 年度财务报表的应付账款项目时，应核实其应付账款项目是否按照（　　）科目所属明细科目的期末贷方余额的合计数填列。

A.“应付账款”　　B.“应收账款”

C.“预付账款”　　D.“预收账款”

8. 下列说法中正确的有（　　）。

A. 如果发现因重复付款、付款后退货、预付货款等原因导致某些应付账款账户出现较大借方余额，注册会计师除了在审计工作底稿中编制建议调整的重分类分录之外，还应建议被审计单位将这些借方余额在资产负债表中列示为资产

B. 注册会计师王华和李明在审计 W 公司年度财务报表时，注意到与采购和付款循环相关的内部控制存在缺陷。他们认为 W 公司管理层在资产负债表日故意推迟记录发生的应付账款，于是决定实施审计程序进一步查找未入账的应付账款

C. 如果被审计单位为上市公司，则通常在其财务报表附注中应说明有无欠持有 10%以上表决权股份的股东单位账款

D. 注册会计师在审查应付账款账户在资产负债表中披露的恰当性时，应核实资产负债表中“应付账款”项目是否根据“应付账款”和“预收账款”科目的期末贷方余额的合计数填列

9. 下列各项中，属于注册会计师检查固定资产在财务报表上披露恰当性的有

（　　）。

A. 固定资产的分类、计价方法和折旧方法

B. 以固定资产进行抵押或担保的类别、金额和时间

C. 暂时闲置固定资产账面价值及闲置原因

D. 准备通过债务重组取得固定资产的类别和价值

三、判断题

1. 因为多数舞弊企业在低估应付账款时，是以漏记赊购业务为主，所以函证对于寻找未入账的应付账款效果并不好。（　　）

2. 实施实地观察固定资产审计程序时，注册会计师可以以固定资产明细账为起点，进行实地观察，以证明会计记录中所列的固定资产确实存在，并了解其目前的使用状况；也可以以实地为起点，追查至固定资产明细账，以证明实际存在的固定资产均已入账。（　　）

3. 即使某一应付账款明细账户年末余额为零，但若是重要债权人，注册会计师仍然可以将其列为函证对象。（　　）

4. 应付账款通常情况下不需要函证，如函证，最好采用消极式函证方式。（　　）

5. 尽管保险对保护企业资产的安全、完整非常重要，但固定资产的保险不属于企业内部控制的范围。（　　）

6. 固定资产折旧主要取决于企业的折旧政策，而政策选择是客观的，因此折旧是客观的，一般是不受人为的主观因素影响。（　　）

7. 如果被审计单位为上市公司，其在财务报表附注中通常还应说明有无欠持有5%（含5%）以上表决权股份的股东单位账款。（　　）

8. 注册会计师在对固定资产进行实质性测试时，常常将固定资产的分类汇总表与累计折旧的分类汇总表合并编制。（　　）

9. 审计中如果发现被审计单位因重复付款、付款后退货、预付货款等导致应付账款的某些明细账户借方出现较大余额，注册会计师应提请被审计单位编制重分类分录，并将这些借方余额在资产负债表中列为资产。（　　）

10. 在考虑固定资产减值准备的前提下，影响折旧的因素则包括折旧的基数、累计折旧、固定资产减值准备、固定资产预计净残值和固定资产尚可使用年限五个方面。（　　）

11. 因更新改造而停止使用的固定资产应继续计提折旧，因大修理而停止使用的固定资产不应再提取折旧。（　　）

四、案例分析题

1. 注册会计师张雷审计A公司的应付账款项目，由于A公司为一化工企业，每年从某固定供应商购入原材料近2 100万吨。截至2016年年底，A公司应付该供应商货款为21 388 124.57元。由于该供应商属于长期客户，并且应付账款金额巨大，因此注册会计师向该供应商进行函证。经函证，该供应商确认A公司欠货款为29 287 133.57

元。张雷在分析审查产生差异的原因时，由于A公司认为对方售价太高，自2012年以来A公司就没有付过货款，双方一直争执不下。

要求：请问张雷该如何处理？

2. 甲注册会计师审计X公司2016年度财务报表的“固定资产”和“累计折旧”项目时，发现下列情况：

(1)“生产用固定资产”中有固定资产——A设备已于2016年1月份停用，并转入“未使用固定资产”。

(2) ×公司所使用的单冷空调，当年计提折旧仅按实际使用的月份（5月~9月）提取。

(3) ×公司5月份购入设备一台，价值为65万元，当月达到预定可使用状态，8月份交付使用，X公司从9月份竣工结算，则从9月起开始计提折旧。

(4) ×公司对设备B（价值100万元）采用平均年限法计提折旧。该设备预计可使用年限为10年，预计净残值率为5%，×公司实际将该设备按年折旧率为10%折旧。

要求：针对上述情况，分别指出注册会计师应关注的可能存在或存在的问题。

3. 某独立审计师在审计C公司时发现该公司一项固定资产减少，会计分录如下：

借：营业外支出——非常损失　　240 000

　　累计折旧　　60 000

　贷：固定资产　　300 000

根据企业会计制度规定，固定资产报废时应该通过“固定资产清理”账户核算，C公司的会计人员没有按规定进行核算。另外该审计师还注意到，报废时，固定资产净值占原值的80%，调阅卡片发现固定资产仅仅使用了15个月。该审计师最终询问被审计单位发现是固定资产闲置后出售，获取价款260 000元。该审计师于是提请被审计单位进行调整固定资产清理账户，对报废净损益进行适当处理。

要求：编制调整会计分录。

第十一章　生产与储存循环审计

【引导案例】

T 公司设立于 2015 年 7 月，从事海产品捕捞及销售业务。ABC 会计师事务所于 2015 年 11 月 30 日接受委托，承接了 T 公司 2015 年度会计报表审计业务。A 注册会计师受 ABC 会计师事务所指派，负责该项审计业务。2015 年 12 月中旬，A 注册会计师对 T 公司进行预审过程中，获知以下情况：

（1）T 公司拥有 12 艘渔轮，其中 9 艘为近海渔轮、3 艘为远洋渔轮。由于远洋捕捞业务的季节性和特殊性，至 2015 年 12 月 31 日，3 艘远洋渔轮仍将在海外作业，并将于 2016 年 6 月 30 日全部返港。

（2）T 公司的 1 艘远洋渔轮捕捞的海产品全部委托 F 国的一家仓储公司代为储存，由 T 公司在 F 国设立的经销处组织销售。该艘远洋渔轮将在 2016 年 4 月 30 日到 F 国最后一次卸货，并将于 2016 年 6 月 30 日空载返回值国内休整。

（3）T 公司将于 2015 年 12 月 31 日分别对不同地点的存货数量采用不同的方法予以核实：对于国内冷库库存存货，由公司组织相关人员进行盘点，填写盘点表，由财务部门核对确认；对于 9 艘近海渔轮，要求于 2015 年 12 月 31 日返港，由公司组织相关人员在卸货时采用磅秤测量的方法对其存货进行盘点并另库存放，由财务部门根据盘点表核对确认；对于外海作业的 3 艘远洋渔轮，要求按照公司统一部署实施盘点，填写盘点表并传真回公司，经公司的生产部门核实后，由财务部门核对确认；对于储存于 F 国的海产品存货，要求其经销处组织盘点，并将存货盘点表传真回公司，由财务部门核对确认。A 注册会计师决定对国内冷库库存存货以及返港的 9 艘渔轮的存货实施监盘，并对储存于 F 国的海产品存货委托 F 国 G 会计师事务所实施监盘。

T 公司向有关部门提交年度会计报表的截止时间为 2016 年 4 月 30 日，注册会计师无法在该截止日前对远洋渔轮的存货实施监盘程序。T 公司希望 A 注册会计师理解公司存货存放位置的特殊性，要求通过检查公司生产计划与生产日志、存货收发存记录以及经财务部门核对确认的期末存货盘点表等，对远洋渔轮 2015 年 12 月 31 日的存货数量予以审计确认

要求：

（1）对于 T 公司使用磅秤测量方法进行的存货盘点，简要说明 A 注册会计师在监盘过程中应当考虑实施哪些审计程序。

（2）请回答 A 注册会计师能否同意 T 公司的要求，并简要说明理由。

（3）假定 ABC 会计师事务所于 2016 年年初接受委托审计 T 公司 2015 年度会计报表，而 T 公司已与 2015 年 12 月 31 日对存货进行了盘点。请回答为确认 2015 年 12 月

31 日 T 公司国内冷库库存存货以及返港的 9 艘近海渔轮存货的数量，A 注册会计师应当实施哪些必要的审计程序？

解析：

（1）在监盘前和监盘过程中均应检查磅秤的准确性，并留意磅秤的位置移动与重新调校程序，将检查与重新称量的程序相结合，并检查重量单位换算是否准确。

（2）不应同意。因为资产负债表日中大比重的在途存货无法监盘，并且不存在其他可替代的审计程序。

（3）首先，要评估该公司存货相关内部控制的健全性和有效性，以确定抽盘规模；其次，提请客户择日对抽查到的存货重新盘点，并进行监盘；最后，在测试报表日志盘点日之间收发业务真实性、正确性的基础上，调节报表日存货实存数，并与账存数进行核对，以查明期末存货的公允真实性。

第一节　生产与储存循环及其内部控制测试

一、生产循环影响的主要业务和账户

生产循环是指从请购原材料开始到完工产品为止的过程。这一循环影响的主要业务包括编制生产计划、控制产品的品种和数量、控制存货水平及与产品制造相关的业务和事项。

生产循环的经济业务影响到许多账户，主要的有存货（原材料、生产成本、产成品）账户、应付职工薪酬、制造费用、主营业务成本等账户。

二、生产循环审计的范围

生产循环的审计范围很大，凡与产品生产、成本计算有关的所有资料及领域均属生产循环的审计范围。具体范围如下：

从生产循环所涉及的主要业务活动来看，主要包括：计划和安排生产；投入原材料；进行生产加工；核算产品成本；储存产成品；产成品的品质认定与价值重估；废品的界定与损失确认；在产品的盘盈盘亏；等等。

从生产循环所涉及的主要凭证与记录来看，主要包括：生产任务通知书；原材料请购单、领料单；产量和工时记录；工资汇总表及人工费用分配表；材料费用分配表；成本计算单；完工产品入库单；存货明细账；等等。

三、生产循环审计的目标

生产循环的主要工作流程是生产产品，会计工作的重点是成本计算，因此生产循环审计的目标如下：

第一，发生，即账簿记录中的各项原材料的耗用与费用的发生是否确实发生，已经完工的产成品是否全部入库，尚未完工的在产品的成本价值是否与实物大致相符。

第二，完整性，即生产循环中生产的应该属于公司的产品（除代加工以外）是否均做出恰当的记录而没有遗漏。

第三，计价与分摊，即成本费用的归集与分配是否合理，在产品与完工产品的成本计算是否准确。

第四，分类，即成本计算对象的确定是否合理，是否按主要产品进行了适当的分类。

第五，所有权，即确定企业对会计报表所记载的存货拥有完整的所有权，不存在其他情况。

第六，披露的充分性，即产品的主要品种和存货计价方法是否已在会计报表中进行了恰当的指示。

四、生产循环的内部控制及其测试

生产循环的内部控制包括存货的内部控制、成本会计制度的内部控制、工薪的内部控制三项内容。有关存货的内部控制及其测试已在本书第十章中阐述，这里主要介绍成本会计制度和工薪的内部控制及其测试。

成本会计制度的内部控制内容通常包括如下方面：

（1）生产指令、领料单和工资结算汇总表须经过授权审批。

（2）成本的核算是以经过审核的生产通知单、领发料凭证、产量和工时记录、材料费用分配表、人工费用分配表、制造费用分配表为依据的。

（3）生产通知单、领发料凭证、产量和工时记录、材料费用分配表、人工费用分配表、制造费用分配表均事先编号并已登记入账。

（4）采用的成本核算方法和费用分配方法适当且前后期一致，采用的成本核算流程和账务处理流程适当并经常进行内部核查。

（5）存货的保管和记录职务相分离。

（6）定期进行存货盘点。

常用的成本会计制度的内部控制测试程序如下：

（1）检查生产通知单、领料单和工资结算汇总表中是否有恰当的授权审批。

（2）检查有关成本计算的记账凭证是否附有生产通知单、领发料凭证、产量和工时记录、材料费用分配表、人工费用分配表、制造费用分配表等，并检查这些原始凭证的顺序编号是否完整。

（3）测试成本计算方法和费用分配方法是否合理和具有一贯性，成本核算流程和账务处理流程是否合理和有关数据是否相符。

（4）询问和观察存货及其记录的分工情况及存货盘点情况。

工薪的内部控制的内容通常包括如下方面：

（1）人事、考勤、工薪发放、记录等职务相互分离。

（2）上岗、工作时间特别是加班时间、工薪、代扣款项、工资结算表和工资汇总表都经过审批。

（3）工时卡经领班核准，工时记录准确。

（4）工资分配表、工资汇总表完整反映已发生的工薪支出。

（5）工资费用分配方法适当且前后期一致，账务处理流程适当。

工薪的内部控制测试程序如下：

（1）询问和观察各项与工薪有关的职责分工和执行情况。

（2）检查人事档案及其授权、工时卡的有关核准说明、工薪记录中有关内部检查标记及有关核准标记。

（3）检查工资分配表、工资汇总表、工资结算表，并核对员工工资手册、员工手册等。

（4）测试工资费用的分配方法是否适当和具有一贯性，账务处理流程是否合规。

第二节　生产成本审计

一、费用支出审计

企业的费用支出是指一定时期企业为进行生产经营活动而发生的各种资产耗费。

根据企业的费用支出的用途不同，费用支出可分为生产费用和期间费用。生产费用是指企业在一定时期内为生产一定种类和数量的产品而发生的资产耗费，是形成产品成本的基础。期间费用是指企业在一定时期为了进行管理活动、营销活动和融资活动等而发生的资产耗费。

这里主要介绍生产费用审计，包括直接材料费用审计、直接人工费用审计和制造费用审计。

（一）直接材料费用审计

1. 直接材料数量的真实性、合理性审查

直接材料耗用数量的真实性审查，应从审阅领、退料凭证以及材料费用分配表入手，查明直接材料耗用量中有无非产品生产用料，如工程、福利、车间一般耗用材料混入的情况。同时还要查明退回余料和回收废料的数量是否已从直接材料耗用量中剔除，有无虚增或隐瞒直接材料耗用料的问题。

直接材料耗用数量合理性的审查，主要是将直接材料实际耗用量与其定额耗用量进行对比，查明是否超支。对于耗用量超支的材料要进一步查明超支的原因。通常引起材料耗用量超支的原因有：生产中的损失浪费，领用时计量不准；原材料质量不好，余料或废料为冲账，月末已领未用的材料未办假退料手续等。

2. 直接材料计价的正确性审查

直接材料计价的正确性审计应区别不同计价方法分别进行。

在按计划成本计价核算的情况下，重点要查明材料成本差异形成与分配的正确性。对于差异的形成，应重点查明收入材料实际成本计算的正确性；对于差异的分配，应重点复算成本差异分配率的计算是否正确、分配额计算是否正确。注意有无通过调节成本差异形成与分配来调节成本的问题。

在按实际成本计价核算的情况下，除了要认真查明收入材料实际成本计算的正确性外，还要重点查明发出材料计价方法的合理性和使用的一贯性。注意有无利用随意选择和改变存货发出计价方法调节成本的问题。

3. 直接材料费用分配的合理性审查

主要查明分配依据是否合理、分配计算结果是否正确等问题。注意有无随意分配材料费用、调节成本的问题。

(二) 直接人工费用审计

审查直接工资费用的组成项目是否符合国家规定。审查方法是将工资结算单与国家和企业有关规定进行核对。

审查直接人工工资费用的内容是否真实、计算是否正确。审查方法是核对职工人事档案中有关工资等级的记录以及检查职工考勤记录、产量记录、工资结算表等的真实性。

审查直接人工费用分配的合理性。审查方法是检查工资费用分配表，审查其分配依据是否合理，复算其分配结果是否正确。

审查职工福利费的计提依据、计提比例是否符合国家规定以及计提和分配结果是否正确。

(三) 制造费用审计

审查制造费用的组成项目是否合法。审查方法是将制造费用明细账记录与统一财务会计制度的规定进行核对。注意制造费用与相关的管理费用、财务费用、经营费用、营业外支出等的划分是否正确。

审查制造费用发生额的真实性。审查方法是对直接支付的制造费用，要检查费用发生的有关凭证是否真实、合法；对于按比例提取的制造费用，应审查提取依据和比例是否真实合理，提取额的计算和账务处理是否正确。

审查制造费用分配的合理性。审查方法是检查制造费用分配表，审查其分配依据是否合理，复算其分配结果是否正确，注意年末应将制造费用全部分配，不得留有余额。

二、费用划分审计

(一) 计入成本与不计入成本的费用划分审计

审查内容主要包括应计入产品成本的费用与不应计入产品成本的费用的区分是否正确，查明有无将其他支出计入产品成本或将应计入产品成本的费用转移到其他支出中去的问题。

审查方法主要是对照财务制度规定的成本开支范围，审阅“生产成本明细账”和“制造费用明细账”，并与管理费用、其他业务支出、营业外支出、在建工程等明细账记录进行核对。发现疑点，应追查有关原始凭证。

（二）跨期摊提费用分配合理性审计

1. 待摊费用审计

待摊费用审计主要审查待摊费用明细账记录，分析其发生数是否属于一年以内的各项待摊费用支出；数额是否按收益期限确定，有无多摊或少摊的情况；检查有无利用待摊费用人为调节成本费用利润的违规行为。待摊费用是指对企业已经支出但应由本期和以后各期在一年内分期摊销的各项费用。待摊费用的主要内容有预付保险费、固定资产大修理费用、低值易耗品摊销以及一次购买印花税票金额较大的需要分摊的数额等。

审计目标如下：

（1）确定待摊费用会计政策是否恰当。

（2）确定待摊费用入账和转销的记录是否完整。

（3）确定待摊费用期末余额是否正确。

（4）确定待摊费用的披露是否恰当。

待摊费用审计主要检查以下内容：

（1）待摊费用的发生是否真实、合规。审计人员在审查时，应该查阅有关待摊费用明细账以及有关会计凭证，查明耗费是否属于待摊范围，有无故意将应该一次计入成本费用的支出计入待摊费用中借以虚减当期费用等情况。

（2）待摊费用的摊销期限是否符合有关规定。根据企业会计准则的规定，待摊费用应该在一年内摊销完毕，摊销期限超过一年的开办费、固定资产修理支出、租入固定资产改良支出等应计入长期待摊费用。审计人员在审查时，应注意有无故意延长摊销期限的情况。

（3）待摊费用各期摊销数额是否正确、合理。待摊费用在合理的期限内进行摊销，每期的摊销数额应该基本保持一致，不可轻易变动每期摊销数额，更不可利用待摊费用随意调节成本和利润。

（4）待摊费用的有关账务处理是否正确、合规。待摊费用在分配时，常常对应“管理费用”“制造费用”“营业费用”等账户，审计人员可以运用账户分析法来检查待摊费用的账务处理是否合规。例如，有无将待摊费用分配计入“固定资产”“在建工程”等账户的情况。

待摊费用审计的审计程序如下：

（1）获取或编制待摊费用明细表，复核加计正确，并与报表数、总账数和明细账合计数核对是否相符。

（2）抽查大额待摊费用发生的原始凭证及相关文件、资料，以查核其发生额是否正确。

（3）抽查证明大额待摊费用受益期的有关文件、资料，确认待摊费用受益期及其摊销方法是否合理、复核计算是否正确、会计处理是否正确。

（4）检查有无不属于待摊费用性质的会计事项、有无超过一年尚未结清的待摊费用。如有，应查明原因并进行记录，必要时进行适当调整。

（5）检查有无不能为企业带来利益的待摊费用，有无将其尚未摊销的摊余价值全部转入当期成本、费用。

（6）验明待摊费用的披露是否恰当。

2. 预提费用审计

预提费用审计是对从成本中预先提取但尚未支付的费用进行的审查，从而提高资金的利用效率。

预提费用的审计内容如下：

（1）预提费用的计提和转销记录是否完整、正确、合规，账务处理是否恰当。

（2）预提费用的年末余额是否正确。

（3）预提费用在会计报表上的反映是否充分。

预提费用的审计程序如下：

（1）获取或编制预提费用明细表，复核其加计数的正确性，并与明细账、总账的余额核对相符。

（2）抽查大额预提费用提取的记账凭证及相关文件资料，确定其预提额和会计处理是否正确。

（3）抽查大额预提费用转销的记账凭证及相关文件资料是否齐全，其会计处理是否正确。

（4）检查有无不属于预提费用性质的会计事项、有无长期未转销的预提费用。如有，应查明原因并进行记录，必要时进行适当调整。

（5）验明预提费用是否已在资产负债表上充分反映。

（三）辅助生产费用分配合理性审查

检查辅助生产费用开支是否真实、合法和符合开支标准。审查方法是检查原始凭证，对照会计制度的规定，与有关定额或预算进行比较。

检查辅助生产费用分配方法是否合理和一贯使用以及分配结果是否正确。

（四）完工产品与在产品费用划分合理性审查

第一，在产品盘存数量和加工程度的审查。审查方法是通过审查领退料凭证、产品入库单、废品通知单和在产品台账等记录，检查期末在产品数量有无异常变动。如果有异常变动，就应通过盘点验证在产品数量或通过加工程度鉴定确定在产品完工程度。

在产品计价的审查。检查所使用的在产品计价方法是否合理，选定的计价方法是否一贯使用，有无任意估计在产品成以调节完工产品成本的问题。

三、销售成本审计

（一）审查产品销售成本的结转是否符合配比原则

审查方法是检查主营业务成本与主营业务收入明细账中的产品品种、规格、数量等是否一致，成本结转与相关收入的确认是否在同一会计期间。

（二）审查产品销售成本的计算方法是否合理和一贯

审查时要注意被审计单位有无随意改变销售成本计算方法来调节当期损益的问题。

（三）审查关联方销售成本的结转与非关联方销售成本的结转是否一致

审查时要注意有无通过多转关联方销售成本，以虚增账面价值，虚增关联方销售收入和非关联方销售损益的问题。

【例 11-1】某企业甲产品明细账显示某年 12 月初结存 500 台，每台生产成本为 200 元，12 月份完工入库 800 台，每台生产成本为 220 元，12 月份共发出销售 950 台，均采用托收承付结算方式结算，其中已办妥托收手续的为 900 台，并且不存在退货期，也没有保留与所有权相关的控制权，其余 50 台均未办妥托收手续。审查甲产品销售收入明细账记录，本月售出 950 台，每台售价为 300 元，共计 285 000 元；审查甲产品销售成本明细账记录，本月结转 900 台的销售成本，每台 200 元，销售总成本为 180 000 元。经审查，该企业产品销售成本结转一直使用一次加权平均法。

要求：分析上述业务处理中存在的问题及其动机

解析：该企业上述账务处理中存在的问题主要如下：

（1）存在任意结转销售成本的问题。正确的已销甲产品的单位销售成本为 212.3 元，比该企业实际结转的单位销售成本 200 元高出 12.3 元。因此，该企业实际少结转销售成本为 12.3×900＝11 070 元，虚增利润 11 070 元。

（2）存在销售收入与销售成本不相配比的问题，多确认了 50 台产品的销售收入。共计多确认销售收入 15 000 元（50×300）。

两项共计多计销售利润 26 070 元（11 070+15 000）。因此，该企业这样做的目的是为了虚增利润。

第三节　存货储存审计

存货储存审计的目标如下：

第一，已记录的存货在资产负债表日是否都存在。

第二，资产负债表日存在的存货是否都已列入存货总额。

第三，列入资产负债表的存货，企业是否都拥有其所有权，有无用作抵押的存货。

第四，所有存货的收发计价是否正确，期末跌价准备的计提是否充分。

第五，结账日前后发生的存货收入业务是否都计入了适当的报告期。

第六，存货项目的有关加总计算和收发计价的计算是否准确。

第七，存货与固定资产的分类是否正确。

第八，存货的账务处理和报表列示是否符合会计准则的规定，有关事项的披露是否充分。

一、存货的分析性复核

（一）比较分析法

第一，比较前后各期存货余额及其构成，以确定存货的总体合理性。

第二，比较前后各期存货各组成部分余额的变动，以确定其总体合理性。

第三，比较存货与供、产、销的关系变动，以确定存货的总体合理性和质量。

第四，将本期存货处理损失额与存货跌价准备期末余额进行比较，以判断跌价准备计提的充分性。

第五，将与关联方发生的存货交易的频率、规模、价格和账款结算条件与非关联方的存货交易相比较，以判断是否总体合理。

（二）比率分析法

1. 存货周转率

存货周转率是用来衡量企业销售能力和存货是否积压的指标。在利用存货周转率进行企业内部纵向比较或与其他同行企业横向比较时，要求存货计价持续一致。存货周转率的波动，可能意味着被审计单位存在以下情况：

（1）被审计单位存在有意或无意地减少存货储备。

（2）存货管理或控制程序发生变化。

（3）存货成本项目或核算方法发生变化。

（4）存货跌价准备计提基础或冲销政策发生变化。

（5）销售额发生大幅度的增减变化。

2. 毛利率

毛利率是反映企业盈利能力的主要指标，在生产循环审计中，用以衡量成本控制及销售价格的变化。毛利率的异常变动可能意味着被审计单位存在销售、销售产品总体结构、单位产品成本发生变动等情况。

二、存货的监盘

年末存货的结存数量直接影响到会计报表上的存货金额的正确性。存货的监盘是审计人员为确定年末存货数量所进行的一项最重要的审计程序。存货的监盘的具体步骤如下：

（一）参与制订存货盘点前的计划工作

存货盘点不同于货币资产的突击盘点，有效的存货监盘工作必须建立在事前周密的计划基础上。审计人员应参与被审计单位存货盘点的事前规划，或向委托人索取存货盘点计划。具体来讲，审计人员应考虑监盘时间、监盘样本、项目选取等问题。一般监盘时间以会计期末以前为优，如果企业的盘点在会计期末以后的时间进行，那么就必须编制从盘点日到期末的存货余额调节表，但尽量使盘点时间靠近会计期末。在考虑选取大样本量进行盘点时，应考虑有关实地盘点、永续盘点的可靠性，存货的总金额及种类。不同的重要存货的存放位置及其数量以及以前年度发现的误差性质及其内部控制等。至于样本选取则应将重要项目或典型存货项目作为对象，同时对可能过时或损坏的项目要仔细查询，并与管理人员就疑虑问题交换意见和看法。

（二）进行盘点准备工作

1. 确定盘点顺序

被审计单位的财产物资品种繁多、存放地点分散，同步实施盘点既无可能也无必要，因此分次盘点几乎是必然的，但分次盘点有先后之分，后盘点的地点等同于预告盘点。为防止被盘点单位弄虚作假，有必要对其实行封存。封存可以采取贴封条、上锁、请人代为保管等方式。

2. 明确盘点重点

审计人员应了解有关财产物资的内部控制和管理制度，对各项制度的遵循情况进行评价，发现存在的薄弱环节，明确盘点的重点。

3. 做好盘点人员准备

盘点是整个企业的大事，各级领导、有关人员都要参加，通过召开盘点预备会议，将盘点计划或指令明确到每一个参与人员。

4. 通知存货保管部门

将有关物资盘点日的账面数扎出，将已经发现的错误数剔除，并做好盘点的器具和表格文具的准备，对一些特殊物资的盘点还需要准备特殊的器具，如对贵重金属的盘点需要准备的衡器等。

（三）实施盘点

审计人员在监盘前，应亲临实地盘点现场，与盘点人员一起到岗，密切注意企业的盘点现场以及盘点人员的操作程序和盘点全过程。

审计人员进入现场后，应查看被审计部门和有关人员是否进入“状态”，有关手续是否已办理完毕。在监督盘点下，审计人员不能离开盘点现场，同时应把握盘点进度，对有关人员所实施的盘点清查要实行全过程监控，不能只看其结果而不观察其过程。对一些重要的盘点环节还要细看，必要时要求其放慢速度或重复操作，演示其过程或者要求解释盘点的结果，也可以对有关盘点结果进行复核和清点。要防止有关人员对审计人员玩弄“障眼法”，趁审计人员不注意时串换物资、搞“调包”。如发现此类情况，审计人员应提出严肃批评，严重时应改为审计人员实施直接盘点。在盘点过程中，要严格记录程序，特别对盘点出现的结果要如实记录在案，并执行有关手续，填写有关的表格，写明盘点的实际数额，并签字为证。

（四）进行抽点

盘点后，审计人员根据观察的情况，在盘点标签尚未取下之前，选择部分存货项目进行复盘抽点。抽点范围取决于具体存货项目的性质、控制状况及特定的环境条件，抽点的样本一般不得低于存货总量的10%。审计人员抽点后，应将抽点结果与盘点标签及盘点清点表上的记录进行比较，在比较时不仅要核对数量，还应该核对存货的编号、品种、规格、型号及存货的品质等。抽点在产品时，还应关注在产品完工程度是否适当。抽点中发现差异，除应督促企业更正外，还应扩大抽点范围，如发现差错过大，则应要求企业重新盘点。

抽点结束后应将全部盘点标签或盘点清单按编号顺序归总，并据以登记盘点表。归总时，审计人员应注意盘点标签或盘点清单编号的连续性，以免有缺号、重号现象。所有存货的盘点标签、盘点清单均应由企业参与盘点人员和监盘的审计人员签名，并复印两份，企业与审计人员各留一份。同时审计人员还应向企业索取存货盘点前的最后一张验收报告单或入库单、最后一张货运文件或出库单，以便审计时作截止测试之用。在观察实地盘点和复盘抽点过程中，审计人员应注意检查企业存货的所有权，询问或查验存货中有无代他人保存和来料加工的存货；有无未进行账务处理而置于（或寄存）他处的存货，这些存货是否正确列示于存货盘点表中。同时，审计人员还应注意观察存货的残次情况，确定其对损益的影响。对于企业存放或寄销在外的存货，也应纳入盘点的范围。但盘点的方法可以选择，如委托当地会计师事务所负责监盘抽点或审计人员亲自前往监盘。如存货量不大，也可以向寄存寄销单位函证或采用其他替代程序予以确认。

（五）盘点工作总结

盘点工作结束后，应将盘点的结果与有关账簿记录进行核对，确定其是否账实相符。账实不符的原因有很多种，有属于在物资收发过程中正常的、小额的短少，即正常的“盘盈”或“盘亏”。但超过正常的幅度和范围，事情就不会那么简单，对此类账实不符的情况，审计人员不能轻易下结论，要结合其他审计环节，进行进一步的调查研究。首先可以询问被审计单位有关人员，让其解释账实不符的原因并查找理由，如果能做出令人信服的说明，即可消除审计人员的疑虑，可不作进一步的追查；如果不能自圆其说，则应作跟踪检查，直至得到满意的结论为止。

【例 11-2】注册会计师王红在观察被审计单位存货实地盘点时，注意到下列特殊的项目，请问王红对这些项目应进一步实施哪些审计程序？

(1) 产成品储藏室内有数台电动马达没有悬挂盘点单。经查询，这些马达属于客户（被审计单位）的承销品。

(2) 验收部门有切片机一台（为客户主要产品之一），盘点单上标明“重做”字样。

(3) 运输部门有一台已装箱的切片机，没有悬挂盘点单，据称该机器已售给红光公司。

(4) 小型仓库内存有5种布满灰尘的原材料，每种原材料均挂有盘点单，经王红抽点与盘点单上的记录相符。

解析：

(1) 承销品的口头凭证应通过下列步骤证实：审查承销品记录、寄销合同和往来信函以及向寄销人直接函证等。

(2) 从切片机的存放地点和盘点单上的“重做”字样看，可能是退货的货物，应审核验收报告、销货退回和折让通知单、应收账款函证回函等，查明切片机的所有权。如果所有权仍属顾客，则不应列入客户的存货中。

(3) 查阅有关购销协议、结算凭证，查证装箱切片机的所有权，如果销售尚未实现，应将切片机列入被审计单位的存货之中。

(4) 应向生产主管查询这些原材料还能否用于生产，如果属于毁损、报废材料，则不应列入客户的存货。

三、存货计价测试

存货监盘只是对存货的结存数量予以确认，为了验证会计报表上存货余额的真实性，审计人员必须复核存货计价的基础和方法。同时还应关注企业存货计价方法是否前后各期一致，如果不一致，应进一步审查存货计价方法变更的性质和原因，分析变更对企业财务状况和经营效果的影响。

(一) 样本的选择

存货计价审计的样本应从存货数量已经盘点、单价和总金额已经计入存货汇总表的结存存货中选择。

选择样本的原则是选取的样本应具有代表性，着重选择结存余额较大且价格变化比较频繁的存货项目。

抽样方法是一般采用分层抽样法，抽样规模应足以推断总体的情况。

(二) 计价方法的确认

存货的计价方法很多，企业可以结合国家法规要求选择符合自身特点的方法。审计人员除应了解掌握企业的存货计价方法外，还应对这种计价方法的合理性与一贯性予以关注，没有足够的理由，计价方法在同一会计年度内部不得变动。

(三) 计价审计

进行计价审计时，审计人员应排除企业已有计算程序和结果的影响，进行独立审计。首先应对存货价格的组成内容予以审核，然后按照了解的计价方法对所选择的存货样本进行计价审计。待审计结果出来后，应与企业账面记录进行对比，编制对比分析表，分析形成差异的原因，对于过大的差异，应扩大范围继续审计，并根据审计结果做出审计调整。

四、存货截止测试

存货截止测试，就是检查截至 12 月 31 日，企业所购入并已包括在 12 月 31 日存货点范围内的存货。存货正确截止的关键在于存货实物纳入盘点范围的时间与存货引起的借贷双方会计科目的入账时间都处于同一会计期间。如果当年 12 月 31 日购入货物，并已包括在当年 12 月 31 日的实物盘点范围内，而购货发票是次年 1 月 2 日才收到，并已记入次年 1 月份账内，当年 12 月份账上并无进货和对应的负债记录，这就少记了存货和应付账款；相反，如果在当年 12 月 31 日就收到一张购货发票，并记入当年 12 月份账内，而这张发票所对应的存货实物却在次年 1 月 2 日才收到，未包括在当年年底的盘点范围内，这样就有可能虚减本年的利润。按照存货正确截止要求，若未将年终在途货物列入当年存货盘点范围内，只要相应负债亦同时记入次年账内，对会计报表影响就并不重要。存货截止审计的主要方法是抽查存货盘点日期前后的购货发票与验收报告（或入库单）、档案中的每张发票附有的验收报告（或入库单）。12 月底入账的发票如果附有 12 月 1 日或之前的验收报告（或入库单），则货物肯定已经入库，并包括在本年的实地盘点存货范围内；如果验收报告日期为次年 1 月份的日期，则货物不会列入年底实地盘点存货范围内。反之，如果仅有验收报告（或入库单）而并无购货发票，则应认真审核每一验收报告单上面是否加盖暂估入库。

在存货审计过程中，审计人员应当结合存货项目的特点，分析在会计核算中易产生差错的环节和科目及错误的类型，常见错弊有账户运用不合理、存货收入计价不准确、存货发生计价不真实、账务处理不规范、存货盘存方法错误等。

五、几种特殊情况的处理

（一）由于存货的性质和位置而无法实施监盘程序的

由于存货的性质和位置而无法实施监盘程序的，审计人员可考虑实施下列替代审计程序获取有关期末存货数量和状况的充分、适当的审计证据：

（1）检查进货交易凭证或者生产记录以及其他相关资料。

（2）检查资产负债表日后发生的销货交易凭证。

（3）向顾客或供应商函证。

（二）由于不可预见的因素导致无法在预定日期实施存货监盘或接受委托时被审计单位存货盘点已经完成

审计人员应当评估存货内部控制的有效性，对存货进行适当抽查或提请被审计单位另择日期重新盘点，同时测试该期间发生的存货交易，以获得有关期末存货数量和状况的充分与适当的审计证据。

（三）委托其他单位保管或以作出质押的存货

对委托其他单位保管或以作出质押的存货，审计人员应当向保管人或债权人函证。如果此类存货的金额占流动资产或总资产的比例较大，审计人员还应当考虑实施存货监盘或利用其他注册会计师的工作。

（四）首次接受委托的情况

当首次接受委托未能对上期期末存货实施监盘，并且该存货对本期财务报表存在重大影响时，如果已获取有关本期期末存货余额的充分、适当的审计证据，审计人员应当适时采用下列一项或多项审计程序，以获取本期期初存货余额的充分、适当的审计证据：

（1）查阅前任注册会计师工作底稿。

（2）复合伤其存货盘点记录及文件。

(3) 检查上期存货交易记录。

(4) 运用毛利百分比法等进行分析。

第四节 其他相关账户审计

一、应付职工薪酬审计

职工薪酬是企业支付给员工的劳动报酬，包括各种工资、奖金、津贴等。职工薪酬计算的正确与否，直接影响到企业成本费用和利润计算的正确性。应付职工薪酬的审计目标是确定应付职工薪酬计提和支付的记录是否完整；计提依据是否合理；确定应付职工薪酬期末余额是否正确；确定应付职工薪酬的披露是否恰当。其实质性测试程序通常包括以下几个方面：

(1) 获取或编制应付职工薪酬明细表，复核加计是否正确，并与明细账合计数、总账数、会计报表数核对，检查是否正确。

(2) 对本期工资费用发生情况进行分析性复核。

一是分析比较本年度内各月工资费用的发生额是否有异常波动，若有则要求被审计单位予以解释。

二是分析比较本年度与上年度工资费用总额及余额情况，要求被审计单位解释其增减变动原因，或取得被审计单位关于企业员工工资标准的决议或有关文件。

三是用被审计单位平均员工人数乘以其平均工资数，确定工资费用的总体合理性。

(3) 检查职工薪酬的计提是否正确，分配方法是否与上期一致，并将应付职工薪酬计提数与相关的成本、费用项目核对一致。

(4) 核对应付职工薪酬的凭证和账簿，检查其计算和记录的正确性，检查工资发放中的大额和异常的记录，若有则要求被审计单位予以解释。

(5) 如果被审计单位实行工效挂钩的，应取得有关主管部门确认的效益工资发放的认定证明，并符合有关文件和实际完成的指标，检查其计提额是否正确。

(6) 验证应付职工薪酬的披露是否正确。

二、特殊存货项目审计

(一) 委托加工物资审计

首先应获取或编制委托加工物资明细表，复核加工正确，并与总账数、明细账合计数核对是否相符。检查若干份委托加工业务合同，抽查有关发料凭证、加工费、运费结算凭证，核对其计费、计价是否正确，会计处理是否及时、正确。抽查加工完成物资的验收入库手续是否齐全，会计处理是否正确。对委托加工物资的期末余额，应现场查看或函询核实。审核有无长期挂账的委托加工物资事项，如有，查明原因，必要时进行调整。

（二）委托代销商品审计

首先应获取或编制委托代销商品明细表，复核加计正确，并与总账数、明细账合计数核对是否相符。在此基础上实施以下程序：检查若干份委托代销业务合同，抽查有关发货凭证，核对其会计处理是否及时、正确；检查是否定期收到委托代销商品销售月结单（对账单），抽查若干月的销售月结单（对账单），验明会计处理是否及时、正确；对委托代理商品的期末余额，应现场查验或函询核实；审核有无长期挂账的委托代销商品事项，查明原因，必要时进行调整。

（三）受托代销商品审计

首先应获取或编制受托代销商品明细表，复核加工正确，并与总账数、明细账合计数核对是否相符，同时与仓库台账、卡片抽查一致。

然后实施以下程序：检查若干份受托代销业务合同，抽查有关收货凭证，核对其会计处理是否及时、正确；检查是否定期发出受托代销商品销售月结单（对账单），抽查若干月的销售月结单（对账单），验明会计处理是否及时、正确；对受托代销商品的期末余额，应现场查看其是否存在；审核有无长期挂账的受托代销商品事项，如有，查明原因，必要时进行调整。

（四）分期收款发出商品审计

首先应获取或编制分期收款发出商品明细表，复核加计正确，并与总账数、明细账合计数核对是否相符。

然后在此基础上实施以下程序：检查若干份分期收款业务协议、合同，抽查有关凭证，核对其会计处理是否及时、正确；结合库存商品审计，抽查分期收款发出商品的入账基础，是否与库存商品结转额核对相符；检查是否按合同约定时间分期收回货款，并复核其转销成本是否与约定收到货款比例配比，验明会计处理是否及时、正确；对分期收款发出商品的期末余额，必要时应函询核实；审核有无长期挂账的分期收款发出商品事项，如有，应查明原因，必要时进行调整。

【拓展阅读】

某企业仓库保管员负责登记存货明细账，以便对仓库中的所有存货项目的验收以及发、存进行永续记录。当收到验收部门送交的存货和验收单后，根据验收单登记存货领料单。平时各车间或其他部门如果需要领取原材料，都可以填写领料单，仓库保管员根据领料单发出原材料。该企业辅助材料的用量很少，因此领取辅助材料时，没有要求使用领料单。各车间经常有辅助材料剩余（根据每天特定工作购买而未消耗掉，但其实还可再为其他工作所用的），这些材料由车间自行保管，无须通知仓库。如果仓库保管员有时间，偶尔也会对存货进行实地盘点。

根据上述描述，回答以下问题：

第一，你认为上述描述的内部控制有什么弱点？简要说明该缺陷可能导致的错弊。

第二，针对该企业存货循环上的弱点，提出改进建设。

解析：第一，存在的弱点和可能导致弊端如下：

(1) 存货的保管和记账职责未分离。可能导致存货保管人员监守自盗，并通过篡改存货明细账来掩饰舞弊行为，存货可能被高估。

(2) 仓库保管员收到存货时不填制入库通知单，而是以验收单作为记账依据。可能导致一旦存货数量或质量上发生问题，无法明确是验收部门还是仓库保管人员的责任。

(3) 领取原材料未进行审批控制。可能导致原材料的领用失控，造成原材料的浪费或被贪污以及生产成本的虚增。

(4) 领取辅助材料时未使用领料单和进行审批控制、对剩余的辅助材料缺乏控制。可能导致辅助材料的领用失控，造成辅助材料的浪费或被贪污，以及生产成本的虚增。

(5) 未实行定期盘点制度。可能导致存货出现账实不符现象，并且不能及时发现，计价不准确。

第二，存货循环内部控制的改进建议如下：

(1) 建立永续盘存制，仓库保管人员设置存货台账，按存货的名称分别登记存货收、发、存的数量；财务部门设置存货明细账，按存货的名称分别登记存货收、发、存的数量、单价和金额。

(2) 仓库保管员在收到验收部门送交的存货和验收单后，根据入库情况填制入库通知单，并据以登记存货实物收、发、存台账。入库通知单应事先连续编号，并由交接各方签字后留存。

(3) 对原材料和辅助材料等各种存货的领用实行审批控制。各车间根据生产计划编制领料单，经授权人员批准签字，仓库保管员经检查手续齐备后，办理领用。

(4) 对剩余的辅助材料实施假退库控制。

(5) 实行存货的定期盘存制。

【思考与练习】

一、单项选择题

1. 对于下列存货认定，通过向生产和销售人员询问是否存在过时或周转缓慢的存货，A 注册会计师认为最可能证实的是（　　）。

A. 计价和分摊　　B. 权利和义务

C. 存在　　D. 完整性

2. 在对存货实施抽查程序时，以下做法中，注册会计师应该选择的是（　　）。

A. 尽量将难以盘点或隐蔽性较大的存货纳入抽查范围

B. 事先就拟抽取测试的存货项目与乙公司沟通，以提高存货监盘的效率

C. 从存货盘点记录中选取项目追查至存货实物，以测试盘点记录的完整性

D. 如果盘点记录与存货实物存在差异，要求乙公司更正盘点记录

3. 以下有关期末存货的监盘程序中，与测试存货盘点记录的完整性不相关的是

（ ）。

A. 从存货盘点记录中选取项目追查至存货实物

B. 从存货实物中选取项目追查至存货盘点记录

C. 在存货盘点过程中关注存货的移动情况

D. 在存货盘点结束前，再次观察盘点现场

4. 下列属于被审计单位健全有效的存货内部控制需要由独立的采购部门负责的是（ ）。

A. 编制购货订单　　B. 编制请购单

C. 检验购入货物的数量、质量　　D. 控制存货水平以免出现积压

5. 如果注册会计师了解到被审计单位会计人员经常发生变动，针对这种情况，以下说法中错误的是（ ）。

A. 这可能导致在各个会计期间将费用分配至产品成本的方法出现不一致

B. 可能引发存货交易和余额的重大错报风险

C. 可能导致存货项目的可变现净值难以确定

D. 增加了错误的风险

6. A 注册会计师接受委托审计甲公司 2015 年财务报表，在对生产与存货循环的审计过程中，A 注册会计师想要证实存货的成本以正确的金额在恰当的会计期间及时记录于适当的账户，此时不可以实施的实质性程序是（ ）。

A. 对成本实施分析程序

B. 对重大在产品项目进行计价测试

C. 检查成本核算流程和账务处理流程是否按照规定相应授权审批

D. 抽查成本计算单，检查各种费用的归集和分配以及成本的计算是否正确

7. 注册会计师观察被审计单位存货盘点的主要目的是为了（ ）。

A. 查明客户是否漏盘某些重要的存货项目

B. 鉴定存货的质量

C. 了解盘点指示是否得到贯彻执行

D. 获得存货期末是否实际存在以及其状况的证据

8. A 注册会计师在设计与存货项目相关的审计程序时，确定了以下审计策略。其中，不正确的是（ ）。

A. 对单位价值较高的存货，以实施实质性程序为主

B. 对由少数项目构成的存货，以实施实质性程序为主

C. 对单位价值较高的存货，以实施控制测试为主

D. 实施实质性程序时，抽查存货的范围取决于存货的性质和样本选择方法

9. 有关存货审计的下列表述中，正确的是（ ）。

A. 对存货进行监盘是证实存货“完整性”和“权利和义务”认定的重要程序

B. 对难以盘点的存货，应根据企业存货收发制度确认存货数量

C. 存货计价审计的样本应着重选择余额较小且价格变动不大的存货项目

D. 存货截止测试的一个主要方法是抽查存货盘点日前后的购货发票与验收报

告（或入库单），确定每张发票均附有验收报告（或入库单）

10. 在对存货进行计价测试时，首先要求注册会计师掌握企业所使用的存货计价方法，这是因为在存货计价测试中，要求注册会计师首先（　　）。

A. 关注企业存货计价方法的合理性与一贯性

B. 按照企业计价方法对存货进行计价测试

C. 排除企业已有计价方法的影响，进行独立测试

D. 分析企业存货计价中所出现的问题的原因

二、多项选择题

1. 按不相容职务分离的基本要求，担任被审计单位存货保管职务的人员不得再兼任的职务有（　　）。

A. 存货的采购　　B. 存货的清查

C. 存货的验收　　D. 存货处置的申请

2. A会计师事务所接受甲公司（大型制造类公司）2015年财务报表审计业务，“影响生产与存货交易和余额的重大错报风险”可能包括（　　）。

A. 交易的数量庞大、业务复杂，这就增加了错误和舞弊的风险

B. 可能存在产品的多元化

C. 某些存货项目的可变现净值可能难以确定

D. 大型企业可能将存货存放在很多地点，并且可以在不同的地点之间配送存货，这将增加商品途中毁损或遗失的风险

3. 在成本会计的内部控制目标中，包括“生产业务应根据管理当局的一般或特殊授权进行”这一目标。为核实这一目标是否达到，注册会计师在进行控制测试中应检查（　　）。

A. 生产指令上授权批准的标志　　B. 领料单上授权批准的标志

C. 工资单上授权批准的标志　　D. 生产通知单是否连续编号

4. 如果注册会计师采用以控制测试为主的方式进行存货监盘，并准备信赖被审计单位存货盘点的控制措施与程序，则其实施的绝大部分审计程序将限于（　　）。

A. 询问　　B. 重新执行

C. 观察　　D. 抽查

5. 注册会计师在确定被审计单位寄销在外地的存货是否存在时，采取的下列方法中恰当的有（　　）。

A. 向寄销单位发询证函

B. 审查有关原始单证、账簿记录

C. 亲自前往存放地观察盘点

D. 委托存放当地的会计师事务所负责监盘

6. 由于存货的性质或位置而无法实施监盘程序，注册会计师对存货监盘实施的替代审计程序主要包括（　　）。

A. 检查进货交易凭证或生产记录以及其他相关资料

B. 检查资产负债表日后发生的销货交易凭证

C. 向顾客或供应商函证

D. 对存货进行截止测试

7. 存货监盘计划的主要内容包括（ ）。

A. 存货监盘的目标、范围及时间安排

B. 抽查的范围

C. 参加存货监盘人员的分工

D. 存货监盘的要点及关注事项

8. 乙注册会计师测试XYZ股份有限公司存货计价时，应从存货数量已经盘点、单价和总金额已经记入存货汇总表的结存存货中选择，并考虑着重选择的样本为（ ）。

A. 结存余额较大的项目　　B. 价格变动较频繁的项目

C. 结存余额为零的项目　　D. 具有代表性的项目

三、判断题

1. 尽管实施存货监盘，获取有关期末存货数量和状况的充分、适当的审计证据是审计人员的责任，但这并不能取代被审计单位管理层定期盘点存货，合理确定存货的数量和状况的责任。（ ）

2. 存货监盘针对的是主要是存货的存在认定、完整性认定以及权利和义务的认定。存货监盘作为存货审计的一项核心审计程序，通常可同时实现上述多项审计目标。（ ）

3. 存货监盘只能对期末结存数量和状况予以确认，为了验证财务报表上存货余额的真实性，还必须对存货的计价进行审计。（ ）

4. 存货截止测试时，要关注所有在截止日期以前入库的存货项目是否均已包括在盘点范围内，并已反映在截止日以前的会计记录中。（ ）

5. 注册会计师要事先通知被审计单位讨论存货抽点的范围，有利于抽盘的顺利进行。（ ）

6. 计价审计的样本，应从存货数量已经盘点、单价和总金额已经计入存货汇总表的结存存货中选择。（ ）

四、简答题

1. 某市审计局对某工厂2015年12月31日的期终会计资料进行审计时，发现接近结账日所发生的业务事项如下：

（1）2016年1月2日收到价值为20 000元的货物，收到发票和登账日期为1月4日，发票上注明由供货商负责送，目的的交货，开票日期为2015年12月26日。

（2）当实地盘点时，本工厂1包价值8 000元的产品已放在装运处，因包装纸上注明“有待运发”字样而未计入存货内，经调查发现，顾客的订货单日期为2015年12月20日，顾客于2016年1月4日收到货物才付款。

（3）2016年1月6日收到价值为700元的物品，并于当天登记入账，该物品于2015年12月28日按供货商离厂交货条件运送，因2015年12月31日尚未收到，故未计入结账日存货。

（4）按顾客特殊订单制作的某产品，于2015年12月31日完工并送装运部门，顾客已于该日付款。该产品于2016年1月5日送出，但未包括在2015年12月31的存货内。

要求：你认为上述4种情况中的物品是否应包括在2015年12月31日的存货内，并说明理由。

2. 某企业发出材料按每月一次加权平均法计价，审计人员审查该企业上年12月甲材料的明细账时发现：月初结存500吨，单价为120元，12月份只购进500吨甲材料，单价为130元。该月份发出450吨甲材料，单价为130元，全部计入“生产成本”账户。经查该批材料为本企业在建工程领用，该工程目前尚未完工。

要求：

（1）指出材料发出中存在的问题；

（2）分析企业这样做的目的；

（3）编制调整分录。

3. 审计人员审查某企业材料采购业务时，发现本年内一笔业务的处理如下：从外地购进原材料一批，共8 500千克，共计价款293 250元，运杂费1 500元。财会部门将原材料价款计入原材料成本，运杂费计入管理费用。材料入库后，仓库转来材料入库验收单，发现材料短缺80千克，查明60千克是运输部门责任引起的短缺，20千克是运输途中的合理损耗，材料买价为每千克34.5元。

要求：

（1）根据上述资料，指出企业在材料采购管理工作中存在的问题。

（2）指出是否要求企业编制调整分录？如不需要，为什么？如需要，应如何调整？

第十二章　筹资与投资循环审计

【引导案例】

一、背景介绍

（一）审计人

北方会计师事务所派出了以赵新为组长和以李欣、张红、刘丽为组员的项目组。

（二）被审计人

东方股份有限公司。该公司属纺织工业化学纤维行业，其主营业务范围是聚酯切片及化纤、纺织原料及成品的生产及销售等。

（三）审计时间和内容

项目组于2016年2月12至3月8日对该公司2015年度的会计报表进行了审计（本案例主要反映权益融资的审计过程及相关问题）。

二、审计过程

第一，通过了解、调查、描述、测试和评价对被审计单位进行了控制测试。

第二，审阅了“实收资本”账户，审查了无形资产投资占企业注册资金比例，审查了受捐赠财产的账务处理情况，审查了盈余公积形成问题。

第三，本案例需要关注的问题如下：

（一）关于接受资产捐赠的审计

1. 企业会计制度规定

企业接受捐赠的现金资产和非现金资产，都应记入资本公积；外商投资企业接受捐赠的现金，应按接受捐赠的现金与现行所得税率计算应交的所得税。

2. 本案例的情况

本案例反映了东方股份有限公司将接受捐赠的现金错误地列入“营业外收入”账户内，从而虚增了当期损益，减少了所有者权益。

经审查，2015年10月20日的第60号凭证分录如下：

借：银行存款　　5 000

　贷：营业外收入　　5 000

其摘要为接受捐赠5 000元。所附原始凭证，一是捐赠协议，二是银行存款回执，证明确为捐赠。会计人员把应作为资本公积的捐赠未列入“资本公积”账户，使利润虚增。东方股份有限公司应进行如下调整：

借：营业外收入　　5 000

　贷：资本公积　　5 000

（二）关于盈余公积形成的审计

盈余公积是企业从净利润中提取形成的。

本案例中，李欣审阅东方股份有限公司“盈余公积”总账下“一般盈余公积”明细账时，发现贷方一处记录摘要内容为“收到股利收入”，金额为200 000元，调阅了该笔记账凭证，记账凭证显示的会计分录为：

借：银行存款　　200 000

　贷：盈余公积　　200 000

所附原始凭证为银行通知单，显示对方付款理由为“年底分派股息”。再查阅该公司“对外投资”账户，确有对外长期股权投资。据此，李欣认为东方股份有限公司把本应作为投资收益的股利收入错入了盈余公积账。后查明，该公司为了少纳所得税，故意隐瞒收入。

三、分析总结

权益融资与负债融资在融资途径和过程上有其不同点，表现在会计错误和舞弊的形式及其审查方法方面，也有其不同点。

权益融资中容易发生未遵守资本保全原则、无形资产投资超过企业注册资金规定的比例、多列或少列资本公积或盈余公积等会计错弊形式。审计人员应通过审阅合约，核对有关所有者权益方面的账户和凭证来验证问题。

第一节　筹资与投资循环及其内部控制测试

筹资活动是指企业为满足生存和发展的需要，通过改变企业资本及债务规模和构成而筹集资金的活动。筹资活动主要由借款交易和股东权益交易组成。

投资活动是指企业为通过分配来增加财富，或为谋求其他利益，将资产让渡给其他单位而获得另一项资产的活动。投资活动主要由权益性投资交易和债权性投资交易组成。

一、筹资与投资循环所涉及的主要业务

（一）筹资的主要业务活动

1. 授权审批

企业通过借款筹集资金需要经过管理当局的审批，企业发行股票还必须依据国家有关法规或企业章程的规定，报经企业最高权力机构及国家有关管理部门审批和核准。

2. 签订合同或协议

向金融机构融资需签订借款合同，发行债券需签订债券契约和债券承销合同。

3. 取得资金

企业实际取得银行或金融机构划入的款项或债券、股票的融入资金。

4. 计算利息或股利

企业应按有关合同或协议的规定，及时计算利息或股利。

5. 偿还本息或发放股利

银行借款或发行债券应按有关合同或协议的规定偿还本息，融入的股本根据股东大会的决定发放股利。

（二）投资的主要业务活动

1. 授权审批

投资业务应由企业的高层管理机构进行审批。

2. 取得证券或其他投资

企业可以通过购买股票或债券进行投资，也可以通过与其他单位联合形成投资。

3. 取得投资收益

企业可以取得股权投资的股利收入、债券投资的利息收入和其他投资收益。

4. 转让证券或收回其他投资

企业可以通过转让证券实现投资的收回。其他投资已经投出，除联营合同期满，或由于其他特殊原因联营企业解散外，一般不得抽回投资。

二、筹资和投资循环的主要凭证和会计记录

（一）筹资活动的凭证和会计记录

（1）债券或股票。

（2）发行债券公告。

（3）股东名册。

（4）公司债券存根簿。

（5）承销或包销协议。

（6）借款合同或协议。

（7）有关记账凭证。

（8）有关会计科目的明细账和总账。

（二）投资活动的凭证和会计记录

（1）股票或债券。

（2）经纪人通知书。

（3）债券契约。

（4）企业的章程及有关协议。

（5）投资协议。

（6）有关记账凭证。

（7）有关会计科目的明细账和总账。

三、筹资与投资循环内部控制及其测试

（1）筹资活动的控制目标、内部控制和测试如表 12-1 所示：

表 12-1　　筹资活动的控制目标、内部控制和测试一览表

内部控制目标	关键内部控制	常用控制测试
存在与发生（借款和所有者权益账面余额在资产负债表日确实存在，借款利息费用和已支付的股利是由被审计期间实际发生的交易事项引起的）	借款或发行股票经过授权审批 签订借款合同或协议、债券契约、承销或包销协议等相关法律性文件	索取借款或发行股票的授权批准文件，检查权限是否恰当，手续是否齐全 索取借款合同和协议、债券契约、承销或包销协议
完整性（借款和所有者权益的增减变动及其利息和股利已登记入账）	筹资业务的会计记录与授权和执行等方面明确职责分工 借款合同或协议由专人保管，如保存债券持有人的明细资料，应同总分类账核对相符，如由外部机构保存，需定期同外部机构核对	观察并描述筹资业务的职责分工 了解债券持有人明细资料的保管制度，检查被审计单位是否与总账或外部机构核对
估价与分摊（借款和所有者权益的期末余额正确）	建立严格完善的账簿体系和记录制度 核算方法符合会计准则和会计制度的规定	抽查筹资业务的会计记录，从明细账抽取部分会计记录，按原始凭证到明细账、总账的顺序核对有关数据和情况，判断会计处理过程是否合规完整
表达与披露（借款和所有者权益在资产负债表上的披露正确）	筹资业务明细账与总账的登记职务分离 筹资披露符合会计准则和会计制度的要求	观察职务是否分离

投资活动的控制目标、内部控制和测试如表 12-2 所示：

表 12-2　　投资活动的控制目标、内部控制和测试一览表

内部控制目标	关键内部控制	常用内部控制
存在与发生（投资账面余额为资产负债表日确实存在的投资，投资收益是由被审计期间实际发生的投资交易事项引起的）	投资业务经过授权审批 与被投资单位签订合同、协议，并获取被投资单位出具的投资证明	索取投资的授权批准文件，检查权限是否恰当，手续是否齐全 索取投资合同或协议，检查是否合理有效 索取被投资单位的投资证明，检查其是否合理有效
完整性（投资增减变动及其收益均已登记入账）	投资业务的会计记录与授权、执行和保管等方面明确职责分工 健全证券投资资产的保管制度，或者委托专门机构保管，或者由内部建立至少两名以上的联合控制制度，证券的存取均须详细记录和签名	观察并描述投资业务的职责分工 了解证券资产的保管制度，检查被审计单位自行保管时，存取证券是否进行详细的记录并由所有经手人员签字

表12-2(续)

内部控制目标	关键内部控制	常用内部控制
权利与义务（投资均为被审计单位所有）	内部审计人员或其他不参与投资业务的人员定期盘点证券投资资产，检查是否为企业实际拥有	了解企业是否定期进行证券投资资产的盘点 审阅盘核报告，检查盘点方法是否恰当、盘点结果与会计记录核对情况以及出现差异的处理是否合规
估价与分摊（投资的计价方法正确，期末余额正确）	建立详尽的会计核算制度，按每一种证券分别设立明细账，详细记录相关资料 核算方法符合会计准则和会计制度的规定 期末进行成本与市价或可收回金额孰低比较，并正确记录投资跌价准备	抽查投资业务的会计记录，从明细账抽取部分会计记录，按原始凭证到明细账、总账的顺序核对有关数据和情况，判断其会计处理过程是否合规完整
表达与披露（投资在资产负债表上的披露正确）	投资明细账与总账的登记职务分离 投资披露符合会计准则和会计制度的要求	观察职务是否分离

第二节　负债审计

一、负债审计目标

(一) 借款审计目标

(1) 特定期间借款业务是否均已记录完整。

(2) 所记录的借款在特定期间是否确实存在，是否为被审计单位所承担。

(3) 所有借款的会计处理是否正确。

(4) 各项借款的发生是否符合有关法律的规定，被审计单位是否遵循了有关债务契约的规定。

(5) 余额在有关会计报表上的反映是否恰当。

(二) 财务费用审计目标

(1) 确定财务费用的记录是否完整。

(2) 确定财务费用的计算是否正确。

(3) 确定财务费用的披露是否恰当。

二、短期借款审计

(一) 获取或编制银行借款明细表

独立审计人员应该从被审计单位或者自行编制银行借款明细表，列明短期借款和长期借款详细信息，复核加计数是否正确，并与总账和明细账核对相符。

（二）函证短期借款

独立审计人员应在期末视短期借款余额较大或认为重要的短期借款向银行或其他债权人函证。这种函证可以结合银行存款余额的函证同时进行。

（三）检查短期借款的增加和减少数

对年度内增加的短期借款，独立审计人员应检查借款合同和授权批准，了解借款数额、借款条件、借款日期、还款期限、借款利率，并与相关会计记录相核对。对年度内减少的短期借款，独立审计人员应检查相关记录和原始凭证，核实还款数额。

（四）检查有无到期未偿还的短期借款

独立审计人员应检查相关记录和原始凭证，检查被审计单位有无到期未偿还的短期借款。如有，应当查明是否已向银行提出申请并经同意后办理延期手续。

（五）复核短期借款利息

独立审计人员应根据短期借款的利率和期限，复核被审计单位短期借款利息计算是否正确，有无多算和少算利息的情况，如有未计利息和多记利息，应编制会计分录，必要时进行调整。

（六）检查短期借款在资产负债表上的披露

企业的短期借款在资产负债表上通常设“短期借款”项目单独列示，对于因抵押而取得的短期借款项目，应在资产负债表附注中揭示。

三、长期借款审计

第一，取得或编制长期借款明细表，并与长期借款账户明细账和总账核对。

第二，函证银行或其他债权人，以核实长期借款的实有额。对于大额的长期借款应要求对方说明有无其他修改条款、协议及担保条件等，以确定余额的真实情况。对于非记账本位币的长期借款应复核其外币核算方法是否正确，审查年末外币债务估价方法及汇兑损益的处理是否正确。

第三，审查长期借款业务是否合法。审计人员通过审阅借款的有关账目、合同、可行性研究报告，以及有关部门审批或授权的文件等资料，确定被审计单位借款是否必要、理由是否正当、手续是否齐全。还要审查企业是否履行了借款合约中规定的条款。如果是抵押借款，应审查抵押资产是否归属企业，其价值和其他情况是否与抵押文件中的说明一致，有无限制其用途；如果以某项收入作担保，应审查该项收入是否有保障。

第四，审查年度内发生变动的长期借款。增加的长期借款，应检查借款合同和有关部门批准文件，并就借款金额、条件、日期、期限、利率等要素与有关会计记录核对；减少的长期借款，应根据长期借款合同及有关凭证、账簿，审查其偿还情况，被审计单位是否按照合同规定的期限和金额偿还本息，其账务处理是否正确。有无到期未偿还的借款，若到期未还，是否已办理了逾期手续。同时，应审查借款的使用是否符合规定。

第五，审查被审计单位是否存在未入账的长期借款。

一是审查长期借款利息计算清单，检查实际利息支出是否超过按账面长期借款计算的利息支出。

二是与银行对账单核对，检查会计记录中借方发生额有无来源不清而可能是长期借款的大笔资金项目；检查贷方发生额有无属于支付未入账的长期借款利息的项目。

三是审查有无资产大量增加而银行存款、应付账款或其他负债账户没有记录反映的现象。

第六，审查长期借款是否存在用资产抵押、收入担保或其他抵押担保的情况。

第七，审查长期借款在会计报表上列示是否适当。审查1年内到期的长期借款是否已转到流动负债下“一年内到期的长期负债”项目中单独列示。若是抵押借款，应按第一抵押、第二抵押在报表附注上充分披露，以资产为抵押担保的，应反映有关资产项目。借款合同规定的各种限制也应在附注中加以说明。

【例12-1】独立审计师在审计某上市公司2015年度财务报表时，长期借款项目披露如表12-3所示：

表12-3　长期借款表

贷款单位	金额（万元）	借款期限	年利率（%）	借款条件
工行营业部	1 000	2013年7月—2017年7月	8.7	担保借款
农行营业部	14 000	2014年3月—2016年3月	7.5	厂房抵押借款
交行营业部	500	2013年2月—2015年2月	7.2	信用借款
合计	15 500			

2015年年末长期借款余额为15 500万元。

独立审计师在审计时实施的主要审计程序和审计处理如下：

（1）索取所有借款合同的复印件，对合同所载明的借款单位、借款金额、借款利率、借款期限、借入日期以及借款条件，分别进行审阅后计入审计工作底稿。

（2）对长期借款项目所计入的利息按照合同规定的利率和实际借入的日期、天数，计算确认其正确性。

（3）检查一年内到期的长期借款是否已转列为流动负债，确认公司向农行营业部的借款14 000万元已经转列为“一年内到期的长期负债”。

（4）审查长期借款抵押资产所有权是否属于本公司，其价值和现实状况是否与抵押借款合同中规定一致。农行营业部抵押厂房借款金额巨大，超过了厂房的40%，该公司应该履行公开披露的义务。

四、应付债券审计

第一，取得或编制应付债券明细表。审计人员应索取或编制应付债券明细表并与明细账及备查簿核对相符。必要时，询证债权人及债券的承销人或包销人，以验证应付债券期余额的正确性。

第二，审查企业债券业务是否真实与合法。着重审查企业发行债券有无经过有关部门的批准，发行债券所形成的负债是否及时记录等。

第三，审查企业债券是否按期计提利息，溢价或折价是否在债券存续期间分期摊销。

第四，审查企业在发行债券时，是否将待发行债券的票面金额、债券票面利率、还本期限与方式、发行总额、发行日期和编号、委托代售部门、转换股份等情况在备查簿中进行登记。

第五，审查到期债券的偿还。审计人员应检查相关会计记录，检查其会计处理是否正确。对可转换公司债券持有人将持有的债券转换为股票，则应检查其转股的会计处理是否正确。

第六，审查应付债券在会计报表中的披露是否充分。应付债券在资产负债表中列示于长期负债类下，该项目根据“应付债券”账户期末余额扣除将于1年内到期的应付债券后的数额填列，该扣除数应当填列在流动负债类下的“一年内到期的长期负债”项目单独反映。审计人员还应审查有关应付债券的类别是否已在会计报表注释中作了充分的说明。

【例12-2】独立审计人员在审计某上市公司时发现：该公司2016年1月1日为筹建生产线（基建期3年）而发行4年期面值1 000万元的债券，票面利息率为10%，该公司按照1 080万元的价格出售。2016年年底会计分录为：

借：财务费用　　800 000

　　应付债券——利息调整　　200 000

　贷：应付债券——应计利息　　1 000 000

根据企业会计制度的规定，为筹建固定资产期间发生的利息费用计入固定资产成本，提请调整分录如下：

借：在建工程　　800 000

　贷：财务费用　　800 000

五、财务费用审计

第一，获取或者编制财务费用明细表，重新计算加计数是否正确，与报表数、总账数及明细账合计数是否相符。

第二，审查财务费用列支的合法性。审计人员应通过审阅“财务费用”对照有关会计凭证记录，检查财务费用的列入是否属于财务费用的性质，有无将其他费用或支出列入财务费用之内。

第三，根据借款合同、利息计算清单、银行对账单据，审查有关借款费用的计算是否准确。检查手续费等计算是否按照规定的方法进行，有无计算错误或舞弊的问题。

第四，审查企业发生的利息收入和汇兑收益是否按照规定冲减了财务费用，有无将其列作收入或挂在结算账户甚至不入账的问题。

第五，审查借款费用处理是否正确。着重审查长期借款利息的计算是否正确，应予资本化的借款费用是否进行了资本化，不应资本化的借款费用，是否正确地将其记入有关期间费用账户。对此，审计人员应审阅、核对“长期借款”“固定资产”“在建工程”“财务费用”等账户和相应的会计凭证等会计资料，以查明问题。此外，审计人员还要注意审查企业与债权人进行债务重组时，其有关账务处理是否正确。

第六，审查财务费用的会计报表披露是否充分。

第三节 所有者权益审计

一、所有者权益审计目标

所有者权益一般包括股本（实收资本）、资本公积、盈余公积和未分配利润项目，其审计目标一般为：

第一，确定投入资本、资本公积的形成、增减及其他有关经济业务会计记录的合法性与真实性，为投资者及其他有关方面研究企业的财务结构、进行投资决策提供依据。

第二，确定盈余公积和未分配利润的形成和增减变动的合法性、真实性，为投资者及其他有关方面了解企业的增值、积累情况等提供资料。

第三，确定所有者权益在会计报表上的反映是否恰当。

二、股本（实收资本）审计

实收资本关系企业以后的经营与发展以及投资各方在企业中承担的经济责任和享受的经济利益，因此在所有者权益审计中应作为审计重点。“实收资本”核算企业按照企业章程的规定，投资者投入企业的资本。股份有限公司的投资者投入的资本，用“股本”核算。审计人员对于实收资本或股本的实质性测试应采取以下主要审计程序和方法：

（一）获取或编制实收资本明细表

审计人员应编制或取得实收资本明细表，该明细表应包括各个股东实收资本金额、形成日期及原因等。检查实收资本增减变动的内容及依据，查阅相关会计记录和原始凭证，将实收资本明细账与相应的原始凭证核对，查明其是否相符。

（二）审查实收资本形成的真实性与合法性

1. 审查投入资本是否真实存在

审计人员应通过对有关银行存款、固定资产、无形资产、存货的凭证、账簿记录的审阅核对，询证投资者实交资本额，核实有关财产和物资的实际价值，以验证投资者投入的资本是否已确实收到、是否确属投资者所有的财产、股份制企业发行的股票数量是否真实、股款或财产是否确实收到等。这包括审查已行股票登记簿、募股清单、银行对账单等表明股票发行情况的原始凭证，还包括审查银行存款日记账与总账、股本明细账与总账等账簿。

2. 审查出资期限、出资方式与出资限额

审计人员应通过审查收到出资者出资款的原始凭证和账簿记录，并对照企业合同、章程，确定各笔出资是否如期缴入；还应当审查企业合同、章程规定的出资期限是否符合国家法律、制度的相关要求。国家对投入资本的方式有相应规定，如以无形资产作为投入资本的，不得超过注册资本的 20%，特殊情况需要超过 20%的，应经工商行政管理机关批准，并且最高不得超过 30%；不得以已设立有担保物权及租赁的资产作为投入资本；等等。审计人员应当根据有关法律、制度规定，审查出资者出资方式是否合法合规，有无违反规定自行其是的情况。在企业的合同、章程中，明确规定各出资者具体出资额。审计人员应当首先审查企业合同、章程规定的企业投入资本总额是否符合国家法规的相关规定，其次还应当审查各出资者是否按约缴足了其认缴的出资额。

（三）审查实收资本变动的真实性和合法性

1. 审查实收资本增加的真实性和合法性

审计人员应通过审阅“实收资本”账户，审查有关文件和记录，分析被审计单位的有关财务状况和会计记录，验证其资本增加是否合法与真实。对于资本公积转增资本、盈余公积转增资本应结合资本公积审计、盈余公积审计进行。

2. 审查投入资本转让和减少的真实性与合法性

审计人员通过审阅“实收资本”账户发现有转让或减少记录后，应进一步审查有关会计及其他记录，询证有关投资者，验证其是否真实与合法，注意投入企业的资本是否得到保全、有无非法抽回投资。

（四）审核实收资本报表披露的正确性

审计人员应审查被审计单位实收资本项目报表填列是否完整、应当说明的事项是否做了充分的说明、报表披露与账簿记录是否一致。对于“股本”账户，是否在报表附注中说明了股本的种类、各类股本的金额及股票发行的数额、每股股票的面值、本期间增发的股票等；对于“实收资本”账户，是否在报表附注中说明出资者的变更、注册资本的增减、各出资者出资额的变动等。

【例 12-3】审计人员审计某公司实收资本时发现，该公司接受其他单位转入固定资产一项，其投资单位的账面价值为 18 万元，已提折旧 5 万元。双方协商确认其价值为 14 万元，以此作为投资的价值。该公司编制的会计分录为：

借：固定资产　　180 000
　　资本公积———资本溢价　　10 000
　贷：累计折旧　　50 000
　　　实收资本　　140 000

要求：指出存在的问题，并加以改正。

解析：该公司接受其他单位投资转入的固定资产，应按双方协商确认的价值计价。

该公司仍按原账面净值入账，不符合会计制度规定。正确的记录应为：

借：固定资产　　140 000

　贷：实收资本　　140 000

二、资本公积审计

资本公积是企业由于投入资本业务等非正常经营因素而形成的不能计入实收资本或股本的所有者权益，对其可视为一种准资本。资本公积的实质性测试程序主要包括以下内容：

（一）获取或编制资本公积明细表

审计人员应编制或取得资本公积明细表，该明细表应包括资本公积的种类、金额、形成日期及原因等。检查资本公积增减变动的内容及依据，查阅相关会计记录和原始凭证，将资本公积明细账与相应的原始凭证核对，查明其是否相符，并确认资本公积增减变动的合法性和正确性。

（二）复核公司章程、授权凭证和相关法规

资本公积的增减变动必须符合相关法规的要求，经过相应的授权才能执行。

（三）审查资本公积运用的真实性和合法性

审计人员通过审阅“资本公积”账户和有关会计分录，查明被审计单位有无将资本公积挪作他用甚至用来营私舞弊的问题；审查以资本公积转增资本金时，是否经股东大会决定并报经工商行政管理机关批准，手续是否完备，企业转增的资本金与批准的数额是否一致等。

（四）审查资本公积报表披露的正确性

资本公积的会计信息在资产负债表上是以“资本公积”项目反映的，该项目根据“资本公积”账户的期末余额填列。同时还应将资本公积明细账与股东权益增减变动表中列示的资本公积的期末余额及期初余额对比是否相符。

【例 12-4】审计人员在审查某公司资本公积明细账时，发现本期股票溢价 23 200 元，抽查有关会计凭证时，发现本期实际发行股票 8 000 股，每股发行价格 13 元，股票面值 10 元，佣金 800 元，股票的手续费 2 200 元，已列入财务费用。

要求：审查该企业公司发行股票确认溢价中的问题，并提出处理意见。

解析：审计人员首先审查公司股票发行的程序，并查明有无证券管理部门的批准文件，然后按下列公式验算股票溢价的计算是否正确。

股票溢价＝实际发行的股票数量×(每股发行价格－每股票面价值)－股票发行费用

　　　　＝8 000×(13－10)－800－2 200＝21 000(元)

公司多计股票溢价＝23 200－21 000＝2 200（元）

三、盈余公积审计

盈余公积是企业按规定从税后利润中提取的积累资金，是具有特定用途的留存收

益。盈余公积的实质性测试程序主要包括以下内容：

（一）获取或编制盈余公积明细表

审计人员应当获取或编制盈余公积明细表，分别列示法定盈余公积、任意盈余公积的数额，并与明细账和总账的余额进行核对。

（二）审查盈余公积的提取是否符合规定

审计人员应当审查盈余公积提取是否符合规定并经过批准，提取手续是否完备，提取依据（税后利润）是否真实正确，提取比例、金额是否合法，是否进行了正确的账务处理等。

（三）审查盈余公积的使用

审计人员应审查盈余公积的使用是否符合规定用途并经过批准。企业的盈余公积可以用于弥补亏损、转增资本（或股本）。股份有限公司经股东会特别决议，也可以用盈余公积分派现金股利。其中，弥补亏损必须按批准数额转账；转增资本或分配利润后剩余的法定盈余公积不得低于注册资本的25%，必须经批准依法办理转增手续；支付股利时支付比率不得超过股票面值的6%，并且分配股利后法定盈余公积不得低于注册资本的25%。

（四）审查盈余公积在报表中的披露是否正确

审计人员应通过盈余公积账目与会计报表核对，审查被审计单位盈余公积会计报表披露是否正确。一般企业的法定盈余公积、任意盈余公积合并在资产负债表中的“盈余公积”项目反映，股份有限公司的盈余公积则在资产负债表中分项列示，同时还应在会计报表附注中说明各盈余公积的期末余额及当期的重要变化，审计人员对此要进行审查。

五、未分配利润审计

检查利润分配比例是否符合合同、协议、章程以及董事会纪要的规定，利润分配数额及年末未分配数额是否正确。

根据审计结果调整本年损益数，直接增加或减少未分配利润，确定调整后的未分配利润数。

检查未分配利润是否已在资产负债表上恰当披露。

第四节　投资审计

投资是企业为通过分配来增加财富，或为谋求其他利益而将资产让渡给其他单位所获得的一项资产。

按照投资的目的分类，投资分为短期投资和长期投资。短期投资是指能够随时变现并且持有时间不准备超过1年的投资，这种投资目的是取得高于银行存款利率的利息收入。长期投资是为了积累整笔资金，以供特定用途之需，或为了达到控制其他单位，或对其他单位实施重大影响，或处于其他长期性质的目的而进行的投资。

一、投资审计目标

企业投资的审计目标可以概况如下：

第一，确定投资是否真实存在。

第二，确定投资是否归被审计单位所有。

第三，确定投资的增减变动及其收益（或损失）的记录是否完整。

第四，确定投资的计价方法（成本法或权益法）是否正确。

第五，确定投资的年末余额是否正确。

第六，确定投资在会计报表上的披露是否恰当。

二、投资审计内容

（一）获取或编制投资明细表

投资明细表应分别按照投资目的和对象进行分类，主要包括交易性金融资产、可供出售金融资产、持有至到期投资和长期股权投资。对于长期股权投资和联营投资，还须列示该投资占被投资企业股本（或实收资本）的份额以及会计核算方法的选择（成本法还是权益法）。审计人员获取或编制投资明细表后，应审查投资明细表的加计数是否正确，并与相应的总账和明细账的余额核对是否相符。

（二）进行分析性复核

对投资循环进行的分析性复核程序，主要包括以下三项内容：

第一，计算交易性金融资产、可供出售金融资产、持有至到期投资和长期股权投资的比例以及其中高风险投资的比例，分析投资的安全性，结合被投资单位的实际情况估计潜在的投资损失。

第二，计算投资收益占利润总额的比例，分析被审计单位在多大程度上依赖投资收益，判断其盈利的稳定性；将当期确认的投资收益同从被投资单位实际获得的现金流量进行比较分析；将重大投资项目与以前年度进行比较，分析是否存在异常变动。

第三，将各项投资账户及其收益的本年余额和发生额与上年数进行比较。发现是否存在重大的波动差异以及潜在的差错或舞弊。例如，长期股权投资账户余额显著增加可能说明有虚构、高估投资资产，或者存在无授权的超预算交易。

（三）实地盘点投资资产并检查其账实是否相符

1. 对有价证券投资的盘点

企业投资资产的保管一般有自行保管和委托专门机构代管两种形式。对自行保管的投资证券，应进行实地盘点，盘点时有企业相关管理人员在场，盘点结果要填制盘点清单。这一项工作可与其他盘点工作一起安排于期末结账日前进行。如果实地盘点工作是在结账日后进行的，审计人员应根据盘点结果和结账日与盘点日之间的证券增减变动业务的发生情况计算结账日的数额。对于委托专门机构代管的股票和债券，审计人员应审阅委托保管的证明文件，并向保管机构函证。

2. 对非证券形式投资的盘点

对直接投资于其他企业的货币资金、有形资产、无形资产等，也应审阅相关的投资协议和文件，并向被投资企业询证。对于固定资产、无形资产、流动资产的对外投资，还应结合企业的“固定资产”“无形资产”和“流动资产”的相关账户一起进行检查。审计人员应根据盘点或询证的结果，与投资明细表和相关账户进行核对，判断其是否账实相符。

（四）审查投资业务是否符合现行法律制度规定

按照《中华人民共和国公司法》的规定，除国务院批准的投资公司和控股公司外，企业的累计对外投资额不得超过本企业净资产的50%。因此，审计人员应在计算投资比例的基础上，检查企业的投资业务的比例是否符合国家在这方面的限制性规定。此外，审计人员还应检查投资证券的购入和售出是否经过管理当局的授权和批准。对此审计人员应当查阅被审计单位董事会或其他相关的会议记录、决议文件加以证实。

（五）检查本期发生的重大股权变动

对当期（尤其是会计年度结束前）发生的重大股权转让，应当审阅股权转让合同、协议、董事会或股东大会决议，分析是否存在不等价交换，判断被审计单位是否通过不等价股权转让调节利润，粉饰财务状况。对当年通过并股和参股取得股权的应分析被审计单位根据被投资单位的净损益确认投资收益时，是否是以取得股权后发生的净损益为基础，应特别注意股权转让协议是否存在倒签日期的现象，股权转让涉及的款项是否已经支付或收取。

（六）检查各类投资的会计确认、计量是否符合现行准则和会计制度的规定

对于不同类型的投资，会计处理方法是不相同的。审计人员应结合当前会计准则和会计制度的规定，对各项投资的会计分类、确认、计量（包括初始计量、后续计量、期末计量）进行分析、判断，如有不符，应建议被审计单位进行相应调整。

（七）审查各类投资在报表中披露的正确性

在财务报表中，审计人员应对以下事项进行审查：

（1）各类投资的期末账面余额和年初账面余额。

（2）被投资单位由于所在国家或地区及其他方面的影响，其向投资企业转移资金的能力受到限制，应披露受限制情况、原因和期限等。

（3）当期及累计未确认的投资损失金额。

第五节 其他相关账户审计

一、长期应付款审计

长期应付款核算企业采用补偿贸易方式下引进国外设备价款、应付融资租入固定资产的租赁费等。对于长期应付款，审计人员应采取以下实质性测试程序和方法：

（1）获得或编制长期应付款明细表，复核加计正确，并与报表数、总账数和明细账合计核对是否相符；检查长期应付款的内容是否符合规定。

（2）检查各项长期应付款相关的契约，有无抵押情况。对融资租赁固定资产应付款，还应审阅融资租赁合约规定的付款条件是否履行，检查授权批准手续是否齐全，并进行适当记录。

（3）向债权人函证重大的长期应付款。

（4）检查各项长期应付款本息的计算是否准确、会计处理是否正确。

（5）检查与长期应付款有关的汇兑损益是否按规定进行了会计处理。

（6）检查长期应付款的会计报表披露是否恰当，注意一年内到期的长期应付款是否已列入流动负债。

二、应付股利审计

应付股利核算企业经董事会或股东大会等确定分配的现金股利或利润。对于应付股利，审计人员应采取以下实质性测试程序和方法：

（1）获取或编制应付股利明细表，复核加计正确，并与报表数、总账数和明细账合计数核对是否相符。

（2）审阅公司章程、股东大会和董事会会议纪要中有关股利的规定，了解股利分配标准和发放方式是否符合有关规定并经法定程序批准。

（3）检查应付股利的发生额，是否根据董事会或股东大会决定的利润分配方案，从税后可供分配利润中计算确定，并复核应付股利计算和会计处理的正确性。

（4）审阅被审计单位董事会确定的上期利润分配预案，如股东大会决议进行了修改，应按股东大会决议调整应付股利的期初数，检查有关会计处理是否正确。

（5）检查股利支付的原始凭证的内容和金额是否正确。现金股利是否按公告规定的时间、金额予以发放结算；零股股利是否采用适当方法结算；对无法结算及委托发放而长期未结的股利是否做出适当处理；股利宣布、结算、转账的会计处理是否正确、适当。

（6）检查应付股利的会计报表披露是否恰当。

三、投资收益审计

投资收益是指企业从事各项对外投资活动取得的收益或损失。对于投资收益，审计人员应采取以下实质性测试程序和方法：

（1）获取或编制投资收益分类明细表，复核加计正确，并与总账和明细账合计数核对相符，与报表数核对相符。

（2）与以前年度投资收益比较，结合投资本期的变动情况，分析本期投资收益是否存在异常现象。如有，应查明原因，并做出适当的调整。

（3）与长期股权投资、交易性金融资产、交易性金融负债、可供出售金融资产、持有至到期投资等相关项目的审计结合，验证确定投资收益的记录是否正确，确定投资收益被计入正确的会计期间。

（4）确定投资收益已恰当披露。检查投资协议等文件，确定国外的投资收益汇回是否存在重大限制，若存在重大限制，应说明原因，并做出恰当披露。

四、长期待摊费用审计

长期待摊费用是指企业已经支付，但其影响不限于支付当期，因此应由支付当期和以后各受益期间共同分摊的费用支出，对于长期待摊费用，审计人员应采取以下实质性测试程序和方法：

（1）获取或编制长期待摊费用明细表，复核加计正确，并与报表数、总账数、明细账合计数核对相符。

（2）抽查重要的原始凭证，检查长期待摊费用增加的合法性和真实性，查阅有关合同协议等资料和支出凭证是否经过授权批准，会计处理是否正确，是否存在应计入期间费用的支出，租入固定资产改良支出与修理费的划分是否正确。

（3）检查摊销政策是否符合会计制度的规定，复核计算摊销额及相关的会计处理是否正确，前后期是否保持一致，是否存在随意调节利润的情况。

（4）检查长期待摊费用的会计报表披露是否恰当。

五、无形资产审计

无形资产审计的程序如下：

（1）获取或编制无形资产明细表。

（2）获取并审议有关文件。

（3）检查无形资产的增加。

（4）检查无形资产减值准备的计提。

六、管理费用审计

管理费用的审计目标是：确定管理费用的记录是否完整；确定管理费用的计算是否正确；确定管理费用的披露是否恰当。

管理费用的审计程序如下：

（1）取得或编制管理费用明细表。

（2）检查管理费用明细项目设置。

（3）选择性追查原始凭证。

七、营业外收入审计

营业外收入的审计目标是：确定营业外收入的记录是否完整；确定营业外收入的计算是否正确；确定营业外收入的披露是否恰当。

营业外收入的审计程序如下：

（1）获取或编制营业外明细表。

（2）检查营业外收入的核算。

八、所得税费用审计

所得税费用的审计目标是：确定被审计单位所得税数额是否正确、完整；确定被审计单位所得税的计算依据和会计处理是否正确；确定被审计单位所得税的披露是否恰当。

所得税费用的审计程序如下：

（1）检查纳税申报的内容。

（2）检查所得税的会计处理。

（3）检查所得税的纳税调整事项。

【拓展阅读】

一、背景介绍

（一）审计人

新化会计师事务所派出了以李华为组长及以张颖、赵超、刘敬军为组员的项目组。

（二）被审计人

瑞丰股份有限公司。该公司主营水产品养殖、加工、销售及深度综合开发，生物工程研究、开发及食品、饮料的销售。

（三）审计时间和内容

项目组于2016年2月10至3月4日对该公司2015年度的会计报表进行了审计。本案例主要反映投资的审计过程及相关问题。

二、审计过程

第一，通过了解、调查、描述、测试与评价对被审计单位进行了控制测试。

第二，通过审查投资成本，发现不实问题；审查股利的会计处理情况，发现虚减投资收益问题；审查权益法，发现有不当运用问题，还盘点和询证了有价证券等。

第三，本案例需要关注问题——关于权益法使用中的问题及其审查

（一）一般规定

对投资收益的核算有成本法和权益法。

（1）成本法就是按股权投资的投资成本计价核算的方法。投资企业的长期股权投资，不随着接受投资企业所有者权益的增减变动而变动，其账面价值反映的是该项投资的投资成本，并且股权投资的价值一经入账，除追加或收回投资外，一般不再进行调整。

（2）权益法是指投资企业的长期股权投资，按照占接受投资单位资本总额的比例，随着接受投资企业所有者权益的增减变动而变动。长期股权投资反映的价值，不是企业的投资成本，而是投资企业对接受投资企业所有者权益的份额。

（3）投资企业长期股权投资占接受投资单位有表决权的资本总额20%或20%以上，或者投资虽然不足20%，但有重大影响，应采用权益法。

企业因减少投资等原因对被投资单位不再具有重大影响时，应当中止采用权益法，或企业因增加投资等原因对被投资单位具有了重大影响时，应当改成本法为权益法。

（二）本案例的情况

审计人员张颖在审查长期股权投资时，发现瑞丰股份有限公司于2001年1月2日以52万元购入乙企业实际发行在外股数的10%，并支付2 000元相关费用。根据规定，该公司对于这项投资采用成本法核算。2015年5月2日乙企业宣告分派现金股利，瑞丰股份有限公司可获现金股利4万元。2015年7月2日瑞丰股份有限公司又以180万元购入乙企业实际发行在外股数的25%，并支付9 000元相关费用。由于该公司此次购买股票后，所购股数占乙企业实际发行在外股数的35%，根据规定，瑞丰股份有限公司对于此项投资采用权益法核算。

审计人员审阅了瑞丰股份有限公司对乙企业增加投资后会计核算过程，发现其并未改成本法为权益法，这样就影响了损益和长期股权投资的准确性。

三、分析总结

本案例重点研究了投资的控制测试程序，投资核算中主要会计舞弊形式、审核方法及其审计调整，投资审计工作所形成的主要审计工作底稿等。

投资与筹资是紧密相连的，投资需要以筹资为基础。在审计工作中，对投资的审计也需要在筹资审计的基础上进行。

【思考与练习】

一、单项选择题

1. 筹资与投资循环审计的总目标是评价该循环的（　　）。

   A. 各个账户余额是否合法

   B. 各个账户余额是否公允表达

   C. 各个账户余额是否正确

   D. 各个账户是否在会计报表上恰当披露

2. 企业的资本变动业务应由（　　）审批后，按规定手续办理。

   A. 董事长　　　　B. 总经理

   C. 董事会　　　　D. 财务主管

3. 我国规定，企业吸收投资者以无形资产方式出资的，其占注册资本的比例一般不得超过（　　）。

   A. 30%　　　　B. 20%

C. 15%　　D. 10%

4. 下列各种行为中，（　　）不需办理有关资本变动的法定审批手续。

A. 转让资本　　B. 增加资本

C. 减少资本　　D. 对外投资

5. 下列各种行为中，属于减资行为的是（　　）。

A. 发放股票股利　　B. 发放现金股利

C. 对外股票投资　　D. 消除股份弥补亏损

6. 企业吸收投资者投入的旧机器设备，如评估确认价值大于账面原值则其差额应计入（　　）。

A. 资本公积　　B. 实收资本

C. 待处理财产损溢　　D. 以上都不对

7. 法定盈余公积按照税后净利的10%提取，当此项公积金达到（　　）的50%时，可不再提取。

A. 投资总额　　B. 法定资本

C. 注册资本　　D. 税后利润

8. 公益金只能用于（　　）的有关支出。

A. 职工医疗费　　B. 职工集体福利设施

C. 职工集体福利费　　D. 职工集体医疗保险

9. 审查盈余公积时应注意，盈余公积用于转增资本或分配股利后，其余额不得低于（　　）。

A. 注册资本的25%　　B. 注册资本的50%

C. 盈余公积的25%　　D. 税后利润的25%

10. 对捐赠公积应审查受捐赠资产是否按规定办理了移交手续，是否经过验收，资产计价是否取得有关报价单或按同类资产的（　　）确认。

A. 实际成本　　B. 计划成本

C. 可变现净值　　D. 市场价格

二、多项选择题

1. 所有者权益审计的内容主要包括（　　）。

A. 实收资本审计　　B. 资本公积审计

C. 盈余公积审计　　D. 利润分配审计

2. 投资者认缴资本的出资方式包括（　　），一般在企业合同或章程中规定。

A. 货币资金　　B. 实物资产

C. 无形资产　　D. 递延资产

3. 企业减资时，需要满足（　　）条件。

A. 事先通知债务人，债务人无异议

B. 事先通知债权人，债权人无异议

C. 经股东大会同意，并修改公司章程

D. 减资后的注册资本不得低于法定注册资本的最低限额

4. 审查与股票发行、收回有关的原始凭证和会计记录有（　　）。

A. 募股清单

B. 已发行股票的登记簿

C. 银行对账单

D. 银行存款日记账与总账，股本明细账与总账

5. 注册会计师对资本公积进行实质性测试的主要程序有（　　）。

A. 审查资本溢价或股票溢价　　B. 审查资本折算差额

C. 审查公益金的使用　　D. 审查捐赠公积

6. 股份有限公司的盈余公积包括（　　）。

A. 公积金　　B. 公益金

C. 法定盈余公积　　D. 任意盈余公积

7. 筹资与投资循环的特点包括（　　）。

A. 交易数量少，金额通常较大

B. 交易数量大，金额通常较少

C. 会计处理不当，将会导致重大错误，影响会计报表的公允反映

D. 必须遵守国家法律、法规和相关契约的约定

8. 投资内部控制制度的主要内容包括（　　）。

A. 合理的职责分工　　B. 健全的保管制度

C. 详尽的会计核算制度　　D. 严格的记名登记制度

9. 注册会计师主要通过盘点方式对企业所有债券进行清查，逐项查点（　　）。

A. 债券种类　　B. 债券面值

C. 债券期限　　D. 债券序号

10. 注册会计师在审查确定被审计单位长期投资是否在资产负债表上恰当披露时，应查实（　　）。

A. 资产负债表中投资项目的数字是否与审计数相符

B. 资产负债表“一年内到期的长期债券投资”项目的数字是否与审计数相符

C. 若长期投资超过净资产的50%，是否已在会计报表附注中披露

D. 是否已披露股票、债券在资产负债表日市价与成本的显著差异

三、判断题

1. 根据“资产-负债=所有者权益”这一平衡原理，如果注册会计师能够对企业的资产和负债进行充分的审查，证明二者的期初余额、期末余额和本期变动都是正确的，则就不必对所有者权益进行单独的审计。（　　）

2. 由于所有者权益项目的重要性不如资产与负债，且所有者权益增减变动的业务较少，所以注册会计师只需花费相对较少的时间对所有者权益进行审计。（　　）

3. 企业投资者的任何一方出资，必须聘请中国注册会计师进行验资，并且出具验资报告，据以发给投资者出资证明书。（　　）

4. 对于投资者以房屋、建筑物投资的，若新落成的房屋、建筑物应以工程结算价格作为投资计价的依据，登记资产和实收资本账户。（　　）

5. 进行实收资本的实质性测试，注册会计师应首先检查投资者是否已按合同、协议、章程约定时间缴付出资额，其出资额是否经中国注册会计师验证，已验资者，应查阅验资报告。（　　）

6. 对于股份有限公司，以无形资产出资的金额不得超过注册资本的35%，募集设立的股份有限公司发起人认购的股份不得少于公司股份的20%。（　　）

7. 股票交易中的现金收支、会计记录和股票的保管可以由一人负责。（　　）

8. 为验证发行在外的股票的数量，注册会计师应向证券交易所和金融机构函证和查询。（　　）

9. 所有者权益审计时，由于一般不进行符合性测试，因此注册会计师也不需要了解被审计单位所有者权益的内部控制并进行评价。（　　）

10. 对盈余公积的使用，注册会计师应主要审查盈余公积的使用是否符合规定并经过批准。（　　）

四、简答题

1. 审计人员在审查某企业财务费用明细账时，发现如下记录：

（1）财务科人员的工资及奖金 6 500 元；

（2）支付未完工工程借款利息 3 000 元；

（3）支付短期借款利息 4 000 元；

（4）支付金融机构的手续费 2 500 元。

要求：

（1）说明审计方法；

（2）指出存在问题；

（3）提出处理意见。

2. 某注册会计师和一位助理人员对某公司 2015 年 12 月 31 日会计报表进行审计。该公司用剩余现金购置了数量较大的长期投资有价证券，并存放于当地某银行的保险箱，并规定只有公司总经理或财务部经理可以开启保险箱。由于12 月 31 日公司的总经理和财务部经理不能共同去银行盘点有价证券，经约定，2016 年 1 月 11 日由助理审计人员和财务经理一同至银行盘点。

要求：

（1）假定该助理人员以前未进行过有价证券盘点，该注册会计师应要求在盘点时执行哪些审计步骤？

（2）假定该助理人员盘点后得知，公司财务经理于 1 月 4 日曾开启保险箱，并声称开启保险箱是为了查阅一份文件。由于财务经理的上述行动，该注册会计师应增加哪些审计程序？

3. 某注册会计师对某公司 2015 年会计报表进行审计。在该年度内，该公司向银行申请到了一笔长期贷款。贷款合同规定：

(1) 贷款以公司存货和应收账款为担保；

(2) 公司债务与所有者权益之比应经常保持不高于2∶1；

(3) 非经银行同意不得派发股利；

(4) 自2016年7月1日起分期偿还贷款。

要求：如果不考虑相关的内部控制制度，该注册会计师审查上述长期贷款项目时，应包括哪些审计程序？

《新编审计实务》思考与练习参考答案

第一章　总　论

一、单项选择题

1. C　2. C　3. B　4. A　5. A　6. B
7. B　8. C　9. B　10. C　11. C　12. B

二、多项选择题

1. ACD　2. ABC　3. ACD　4. CDE　5. AC

三、判断题

1. ×　2. √　3. ×　4. √　5. ×　6. ×
7. √　8. √

第二章　注册会计师及其法律责任

一、单项选择题

1. A　2. D　3. C　4. A　5. A　6. B
7. A　8. D　9. A　10. D　11. C　12. C
13. D　14. D

二、多项选择题

1. ABCD　2. BD　3. AD　4. ABC　5. AD　6. AB
7. ABD　8. ABCD　9. ABCD　10. AD　11. ABCD　12. AC
13. BCD　14. BCD

三、简答题

1. （1）由于 ABC 会计师事务所收费主要来源于 XYZ 公司，该会计师事务所应当考虑经济利益对独立性的损害，可能损害独立性。

（2）不会影响注册会计师的独立性，原因是注册会计师 A 的妻子仅为 XYZ 公司的普通职员，不会影响其独立性。

（3）ABC 会计师事务所与 XYZ 公司之间存在除业务费之外的其他经济利益，可能会影响该会计师事务所的独立性。

（4）鉴证客户的董事、经理、其他关键管理人员或能够对鉴证业务产生直接重大影响的员工是 ABC 会计师事务所的前高级管理人员，这样的关联关系可能会影响 ABC 会计师事务所的独立性。

（5）注册会计师 B 的哥哥虽然与注册会计师 B 属于近亲关系，但是在 XYZ 公司没有重大经济利益，一般不会影响注册会计师 B 的独立性。

（6）因前任会计师事务所由于在重大会计、审计等问题上与鉴证客户存在意见分歧而遭到解聘，对于 ABC 会计师事务所及注册会计师会有一定的威胁，可能损害 ABC 会计师事务所的独立性。

（7）ABC 会计师事务所的高级管理人员或员工不得担任鉴证客户 XYZ 公司的董事（包括独立董事）、经理以及其他关键管理职务。A 注册会计师目前担任的独立董事必然影响 ABC 会计师事务所和注册会计师的独立性。

（8）由于注册会计师 B 的女儿不是被审计单位的关键管理人员或能够对鉴证业务产生直接重大影响的员工，因此不影响注册会计师的独立性。

（9）注册会计师 A 的外甥虽不属于与鉴证小组成员关系密切的家庭成员，但拥有 XYZ 公司大量股票，因此可能影响注册会计师的独立性。

2.（1）B 注册会计师与 W 有限责任公司的董事长 X 共同出资设立 BX 公司，并且拥有 30%份额，而 B 注册会计师又是 ABC 会计师事务所的发起人，任审计部副经理。会计师事务所或鉴证小组成员与鉴证客户或其管理层之间存在密切的经营关系。会计师事务所与审计客户之间存在密切的经营关系，这一关系会带来商业的或共同的经济利益，并产生经济利益威胁和外界压力威胁。不论会计师事务所还是注册会计师的审计独立性均受到威胁，一般不应接受委托。如果要接受委托，ABC 会计师事务所应要求 B 注册会计师终止该经营关系或者降低关系的重要性，使经济利益不重大、经营关系明显不重要。

（2）如果 ABC 会计师事务所接受委托，B 注册会计师已将该经营关系终止或者降低关系的重要性，使经济利益不重大、经营关系明显不重要，可以委派 B 注册会计师进行审计。否则事务所不能接受委托。

3.（1）会损害独立性。因为 ABC 会计师事务所的部分审计收费与 X 银行股票发行上市目标挂钩，已构成或有收费方式承办业务。

（2）不会损害独立性。因为 ABC 会计师事务所按照正常程序和条件，以抵押贷款方式获得借款，与 X 银行之间不存在非正常的直接经济利益或间接重大经济利益。

（3）会损害独立性。A 注册会计师目前担任 X 银行的独立董事，参与其重大决策，包括决定是否接受审计报告和会计师事务所的聘任，可能导致自己评价自己工作、自己聘任自己的非独立性行为。

（4）会损害独立性。审计小组成员 C 注册会计师协助 X 银行编制财务报表，又参与X银行的审计，将导致自己评价自己的工作。

（5）不会损害独立性。审计小组成员D注册会计师的妻子不属于对鉴证业务产生重大影响的人员。

第三章 审计程序

一、单项选择题

1. C　　2. B　　3. D　　4. D　　5. B

二、多项选择题

1. ABC　　2. AC　　3. ABC　　4. AB　　5. ABCD

三、判断题

1. √　　2. ×　　3. ×　　4. ×　　5. ×　　6. ×

7. √　　8. √　　9. ×

四、简答题

1. （1）资产总额标准 = 180 000×0.5% = 900（万元）

净资产标准 = 95 000×1% = 950（万元）

收入标准 = 220 000×0.5% = 1 100（万元）

净利润标准 = 240 00×5% = 1 200（万元）

重要性水平取最低者，即900万元。

（2）重要性水平与审计风险之间的关系：重要性水平与审计风险之间成反向关系，即重要性水平越高，审计风险越低；反之，重要性水平越低，审计风险越高。

（3）重要性水平与审计证据之间的关系：审计重要性与审计证据之间的关系是反向关系，即重要性水平越低，审计证据越多；反之，重要性水平越高，审计证据越少。

2. （1）重要性是指被审计单位会计报表中错报或漏报的严重程度，这一程度在特定环境下可能影响会计报表使用者的判断或决策。

（2）一是为了提高审计效率。在抽样审计条件下，为了做出抽样决策，不能不涉及重要性。二是保证审计质量。在抽样审计条件下，注册会计师对未审计部分要承担一定的风险，而风险的大小与重要性有关。

（3）普通过失是指注册会计师执行审计业务时没有完全遵循独立审计准则的要求；重大过失是指注册会计师执行审计业务时根本没有遵守独立审计准则的要求或没有按照独立审计准则的基本原则执行审计业务。因此，注册会计师犯的应是普通过失。

（4）从司法实践看，如果会计报表存在重大错报事项，注册会计师运用常规审计程序通常应予以发现，但因工作疏忽而未能将重大错报事项查出来就很可能在法律诉讼中被解释为重大过失。如果会计报表存在多项错报，每一处都不算重要，但综合起来对会计报表的影响却很大。也就是说，会计报表作为一个整体可能严重失实。在这种情况下，法院一般认为注册会计师具有普通过失，而非重大过失，因为常规审计程序发现每处较小错报事项的概率也很小。

第四章　审计工作底稿和审计证据

一、单项选择题

1. B	2. D	3. C	4. A	5. C	6. D
7. A	8. C	9. C	10. A		

二、多项选择题

1. ABD	2. ABD	3. ABCD	4. ABC	5. ABD	6. AC
7. ABCD	8. ABCD				

三、判断题

1. ×	2. ×	3. ×	4. √	5. √	6. √
7. √	8. √	9. √	10. √	11. ×	12. ×
13. ×	14. ×	15. ×	16. ×		

四、案例分析题

1. （1）调节法计算 2015 年 12 月 31 日在产品应存数=2. 2-13. 5+13. 7
=2. 4（万件）

（2）企业 2015 年 12 月 31 日账面在产品虚增 1. 6 万件，库存商品虚减 32 万元（1. 6 万件×20 元）（注意：在产品虚增即库存商品虚减）。

（3）在产品全部销售出去的情况下，库存商品成本虚减即利润总额虚增。

（4）不排除属于盘点错误或监守自盗。

2. （1）应与前任审计师沟通了解以往存货管理及核算情况并取得相关记录。

（2）突击进行现金盘点，核实账实、账账、账单并取得证据，看是否有货币资金账、实、单不一致以及管理漏洞和不安全因素。

（3）对存货权属情况、核算情况及盘点情况进行检查汇总并取证，揭示流动资产内部控制不严，管理脱节，核算不实，以至影响利润真实性的问题。

3. （1）分配给投资者利润，需要是税后利润，提取盈余公积后，再分配（调增利润总额 80 000 元）。

（2）上浮收入应计入主营业务收入，不计入资本公积（调增利润总额 120 000 元）。

（3）保险公司赔款应冲减损失（调增利润总额 50 000 元）。

（4）应计入营业外支出（不影响利润总额）。

（5）专利转让应纳营业税，税率为 5%（调减利润总额 4 500 元）。

4.（1）审计程序：对期末现金进行重盘。

审计目标：报表反映适当性。

审计证据类型：实物证据。

（2）审计程序：对期末存货截止期进行测试。

审计目标：存在性、会计记录完整性。

审计证据类型：书面证据。

（3）审计程序：询问管理当局，函证 X 公司。

审计目标：存在性、会计记录完整性、所有权。

审计证据类型：口头证据、书面证据。

（4）审计程序：询问管理当局，函证 Y 公司，审阅相应有关合同和信函。

审计目标：所有权归属、报表反映适当性。

审计证据类型：口头证据、书面证据。

（5）审计程序：对上一年会计记录进行适当审阅并与前任注册会计师沟通。

审计目标：报表反映适当性。

审计证据类型：书面证据。

第五章　审计方法

一、单项选择题

1. B　2. A　3. C　4. D　5. D　6. A
7. A　8. B　9. A　10. B　11. C　12. B
13. A　14. C

二、多项选择题

1. ABCD　2. BCD　3. AC　4. BCD　5. ABCD　6. AD
7. BCD　8. ABD　9. AD

三、判断题

1. ×　2. √　3. √　4. ×　5. ×　6. √
7. √　8. √　9. √　10. √

四、案例分析题

1.（1）20×2 年 12 月 31 日在产品数量应为 1 000 千克（2 000+4 000−5 000），与

账面 2 100 千克相比，相差 1 100 千克，属于多计在产品数量，从而多计在产品成本。

（2）20×2 年 12 月 31 日产成品数量应为 5 500 千克（5 000+4 500−4 000），与账面 4 800 千克相比，相差 700 千克，属于少计产成品数量，从而少计产成品成本。

2.（1）抽样间隔数＝8 000÷（8 000×5%）＝1÷5%＝20

则以 1011 号为起点的前 5 张发票的号码为：1011、1031、1051、1071、1091。

（2）以 1018 为起点的第 194 张发票的号码为：1018+（194−1）×20＝4878

第 226 张发票的号码为：1018+（226−1）×20＝5518

第 387 张发票的号码：1018+（387−1）×20＝8738

3.（1）样本平均值＝582 000÷200＝2 910（元）

总成本＝2 910×2 000＝5 820 000（元）

（2）样本比率＝582 000÷600 000＝97%

总成本＝5 900 000×97%＝5 723 000（元）

（3）样本平均差额＝（582 000−600 000）÷200＝−90（元）

总体总差额＝−90×2 000＝−180 000（元）

总成本＝5 900 000−180 000＝5 720 000（元）

第六章　审计报告

一、单项选择题

1. C　　2. C　　3. A　　4. D　　5. C　　6. A
7. D　　8. C　　9. A　　10. D

二、多项选择题

1. AC　　2. CD　　3. AC　　4. ABD　　5. ABCD　　6. ABD
7. ABCD　　8. AD　　9. ABD　　10. ABD

三、判断题

1. ×　　2. ×　　3. √　　4. ×　　5. √　　6. √
7. √

四、简答题

1.（1）保留意见的审计报告。由于对该项长期股权投资转让，尚未办理产权过户手续，交易尚未完成，K 公司即使已经支付了价款，但也有随时中止交易的可能，因此 A 公司应计提 50 万元的减值准备。该金额大于财务报表层次的重要性水平，但影响不是很严重，所以注册会计师应出具保留意见的审计报告。

（2）标准无保留意见或带强调事项段的无保留意见的审计报告。

①出具标准无保留意见审计报告的理由是该未决诉讼已经进行适当的会计处理，并且已适当披露，基本上确定该事项带来的损失，无须增加强调事项段另外说明。

②出具带强调事项段的无保留意见的审计报告的理由是该诉讼可能给B公司带来巨大损失，属于重大不确定事项，应当考虑在意见段之后增加强调事项段。

（3）标准无保留意见的审计报告。C公司与关联方M公司的交易价格公允，并且关联方关系及其交易已经恰当披露，符合企业会计准则和相关会计制度的规定。

（4）否定意见的审计报告。因为该销售费用会使得D公司由盈利变为亏损，所以如果D公司拒绝调整，则影响非常重大，不符合企业会计准则和相关会计制度的规定，因此应该发表否定意见。

（5）无法表示意见的审计报告。由于E公司管理层对已审计财务报表拒绝签字确认，也未能提供管理层声明书，注册会计师应将其视为审计范围受到严重限制，发表无法表示意见的审计报告。

2. 第（1）种情况应发表保留意见。

第（2）种情况应发表保留意见。

第（3）种情况应发表无保留意见。

第（4）种情况应发表带说明段的无保留意见。

第（5）种情况应发表保留意见。

第七章　内部控制

一、单项选择题

1. A　　2. B　　3. B　　4. B　　5. A　　6. C

二、多项选择题

1. ACD　　2. ABCD　　3. ABCD　　4. ABCD　　5. AB　　6. ABCD

三、判断题

1. √　　2. √　　3. √

四、案例分析题

（1）采取的内部控制措施为：入场券连续编号；售票与收票分两人负责；入场时守门员将票一撕两半，各执一半；票箱加锁。

（2）收票员收票时不撕票而将全票交于售票员重新出售；收票员直接收银，而让交钱者进场。

（3）观察售票员手中有无散票、旧票；突击抽查观众是否无票或持旧票入场。

（4）严格控制未用入场券，记录每日每班第一张和最后一张的券号；抽点库存现金；入场券加盖剧的章和日期章；不定期观察是否利用售票机售票以及检视收票时有无持废票、旧票或无票入场的事情发生。

第八章　货币资金的审计

一、单项选择题

1. C　2. B　3. C　4. D　5. D　6. D
7. C

二、多项选择题

1. ABC　2. BCD　3. AD　4. CD　5. ABCD　6. ABC

三、判断题

1. ×　2. ×　3. √　4. ×　5. √　6. √
7. ×　8. ×　9. √　10. √　11. √

四、简答题

（1）（1）通过对库存现金实施突击盘点获得；（2）和（3）可通过询问出纳（“是否有已收付现金但尚未入账的收付款凭证”），并检查相关的收付款凭证获得；（4）可通过现金日记账，并对2016年1月1日至2016年1月10日现金收付款凭证进行检查与汇总（或对该时段现金日记账现金收入、支出情况进行汇总）获得。

（2）2015年12月31日库存现金实有额=2016年1月10日库存现金实有额+2016年1月1日至2016年1月10日现金支出总额-2016年1月1日至2016年1月10日现金收入总额+未入账的现金支出总额-未入账的现金收入总额=1 997.58+4 120-4 560.16+520-390=1 947.42元。

2015年12月31日库存现金盘盈额=1 947.42-1 060.04=887.38元。

（3）存在的主要问题及改进建议：第一，库存现金盘盈，应当及时查明原因，并进行相关的处理；第二，现金收支入账不及时，应当做到现金收支及时入账，并做到日清月结；第三，有白条抵库的情况，应当对出纳进行批评教育，并及时追回未经批准的借款。

2.（1）银行存款余额调节表（见表1）

表1　银行存款余额调节表　单位：元

2016年7月31日

企业账项	金额	银行账项	金额
企业“银行存款”账户余额	22 000	银行“对账单”余额	223 546

表1(续)

企业账项	金额	银行账项	金额
加：银行已收企业未收	5 500	加：企业已收银行未收	4 000
改正错误	46	减：企业已付银行未付	2 000
调整后的余额	225 546	调整后的余额	225 546

（2）存在的问题：第 1 笔和第 3 笔经济业务有出租出借银行账户的问题，需检查；银行存款日记账有错记漏记情况。

第九章　销售与收款循环审计

一、单项选择题

1. A　　2. B　　3. C　　4. B　　5. B　　6. C
7. B　　8. A

二、多项选择题

1. AC　　2. ABC　　3. ABCD　　4. AC　　5. AD

三、判断题

1. √　　2. √　　3. ×　　4. ×　　5. ×

四、简答题

1. 这笔货款可能存在如下问题：

（1）此货款有纠纷。如购销双方在产品价格、质量等方面有分歧，宏丰商场全部拒付该厂的电扇款。

（2）此货款纯属虚构。该厂为了完成 2015 年的销售和利润计划，虚构应收销货款和销售收入，从而虚增当年销售收入和销售利润。

（3）可能是记账错误，如该货款为应向其他单位收取的货款。

（4）可能是该货款已收回，被人利用或工作失误未销账。

针对上述情况，应派人或去函到宏丰商场了解其真正原因。若是双方因价格、质量方面的问题出现争执，应组织双方共同协商解决；若是记账有错误，或工作失误未销账，则应立即更正；若是虚构或款收回被人利用，则要严肃处理，并及时调整有关账目。

2.（1）审计方法：审阅销售费用明细账，抽查有关记账凭证和原始凭证。

（2）存在的问题：预付下年度产品广告费应列入“待摊费用”账户；招待客户的费用应列入“管理费用”账户。

（3）处理意见：上述已列入“销售费用”账户的各项支出，应按规定列支。其调账分录为：

借：待摊费用　　20 000

　　管理费用　　2 500

　贷：销售费用　　22 500

3. 该企业违反了会计制度中关于采用预收货款方式销售产品时入账时间的规定，使当期销售收入虚列，影响了有关资料的真实性。

应当要求被审计单位编制调账分录如下：

借：主营业务收入　　300 000

　贷：预收账款　　300 000

当销售实现时，再转销预收账款。

4. 海河公司为了达到少纳税、少计当期利润的目的，将应反映在“其他业务收入”账户的无形资产转让收入反映在“应付账款”账户，造成当月利润虚减并达到了少纳营业税、城建税、教育费附加及所得税的目的。

海河公司应编制调账分录如下：

借：应付账款　　60 000

　贷：其他业务收入　　60 000

第十章　购货与付款循环审计

一、单项选择题

1. A　2. D　3. B　4. C　5. A　6. A

7. A　8. C

二、多项选择题

1. ABCD　2. BC　3. ACD　4. ACD　5. AB　6. ACD

7. AC　8. AB　9. BC

三、判断题

1. √　2. √　3. √　4. ×　5. √　6. ×

7. √　8. √　9. √　10. √　11. ×

四、案例分析题

1. 按照企业会计准则的规定，如果购销双方在价格上没有达成协议，那么在核算上只能以计划价暂估入账，而不能不入账或以自己确认的价格入账，待达成协议后再做调整。因此，A 公司随意冲销应付账款是不妥的。注册会计师应提请其纠正、调整相应的报表项目。如果被审计单位拒绝，注册会计师要根据其重要性判断发表什么审计意见以及如何编制审计报告。

2.（1）单冷空调应该按照本年的全部月份12个月计提折旧，而不能按实际使用的月份提取折旧

（2）设备从达到可使用月份的次月起计提折旧，而不是从实际使用次月起计提折旧，即应该从6月份开始计提折旧，不应该从9月份开始计提折旧。

（3）如果设备预计可使用年10年，预计净残值率为5%，残值率应该是9.5%，而不应该是10%。

3. 建议调整分录：

借：固定资产清理　　240 000

　贷：营业外支出——非常损失　　240 000

同时根据出售取得的资金调整增加固定资产清理账户：

借：银行存款　　260 000

　贷：固定资产清理　　260 000

假设支付固定资产清理费用10 000元：

借：固定资产清理　　10 000

　贷：银行存款　　10 000

经批准转入营业外收入：

借：固定资产清理　　10 000

　贷：营业外收入　　10 000

第十一章　生产与储存循环审计

一、单项选择题

1. A　2. A　3. A　4. A　5. C　6. C
7. D　8. C　9. D　10. A

二、多项选择题

1. BC　2. ABCD　3. ABC　4. ACD　5. ACD　6. ABC
7. ABCD　8. ABD

三、判断题

1. √　2. ×　3. √　4. √　5. ×　6. √

四、简答题

1.（1）不应包括在2015年存货内，因目的地交货，交货期为2016年，应以到货

款为准。

（2）应包括在2015年存货内，因2016年1月4日收到货物才付款，2015年既未开票亦未发出货物，物权并未转移，销售不能成立。

（3）如果已付款并已收到发票账单，就应计入2015年存货内（属于在途物资），因属离厂交货，交货后就已属本企业存货。但如果未收到发票账单且未付款，就不应计入2015年存货内（因为无入账依据）。

（4）不应包括在2015年存货内，因已收款并将货物送装运部门，销售已成立。

2.（1）违反一贯性原则，多计生产成本；工程成本计入生产成本。

（2）虚增成本，隐瞒利润，少纳税金。

（3）调整分录为：

①多计成本的调整：

借：原材料　　2 250

　贷：生产成本　　2 250

②乱计成本的调整：

借：在建工程　　65 812.50

　贷：生产成本　　56 250.00

　　应交税金——应交增值税　　9 562.50

3.（1）上述资料讲述的材料采购业务，财会部门记账在前，仓库验收在后，财会部门并不以验收单作为记账依据，说明该企业未能很好地执行材料记账、验收相互牵制的内部控制制度，不但采购业务容易出错，账簿记录也易混乱或造成账实不符。财会部门对材料采购成本的处理有误，外地运杂费应计入材料采购成本，而不应计入当期的期间费用。

（2）应要求企业做调整分录，具体为：

借：原材料　　1 500

　贷：管理费用　　1 500

对于由于运输部门责任引起的材料短缺应追究其责任，要求赔偿。赔偿前编制会计分录：

借：其他应收款　　2 070

　贷：原材料　　2 070

同时应当调整材料明细账的实际入库数量、总成本和单价。

实际入库数量=8 500-80=8 420（千克）

实际总成本=293 250+1 500-2 070=292 680（元）

实际单位成本=292 680÷8 420=34.76（元）

第十二章　筹资与投资循环审计

一、单项选择题

1. B　2. C　3. B　4. D　5. D　6. B
7. C　8. B　9. A　10. D

二、多项选择题

1. ABC　2. ABC　3. BCD　4. ABCD　5. ABD　6. BCD
7. ACD　8. ABCD　9. ABCD　10. ABCD

三、判断题

1. ×　2. ×　3. ×　4. √　5. √　6. ×
7. ×　8. √　9. ×　10. √

四、简答题

1.（1）审计方法：审阅财务费用明细账，抽查有关记账凭证和原始凭证。

（2）存在的问题：财务科人员的工资和奖金应列入“管理费用”账户；未完工工程借款利息应列入“在建工程”账户。

（3）处理意见：上述已列入“管理费用”账户的各项支出，应按规定列支。

其调账分录为：

借：管理费用　　6 500
　　在建工程　　3 000
　贷：财务费用　　9 500

2.（1）应当执行的审计程序包括：

第一，询问保险箱开启的内部管理制度，如在何种情况下可开启、需有几人同时在场、应当做出哪些记录、保险箱内所保管物品一般为何物品、是否建立了详细的书面记录……

第二，注意观察保管条件，是否确能保证物品的安全、完整。

第三，审查开启记录，是否均做出完整、详细的记录。

第四，审查所保管物品的书面记录，验证其增减变动是否已做出详细记录。

第五，认真清点所保管物品的数量，并做出详细记录，对于有价证券，还应记录其数量、面值、编号、户名、发行单位等。

第六，编制盘点表，并请相关人员签名、盖章。

第七，核对保险箱内的实存物品是否与书面记录一致。

（2）应当补充执行程序：

第一，审查开启记录，是否有 1 月 4 日开启的记录，并验证其开启记录是否符合相关规定。

第二，是否有财务经理所称的文件、那份文件现在何处。

第三，当前所保管的证券与 1 月 4 日之前的证券是否相同，若不符，应进一步查明其原因。

3. 应当实施的审计程序包括：

（1）审查相关的贷款合同，查明合同规定的贷款条件。

（2）审查管理当局的会议纪要，查明该贷款是否经过了最高管理当局的批准，有无批准文件。

（3）复核相关利息费用的计算及其账务处理是否合规、正确。

（4）审查贷款担保物是否安全、完整，债务与所有者权益之比是否合规，即是否遵循了贷款合同规定的条件。

（5）若当年度发放股利，则还应查明是否已获得贷款银行的同意。

（6）是否已在会计报表附注进行了充分披露。

主要参考资料

1. 张蔚文. 审计学［M］. 广州：华南理工大学出版社，2008.
2. 刘明辉. 审计［M］. 大连：东北财经大学出版社，2007.
3. 孙坤，徐平. 审计习题与案例［M］. 大连：东北财经大学出版社，2007.
4. 中国注册会计师协会. 审计［M］. 北京：中国财政经济出版社，2015.
5. 刘华. 审计理论与案例［M］. 上海：复旦大学出版社，2006.
6. 余玉苗. 审计学［M］. 2 版. 北京：清华大学出版社，2008.
7. 李凤鸣. 新编审计学原理［M］. 6 版. 上海：复旦大学出版社，2014.
8. 李雪. 审计学原理［M］. 上海：立信会计出版社，2014.
9. 网络资料. 审计理论法规与实务案例库. http://www.docin.com/p-730839205. html.